DELIUS KLASING

Eric Tabarly

Einhand zum Sieg

Atlantik-Rennen 1964

Delius Klasing Verlag

Titel der französischen Originalausgabe:
Victoire en Solitaire

Die Deutsche Bibliothek – CIP-Einheitsaufnahme

Tabarly, Eric:
Einhand zum Sieg / Eric Tabarly. [Aus dem Franz. von Wolfgang Rittmeister]. – 1. Aufl. – Bielefeld : Delius Klasing, 2000
(Segeln & Abenteuer)
Einheitssacht.: Victoire en solitaire <dt.>
ISBN 3-7688-1229-4

1. Auflage
ISBN 3-7688-1229-4
Die Rechte für die deutsche Ausgabe liegen beim Verlag
Delius, Klasing & Co. KG, Bielefeld

Aus dem Französischen von Wolfgang Rittmeister
Umschlaggestaltung: Buchholz/Hinsch/Hensinger, Hamburg
Druck: Clausen & Bosse, Leck
Printed in Germany 2000

Delius Klasing Verlag, Siekerwall 21, D-33602 Bielefeld
Tel.: 0521/559-0, Fax: 0521/559-113
e-mail: info@delius-klasing.de
http://www.delius-klasing.de

INHALT

VORWORT

Eric Tabarly braucht der französischen Öffentlichkeit nicht mehr vorgestellt zu werden. Seine Leistungen haben seinen Ruhm bereits begründet, und seine Bewunderer zählen nicht nur bei uns, sondern auch weit über unsere Grenzen hinaus nach Zehn- und Hunderttausenden. Das vorliegende Buch liefert neuen Stoff zur Rechtfertigung dieser Begeisterung. Bei seiner Lektüre beginnt man zu begreifen, wie zahlreiche, unterschiedliche Eigenschaften sich in einem Menschen vereinigen müssen, um ihn zur erfolgreichen Bewältigung so großer Aufgaben zu befähigen, wie sie hier gestellt wurden. Bald erkennt man, daß es auch hier keine reinen Glückzufälle gibt, sondern daß jeder, dem es gelingt, die Natur und sich selbst zu besiegen – von den Gegnern gar nicht zu sprechen –, vorher viele Hindernisse zu überwinden hat. Mut gehört zweifellos dazu, viel Mut, aber nicht minder Geduld, eiserne Disziplin, Wissen und die Behauptung des seelischen Gleichgewichts bei allen sich unversehens einstellenden Bewährungsproben.

Eric Tabarly ist für uns das Vorbild eines Sportsmannes, nicht nur im körperlichen, sondern auch im moralischen Sinne. Und deshalb wünschte ich, daß sein Beispiel weiterhin die französische Jugend erheben und begeistern möge.

Ein Abenteuer ist genau das Gegenteil eines dummen Streiches: es setzt den bewußten, hartnäckigen Willen voraus, das eigene Schicksal zu meistern, sich den Winden aufzuzwingen, statt sich von ihnen beherrschen zu lassen. Wenn wir Tabarly auf seinem einsamen Weg zum Ziele folgen, will uns die berauschende Melodie des Meeres wie eine wohlverdiente Entschädigung für Monate stiller, aber peinlich genauer und strenger Vorbereitungen erscheinen. Es gibt keinen Triumph ohne Mühsal und Selbstverleugnung. Selbst die Einsamkeit in der ungeheuren Weite des Ozeans fordert angestrengte Arbeit, höchste Willensanspannung und die Unterordnung des eigenen Ichs unter den Gedanken an den Sieg. Vielleicht gibt es keine andere Herrschaft als die über sich selbst. Erst dann wird alles andere gewährt. Wie beispielsweise der Mut, der keine Narrheit ist, sondern nur wohlüberlegtes, zähes Festhalten an einem Entschluß.

Ich wünsche Eric Tabarlys Bericht den verdienten Erfolg. Möge sein Buch in den Händen einer recht großen Anzahl junger Franzosen, die sich den Sinn für abenteuerliche Unternehmungen bewahrt haben, Zeugnis ablegen für den Charakter eines beherzten, vorbildlichen Menschen.

Maurice Herzog
Secrétaire d'Etat à la Jeunesse et aux Sports

ZUR EINFÜHRUNG

Fast könnte es mich, seinen früheren Lehrer, heute verwirren, das Buch eines jungen Kameraden, der von jetzt ab die Rolle des »Meisters« spielen wird, einführen zu müssen. Und doch war ich nicht beunruhigt, als Eric Tabarly lange vor dem Start zum Transatlantikrennen diese Bitte an mich richtete. Ohne Zweifel war er der geborene Seeoffizier und meines Wissens der einzige französische Yachtsegler, der die Fähigkeit besaß, das Programm zu erfüllen, dem er sich verschrieben hatte, nämlich Frankreich in der denkbar würdigsten Form in einem an Schwierigkeiten und Zufällen reichen Wettkampf zu vertreten, in dem mehrere seiner Gegner bereits einige Jahre zuvor reiche Erfahrungen gesammelt hatten. Schon die materiellen Voraussetzungen für einen Neubau stellten ihn vor ernsthafte Probleme, aber ich war fest davon überzeugt, daß der Leutnant zur See Tabarly sich bewähren würde, wenn es ihm nur gelang, rechtzeitig mit seiner Ausrüstung fertig zu werden. Das ist ihm mit knapper Not gelungen. Sein voller Erfolg erfüllt mich mit Freude, kann mich aber kaum noch überraschen.

Daß er aus der Auseinandersetzung als der große Sieger hervorging, darf nicht dazu verleiten, ihn blindlings für einen besseren Seemann zu halten als seine Konkurrenten. Ich glaube lediglich, daß er in vieler Hinsicht umfassender als sie die erforderlichen Voraussetzungen erfüllte, um dieses schwierige Unternehmen zum Erfolg zu führen. Er ist nämlich gleichzeitig »Seemann«, »Sportsmann« und »Regattasegler«, und er hat obendrein bei der Wahl der richtigen Schiffsgröße und des geeigneten Riggs ein besonders gescheites Urteilsvermögen bewiesen.

Vor allem darf man die Begriffe »Ozeansegler«, »Einhandsegler« und »Hochseerennsegler« nicht miteinander vermengen.

Der erste Begriff ist, wenn auch indirekt, von Erroll Bruce in seinem Buch *Deep Sea Sailing* treffend definiert worden. Er schreibt dort über Ozeanreisen auf kleinen Yachten: »Höchstwahrscheinlich gibt es in Wirklichkeit gar nicht den Idealtyp einer guten Hochseeyacht, sondern nur gute Hochseesegler, die den Ozean ohne viele Umstände mit jedem gut ausgerüsteten Schiff überqueren können.« Kurz, Männer von großer seemännischer Erfahrung, die alle Gefahren kennen, mit denen das Meer nur zu oft den Uneingeweihten überrascht; die natürlich die Navigation beherrschen, vor allem aber die Leistungsfähigkeit ihrer Schiffe richtig einzuschätzen wissen und gewohnt sind, rechtzeitig die notwendigen Vorsichtsmaßnahmen zu ergreifen, wie die Umstände und Wetterverhältnisse auch immer sind. Dieser Art von Männern stößt kein Mißgeschick zu, einerlei, ob sie allein oder mit Mannschaften segeln. Tabarly, schon in seiner Jugend in dieser Weise geformt, zählt als einer der Besten zu ihnen.

Oft ist der »Einhandsegler«, wie Gerbault, ein Mensch, der allem entfliehen möchte und für den das Segeln auf den freien Meeren nur ein Mittel zum Zweck ist. Sicherlich braucht man auch dazu eine robuste Gesundheit, seglerische und navigatorische Erfahrung, die geeignete Besegelung, einen festen, inneren Halt und ein gewisses Maß an Mut, um sich allein in ein solches Abenteuer zu stürzen. Fühlt sich der Alleinsegler aber wirklich einmal am Ende seiner Kraft, steht es ihm jederzeit frei, bequemere Kurse zu wählen, einen oder zwei Tage zum Ausruhen beizudrehen oder sogar einen Nothafen anzulaufen. Nichts drängt den Segler dieser Kategorie; die Abgeschiedenheit war sein Wunsch, das Leben auf See ist sein Glück.

Ganz anders sieht es auf nicht minder weiten Reisen aus, auf denen es aber heißt, Stunde für Stunde Höchstleistungen zu erzielen. Aus dem Wesen einer solchen zum Rang einer Wettfahrt erhobenen Ozeanüberquerung leitet sich nunmehr die Wahl des Fahrzeugs ab. Es muß groß genug sein, um Geschwindigkeiten zu erreichen, ist dann aber für einen Mann allein entsprechend schwieriger zu handhaben. Erforderlich ist deshalb ein fortgeschrittenes körperliches Training, das den Einhandsegler befähigt, Tag und Nacht ein Höchstmaß an Segelfläche zu führen und die Stunden seines Schlafes so einzuteilen, daß er ständig überwachen kann, ob sein Fahrzeug auch auf dem günstigsten Kurse liegt und dabei seine höchste Geschwindigkeit entwickelt. Alle Segelmanöver werden erst an der Grenze des Erträglichen vorgenommen, obgleich sich die Aufgabe dadurch erschwert und einen größeren Kraftaufwand erfordert. Die sich daraus ergebenden Risiken sind so lange vertretbar, als ihnen eine richtige Einschätzung vorausgeht. Widerstandsfähigkeit bei allen Bewährungsproben und ein unerschütterlicher Wille sind unerläßliche Voraussetzungen, um Schwierigkeiten jeder Art zu überwinden und die Konkurrenz, koste es, was es wolle, zu schlagen. Ebenso unerläßlich sind tief fundierte Kenntnisse der See und der Leistungsfähigkeit des eigenen Schiffes. Eric Tabarly selbst ist ein wahrer Athlet, der sich regelmäßig einem strengen körperlichen Training unterzieht, um sich seine gute Kondition und sein unglaubliches Durchhaltevermögen zu bewahren.

Der »Hochseerennsegler« beherrscht nicht nur die Segelkunst auf offener See und weiß mit den schwierigsten Situationen fertig zu werden, er muß auch ein regelrechter »Segeltechniker« sein. Ihm muß bekannt sein, unter welcher Besegelung sein Boot auf jedem Kurs, bei jedem Wind und Seegang am besten läuft (auf einen Zehntel Knoten genau) und wie die Schoten (auf Zentimeter genau) zu holen sind, um konstant die höchste Segelwirkung zu erzielen. Eric Tabarly betreibt das Regattasegeln auf See seit vielen Jahren und ist darin zu einem Experten geworden, der in England kein geringeres Ansehen genießt als in Frankreich.

Er vereinigt daher in höchstem Maße die Fähigkeiten des Ozeanseglers mit denen des beharrlichen, zähen Einhand- und Rennseglers. Diesen Mann zu finden, war zwingendes Gebot, wollte man ein so sportliches Unternehmen durchführen!

Vor allem aber sind es wohl seine ihm als Rennsegler innewohnenden, mit ungewöhnlicher Gewandtheit und außerordentlicher Kraft gepaarten Kenntnisse, die ihn befähigten, seine Gegner, selbst alles erstklassige Segler, zu schlagen. Wenn man sich daran erinnert, wie er beim Start in Plymouth ganz allein seinen 80 qm großen Spinnaker setzte und damit die Menge englischer Yachtsegler verblüffte (die wohl wissen, was es heißt, ein so großes Segel, selbst mit Hilfe einer normalen Besatzung, ohne Beschädigung zu setzen und zum Stehen zu bringen); wenn man heute hört, daß er dieses Manöver auf offener See und trotz der ausgefallenen Selbststeueranlage noch mehrmals wiederholt hat; wie er manchmal die Segel hat stehen lassen, bis sein doch ziemlich großes Schiff auf den Wellenkämmen ins Gleiten geriet; wie er dadurch zu stundenlangem Rudergehen gezwungen wurde, um sein Schiff unter so schwierigen Umständen ohne eine Sekunde der Unaufmerksamkeit auf Kurs zu halten – wenn man sich alles das vergegenwärtigt, braucht man sich über das Ergebnis nicht mehr zu wundern.

In der Tat galt der Geschwindigkeit die ganze Zeit seine Hauptsorge. So manches Mal segelte er Kurse, die ziemlich weit von der direkten Route abwichen, aber er tat es in der Verfolgung nur eines Zieles: Tag für Tag die größte Meilenzahl zu erreichen.

Trotz langjähriger Erfahrung und natürlicher Eignung für ein Rennen dieser Art hat Tabarly es doch an gewissenhaften Vorbereitungen nicht fehlen lassen. Sein Erfolg war schlagend, aber wohlverdient und von logischer Konsequenz. Seine zahlreichen Freunde unter den Yachtseglern, nein, alle französischen Seeleute haben sich mit ihm gefreut und sind mit Recht stolz auf ihn.

Darum ist sein Buch viel interessanter zu lesen als die Mehrzahl anderer Berichte von Ozeanüberquerungen. Hier handelt es sich fraglos um ein echtes Dokument des Einhandsegelsports auf hoher See. Das Buch erörtert alle damit in Verbindung stehenden Fragen, angefangen mit der Wahl und Ausrüstung des Schiffes bis zur Entscheidung über die Segelroute; die Ausführung kühner Manöver, die Ausnutzung von Strömungen und Verwertung meteorologischer Erkenntnisse, ohne die manchmal ernsten Begleitumstände zu übergehen, die sich durch unvorhergesehene Zwischenfälle im Laufe des Rennens ergaben.

Für Tabarly war es selbstverständlich, jedes noch so schwierige Manöver auf die natürlichste Weise der Welt, wie bei einer Übung, durchzuführen. Trotzdem wird der Leser im Verlauf des Berichtes unschwer die Gründe erkennen, warum gerade dieser junge Mann alle Voraussetzungen für ein solches Unternehmen erfüllte und einen so großen Erfolg erzielen konnte. Zu jedem Zeitpunkt handelte Tabarly mit Ruhe und Bestimmtheit; aus reiner Liebe zum Sport und zur See gab er, ohne zu zögern oder nachzugeben, sein Bestes und dachte nicht einen Augenblick an die Rolle des »Stars«, die sein Erfolg ihm nach seiner Ankunft zu spielen aufzwang.

Victoire en Solitaire ist ein begeisterndes Buch und wird niemanden, der sich für die See interessiert, unberührt lassen. Ich wünsche ihm von ganzem Herzen die Verbreitung, die es verdient.

Kapitän zur See De Kerviler
Chef du Service »Sports et Foyers« de la Marine
September 1964

TEIL I DAS RENNEN

1 WIE DIE PEN DUICK II ENTSTAND

Es war im Juni 1962, wenn ich mich recht erinnere, als ich in einer Zeitschrift die Ankündigung der zweiten Einhandregatta über den Atlantik las. Die Idee, daran teilzunehmen, setzte sich sofort bei mir fest, und einige Wochen später schrieb ich an die Veranstalter des Rennens, den Royal Western Yacht Club in Plymouth, und bat um Übersendung der Ausschreibungsbedingungen. Dieser Club hatte in Zusammenarbeit mit dem Verlag des *Observer* bereits eine ähnliche Regatta im Jahre 1960 organisiert, doch hörte ich seinerzeit erst nachträglich davon. Die Veröffentlichung der Ergebnisse und später die ersten Erlebnisberichte der Teilnehmer hatten mich jedoch lebhaft interessiert. Ich empfand diese Art Wettkampf als überaus reizvoll. Eine Einhandregatta stellte für mich (der ich sonst keineswegs gewohnt war, allein zu segeln) die höchste Bewährungsprobe im Segelsport dar. Das war eine Gelegenheit, Erfahrungen zu sammeln, die mir für die zukünftige Entwicklung des Segelsports nützlich, ja sogar unerläßlich erschienen.

Bei Übersendung der Ausschreibungsbedingungen teilten die Veranstalter mit, daß die Regatta nicht, wie die Zeitschrift angegeben hatte, 1963, sondern erst 1964 stattfinden würde. Der Start war auf Samstag, den 23. Mai, festgesetzt. Der wesentliche Inhalt der Ausschreibung läßt sich mit wenigen Worten wiedergeben; Start: Plymouth, Ziel: Newport (USA). Dazwischen jede beliebige Route. Bezüglich der Fahrzeuge:

Keine Größen- oder Typenbeschränkungen; auch hier vollkommene Freiheit. Dann folgte der Wortlaut einiger Bedingungen: Als Antriebskraft galt nur der Wind (und die Muskelkraft der Besatzung); befanden sich Motore an Bord, durften sie nur benutzt werden, um den nötigen Strom für Licht zu erzeugen oder die Radioanlagen zu speisen; die Segler mußten unterwegs auf jede Hilfe von außen verzichten und so weiter, und sie mußten sich natürlich allein an Bord befinden. Alle diese Bedingungen und manche andere mehr, die ich im Augenblick nicht aufzuzählen brauche, verstanden sich von selbst oder waren von untergeordneter Bedeutung. Der wichtige Punkt blieb, daß jeder frei war in der Wahl seines Bootes und seiner Reiseroute*.

Die Fahrtroute: Sorgfältig hatte ich die Kurse studiert, die von Chichester, Hasler, Lewis, Howells und Lacombe, den Konkurrenten der 1960er Regatta, gewählt worden waren. Ihrer Meinung nach gab es drei Möglichkeiten: die nördliche Route, der Hasler gefolgt war; die orthodromische auf dem größten Kreis (die kürzeste also), auf der Chichester und Lewis gesegelt waren, und schließlich der Weg über die Azoren, für den sich Howells und Lacombe entschieden hatten (außerdem eine vierte Route, die Passatstrecke, die aber wirklich einen zu großen Umweg bedeutet hätte). Obgleich alle diese Routen von verschiedener Länge waren, konnten sie, was die Schnelligkeit angeht, doch miteinander konkurrieren. Auf dem Meer ist die kürzeste Route keineswegs immer die schnellste. Gegenströmungen, zu heftige oder auch zu leichte Winde, plötzliche Wetterumschläge, vorherrschende Gegenwinde können das Vorankommen eines Segelfahrzeugs erheblich hemmen. Das Meer und die Lufthülle über dem Meer befinden sich in ständiger Bewegung. Diese Unbeständigkeit hat aber ihren eigenen Rhythmus, der von der Jahreszeit, dem jeweiligen Breitengrad, dem barometrischen Druck und auch von den Ozeanen abhängt, die man gerade überquert. Es gibt daher für jeden Ozean eigene Karten für jeden Monat des

* Die Geschichte der ersten Einhandregatta über den Atlantik siehe S. 191 ff.

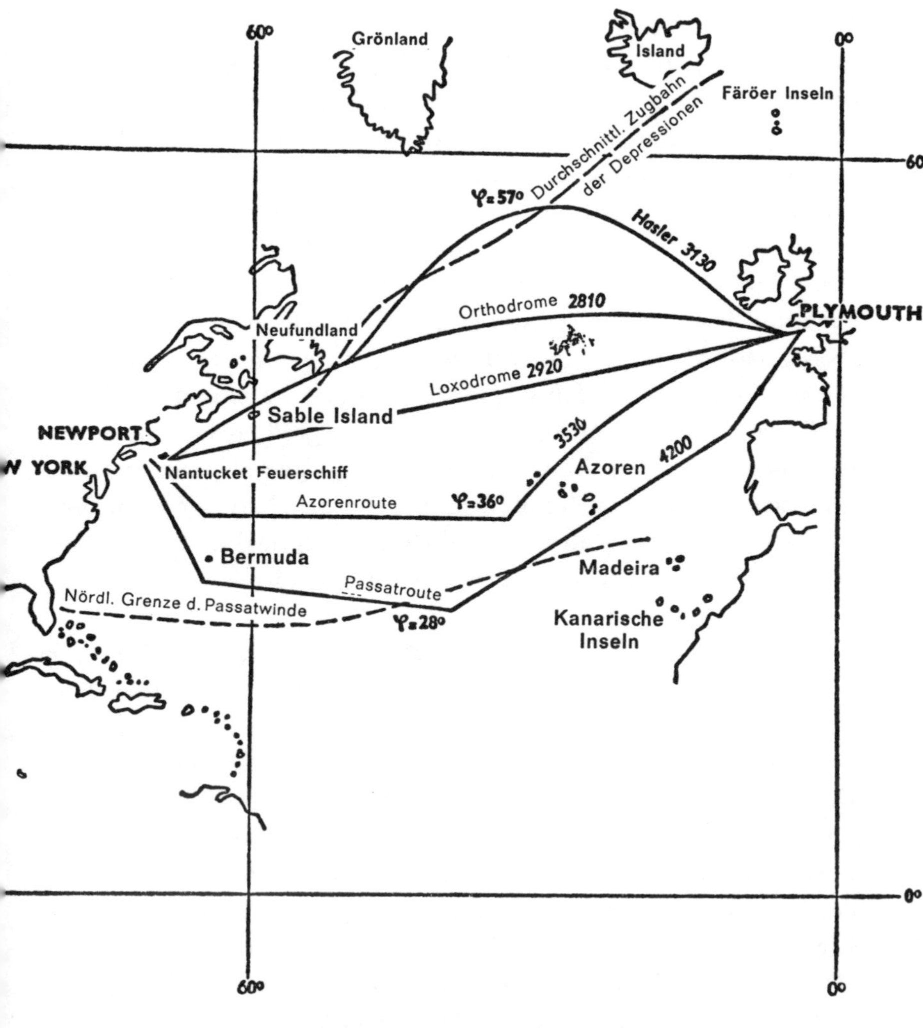

1. Die verschiedenen möglichen Kurse für das Transatlantikrennen

Jahres. So weiß man zum Beispiel, daß die Wassermassen des Golfstroms im Atlantik mit einer Geschwindigkeit von drei Knoten in nordöstlicher Richtung setzen, daß der kalte Labradorstrom bis in den Mai hinein Treibeis mit sich führt, daß Untiefen die Bildung von Wirbeln und Strömungen begünstigen und daß schließlich gewisse Winde im Monat Juni in einem bestimmten Verhältnis überwiegen. Bei diesen Karten handelt es sich um die *Pilot Charts**. Zu einem späteren Zeitpunkt komme ich auf diese Fragen wieder zu sprechen; die Beschäftigung mit ihnen ist ein Teil des großen Spiels. Jeder löst sie auf seine Weise, nach Maßgabe seines Schiffes, seiner Kenntnisse, seiner Erfahrungen – – und den Erfahrungen seiner Gegner. Was mich betrifft, so studierte ich den ganzen Fragenkomplex mit größter Sorgfalt in dem Bestreben, nichts dem Zufall zu überlassen – denn nirgends stand geschrieben, daß ich dem Zufall mehr zu gehorchen hätte als irgendeiner anderen Bedingung. Schließlich und endlich entschied ich mich für den orthodromischen Kurs, den Weg auf dem größten Kreis.

Das Fahrzeug: Kein Schiff ist mir lieber als meine alte *Pen Duick*, ein echter Kutter von 15 Meter Länge, gegen Ende des letzten Jahrhunderts von Five konstruiert. Es gibt kein »Seestück«, das ich lieber hätte als das Foto, auf dem die Yacht sich unter vollen Segeln unterm Druck des Windes neigt und das Schandeck durch das Wasser schleift. Hinter dem Mast wölbt sich das Großsegel in schöner Rundung zwischen Baum und Piek, davor das niedrige Dreieck der Fock. Was aber der *Pen Duick* ihr unnachahmliches Aussehen, dem Schiff die »Grand Air« des alten Gentleman verleiht, das ist die hohe Stenge, die über den Mast emporweist und das riesige Dreieck begrenzt, das von der Fock und den beiden Klüvern gebildet wird. Diese Besegelung war nun nicht gerade die vernünftigste Wahl für ein Einhandrennen über den Atlantik. Es hatte keinen Sinn, bei einem solchen Wettkampf an dieses Schiff zu denken. In einer Prüfung von solcher Härte mußte die Wahl des

* Vergl. Karte des Nordatlantik S. 212/213.

Bootes von den Bedingungen der Rennstrecke bestimmt werden. Für einen Ozean, auf dem selbst im Sommer mit heftigen Stürmen und plötzlichen Wetterveränderungen zu rechnen ist, hatte die Besegelung unter allen Umständen so handlich wie möglich zu sein. Gleichzeitig war aber eine schnelle Takelage erforderlich. So lauteten die beiden Hauptforderungen. Sicherlich gab es außerdem noch viele andere Gegebenheiten zu berücksichtigen: die Richtung der vorherrschenden Winde und die in der fraglichen Jahreszeit und den besegelten Gewässern am häufigsten anzutreffenden Meeresverhältnisse. All das nahm, außer der Wahl der Segelroute, meine ganze Aufmerksamkeit in Anspruch.

Sobald mein Entschluß feststand, besuchte ich meine Freunde Gilles und Marc Constantini auf ihrer Schiffswerft in Saint-Philibert. Das war wohl gegen Ende des Sommers 1962. Wir hatten mehrfach zusammen gesegelt, und die Überholungsarbeiten, die an der alten *Pen Duick* vorgenommen werden mußten, hatten mich mit ihrer Werft und ihren Arbeitsmethoden vertraut gemacht. Ich wußte, daß sie Vertreter der Leichtdeplacement-Bauweise waren. Nun, gerade auf die Leichtigkeit setzte ich bei der Lösung meines Problems meine Hoffnungen.

Dieses Problem bestand, wie gesagt, darin, zwei sich scheinbar widersprechende Forderungen auf einen Nenner zu bringen: Schnelligkeit und Handlichkeit. Die erste Forderung verstand sich von selbst, da es sich um ein Rennen handelte. Die zweite ergab sich aus der Tatsache, daß ein auf seine eigenen Kräfte angewiesener Einhandsegler, der alle Pflichten an Bord zu erfüllen hat – wie Ruder- und Segelmanöver, Navigation, Küche, Instandhaltung und so weiter – auf einem zu großen und vor allem übertakelten Fahrzeug nie mit allen Arbeiten zugleich fertig werden kann. Um schnell zu sein, muß ein Fahrzeug eine gewisse Länge haben. Da die Segelfläche in einem bestimmten Verhältnis zum verdrängten Gewicht stehen muß, schien die einzige Lösung darin zu liegen, ein leichtes, aber gleichzeitig auch festes Konstruktionsmaterial zu wählen, um das Gewicht des Fahrzeugs, auch Deplacement genannt, herabzusetzen. (Bekanntlich entspricht das Volumen des verdrängten Wassers dem Gewicht des Schiffes.)

Die Constantini waren damals mit dem Serienbau einer Klasse III beschäftigt, dem Tarann-Typ, dessen leichter Sperrholzkörper 8 Meter in der Wasserlinie und 9,65 Meter über Alles vermaß. Das entsprach etwa der Länge, die ich für mein eigenes Boot vorgesehen hatte. Warum? Ich hatte mir folgendes überlegt: Da es mir wegen mangelnder praktischer Erfahrung unmöglich war, selbst die Größe eines Fahrzeugs zu berechnen, das am besten meinen Kräften und Fähigkeiten entsprechen würde – gewissermaßen ein Schiff nach Maß –, schien es das Klügste, auf die Erfahrung anderer zurückzugreifen, das heißt in diesem Fall auf die Erfahrung der Teilnehmer oder besser noch: auf die der Gewinner des vorhergegangenen Rennens. Nachdem Chichester, der Sieger, sich darüber beklagt hatte, auf seinem 12 Meter langen Kutter zu viel Zeit mit der Bedienung seiner Segel verloren zu haben, und weil Hasler mit seinem Volksboot von 8 Metern (Länge über Alles) und nur einem einzigen Segel als zweiter angekommen war, entschied ich mich für eine Zwischenlänge von 10 Metern.

Gilles Constantini begann sofort mit den Entwurfsarbeiten. Ich selbst, der ich aktiver Seeoffizier war, wartete inzwischen auf die Bewilligung eines Urlaubs, von dem meine Beteiligung an der Wettfahrt abhing. Der Urlaub wurde mir nicht nur genehmigt, sondern der Kapitän zur See de Kerviler, Chef des Sportwesens in der Marine, sorgte außerdem für meine Versetzung nach Lorient, was mir später gestattete, in enger Verbindung mit den Konstrukteuren zu bleiben. Die Constantinis machten mir dann den Vorschlag, den neuen »Tarann« auf ihre eigenen Kosten zu bauen, und zwar einen Tarann in Sportausführung, den sie mir für die Regatta zur Verfügung stellen und später für eigene Zwecke verwenden wollten. Sie hatten bereits mehreren für den Eigengebrauch bestimmten Yachten den Namen *Margilic* gegeben, und so wurde auch dieses Boot auf den gleichen Namen getauft und *Margilic V* genannt.

Margilic V wurde im Oktober auf Stapel gelegt und Ende April 1963 zu Wasser gelassen. Am darauffolgenden Wochenende machten wir unseren ersten Schlag in See. Ich hatte das für die Tarann-Boote vorgesehene Sloop-Rigg durch eine Kuttertakelage ersetzen lassen, bei der zwei handlichere und wirksamere Vorsegel an die Stelle einer großen Fock treten. Die Segel hatte ich höher schneiden lassen, um bessere Eigenschaften hoch am Wind, also beim Kreuzen, zu entwickeln – eine Notwendigkeit, die sich auf dem Nordatlantik angesichts der vorherrschenden westlichen Winde nur zu häufig ergibt. Schließlich und endlich hatten wir gemeinsam die besten Möglichkeiten erwogen, wie man die Festigkeit des Rumpfes (durch Einziehen metallener Spanten) erhöhen und dadurch die Sicherheit des Schiffes bei jedem Wetter gewährleisten könnte.

Während des ganzen Frühjahrs und Sommers 1963 probierte ich das Boot aus und nahm mit ihm an zahlreichen Seewettfahrten teil. Für seine Größe war es ziemlich schnell, ging hoch an den Wind und ließ sich sehr leicht steuern. Ausgewogen, wie die Segel waren, spürte man kaum einen Druck auf dem Ruder.

Die *Margilic V* war demnach ein gutes Boot. Trotzdem gelangte ich im Laufe der Zeit zu der Überzeugung, daß ich durchaus imstande war, auch mit einer viel größeren Yacht fertig zu werden. Da nun die Regatta nur im Rahmen einer zusätzlichen Klasseneinteilung Ausgleichsvergütungen vorsah, die Haupttrophäe also dem Schiff zugesprochen wurde, das als erstes die Ziellinie kreuzte, unabhängig von seiner Größe und Tonnage, gab es für mich nicht mehr viel zu überlegen. Ich sagte Gilles, was ich jetzt für das Beste hielte, und er pflichtete mir bei. Natürlich konnte es nicht in Frage kommen, daß ich ihn mit neuen Unkosten belastete. Wir faßten daher den Entschluß, die *Margilic V* zum Verkauf zu stellen und außerhalb der Serie ein in jeder Beziehung neues Schiff zu entwerfen, das streng auf die Erfordernisse einer Ozeanwettfahrt ausgerichtet war. Und so entstand die *Pen Duick II*.

In früheren Zeiten war der Bau eines Schiffes zu drei Vierteln Erfahrung und zu einem Viertel Glück. Gewöhnlich erinnerte man sich irgendeines Schiffes, das erfolgreich alle Weltmeere befahren und seine Mannschaft stets in den sicheren Hafen zurückgebracht hatte. Dieses Schiff nahm man sich dann zum Vorbild. Gelang es wirklich nicht, eines Tages seinen alten, muschelbewachsenen und vielleicht durch ein Wunder der Zerstörung entgangenen Rumpf wiederzufinden – wie das bei der *Spray* von Slocum, dem ersten Einhandsegler, der Fall war –, dann versuchte man, die Linien und Besonderheiten aus dem Gedächtnis nachzubilden und sie, so gut es ging, zu verbessern.

Die Rechenkunst, die Kenntnis präziser Normen und anderer wichtiger Faktoren erlauben uns heutzutage eine rationellere Ausarbeitung von Entwürfen. Trotzdem kann man auf Erfahrungen nicht verzichten, und sicherlich wäre die *Pen Duick II* nie das geworden, was sie ist, wenn wir nicht vorher die *Margilic V* gebaut hätten.

Wie immer dem sei, es gab einige klare Forderungen, von denen wir ausgehen mußten: eine größere Länge in der Wasserlinie unter gleichzeitiger Beibehaltung des leichten Deplacements, um durch erweiterte Abmessungen zu einer vergrößerten Segelfläche gezwungen zu werden; eine große Stabilität ohne Einbuße an Geschwindigkeit; Leichtigkeit auf dem Ruder und Kursbeständigkeit.

Wie gewöhnlich kritzelte ich diese Angaben auf einige aus einem Schulheft herausgerissene Blätter und begann, ihnen in Form von Linienriß und Querschnitt maßstabgetreue Gestalt zu geben. Dann brachte ich die Zeichnungen zu Gilles, und gemeinsam ließen wir uns von neuem an seinem Zeichentisch nieder. Jedes Wochenende kam ich von Lorient herüber. Sobald ich samstagsnachmittags in Saint-Philibert angekommen war, machten wir uns an die Arbeit. Manchmal diskutierten wir bei Gilles zu Hause bis in die späten Nachtstunden hinein, um am Sonntagmorgen in den Zeichensaal der Werft zurückzukehren. Im Oktober war unser Entwurf bereits weit gediehen.

Außerdem benutzte ich diese Wochenenden, um mich im Alleinsegeln zu trainieren und meine Versuche an Bord der *Margilic V* fortzusetzen. Darüber wurde es Herbst, und das Wetter wurde wechselhafter. Ich hatte Gelegenheit genug, mit verschiedenen Segelkombinationen zu experimentieren.

Die mit dem Auswechseln der Segel verbundenen Probleme waren in der Tat wichtig genug. So interessant es für den Einhandsegler ist, seine Besegelung zwecks größerer Handlichkeit unterteilen zu können, so sehr gilt es für ihn, aufzupassen, daß dieser Vorteil sich nicht gegen ihn kehrt, indem er ihn andauernd zu komplizierten Manövern zwingt. Ich bemühte mich daher, auf diese Fragen die einfachsten Antworten zu finden, Antworten, die ihrerseits auf die Wahl der Takelage für unser zukünftiges Schiff nicht ohne Auswirkung bleiben konnten. Ferner war noch die Bauweise des Schiffes selbst zu bedenken, die weitere zahlreiche Fragen aufwarf. Und vor allem die dringendsten, eiligsten Probleme: Zeit und Geld.

Der Oktober ging vorbei. Auf Einhandfahrten setzte ich meine Versuche fort, sammelte Kräfte und Erfahrungen und gewöhnte mich daran, die *Margilic V* bei jedem Wetter zu segeln. Anfang November wetterte ich zwischen Bénodet und La Trinité einen sehr schweren Sturm mit Böen von 60 Meilen Stundengeschwindigkeit ab. Der November verstrich, die ersten Tage des Dezembers kamen und gingen, und noch immer hatte sich kein Käufer für die *Margilic V* gefunden. Jetzt wurde es allerhöchste Zeit, das neue Boot auf Stapel zu legen, wenn ich am 23. Mai des folgenden Jahres rechtzeitig an der Startlinie erscheinen wollte.

Eine Lösung gab es: Ich konnte die *Pen Duick II* auf eigene Rechnung bauen lassen. Leider reichten die Mittel, über die ich verfügte, dazu nicht aus. Immer wieder gelangten wir bei unseren Überlegungen auf den gleichen Punkt. Trotzdem war ich entschlossen, den Bauauftrag zu erteilen, sobald ich genügend Geld hatte, damit, wenn schon nicht das ganze Schiff, so doch jedenfalls der Rumpf fertiggestellt werden konnte. Dann blieb noch der Kauf von Masten und Segeln zu bewerkstelligen, den beiden größten Posten im Budget. Von der alten *Pen Duick I* wollten wir uns den wesentlichen Teil der Decksbeschläge ausleihen. Trotz all dieser Einsparungen gelang es mir aber nicht, die erforderliche Hilfe zu finden. Ende Dezember, als ich schon fast alle Hoffnung aufgegeben hatte, traf ich im letzten Augenblick durch Zufall einen meiner Freunde, der sich bereit erklärte, das fehlende Geld vorzuschießen.

Sofort wurde der Bau in Angriff genommen. Das ganze Werftpersonal wurde mobil gemacht, und die Arbeit in beschleunigtem Tempo vorangetrieben. Schon zu Anfang des neuen Jahres wurden die ersten großen hölzernen Bauelemente zusammengefügt, und langsam schälten sich die Linien des Unterwasserschiffs heraus, so wie es der Gilles'sche Entwurf vorsah.

Nach eingehendem Studium hatten wir uns für die folgenden Abmessungen entschieden: 10 Meter Länge in der Wasserlinie, 13,6 Meter Länge über Alles, 2,20 Meter Tiefgang und eine größte Decksbreite (der fachliche Ausdruck lautet: Größte Breite des Schiffes im Hauptspant, auf Außenkante Spant gemessen) von 3,40 Metern. Diese Breite verminderte sich jedoch infolge der knickspantähnlichen Kimm um 62 Zentimeter in der Wasserlinie. Die zunächst senkrecht zum Wasser abfallenden Bordwände gingen eben oberhalb der Wasserlinie in eine scharfe Krümmung über, wodurch sich das Unterwasserschiff entsprechend verengte. So lag das Schiff verhältnismäßig schmal auf dem Wasser und erzielte einen günstigen Wasserverdrängungsfaktor; sobald sich aber der Rumpf unter dem Einfluß der Wellen oder des Windes überneigte, verlagerte sich der Deplacementsschwerpunkt nach Lee, und die Stabilität verwandelte sich in die eines großen Schiffes.

Auf der anderen Seite war anzunehmen, daß sich das Schiff im allerersten Stadium leicht überlegen würde, und das war ein Vorteil, denn bei wenig Wind ziehen die Segel unter einem geringen Neigungswinkel am besten. So waren die Diskussionen, die wir während der langen Herbstabende geführt hatten, doch nicht ganz umsonst gewesen.

Während der Rumpf auf diese Weise Gestalt annahm, besuchte ich die Hersteller des noch fehlenden Materials – der Segel, des stehenden Guts, der Decksbeschläge und so weiter*. Eine Fußverstauchung – ich hatte sie mir in der Silvesternacht zugezogen, als ich auf einem Balken in der Constantini-Werft ausrutschte – hätte dieses Vorhaben beinahe vereitelt. Mit meinen Krücken erregte ich bei meinem Besuch auf der Pariser Bootsausstellung einiges Aufsehen. Trotz meines humpelnden Ganges wurde ich überall freundlich aufgenommen. Ende März konnten wir anfangen, den Rumpf in Sperrholz aufzuplanken. Das Sperrholz war in Stücken von 15 Meter Länge zurechtgeschnitten, eine Sonderanfertigung, die dem Rumpf, da die Planken auf beiden Seiten aus einem einzigen Stück bestanden, erhöhte Festigkeit und Steifheit verliehen. Im übrigen hatten wir uns alle Mühe gegeben, das Spantenwerk zu verstärken. Die Holzspanten wurden mit metallähnlichen Spanten verdoppelt und diese obendrein auf der Länge zwischen den beiden Masten mit Stahlplatten verbunden, die unter dem Unterbalkweger entlangliefen. An dieser festen Gürtelkonstruktion setzten die Wanten auf der einen und die Kielbolzen auf der anderen Seite an. Auf diese Weise standen sich die nach oben und nach unten wirkenden Kräfte einander gegenüber, die Kräfte des Windes und die des Wassers, und sorgten, auf die ganze Konstruktion verteilt, für das notwendige Gleichgewicht.

Mit dem Aufplanken der Bordwände verwandelte sich das Spantenwerk in einen Rumpf. Jetzt konnte man sich schon vorstellen, wie das Schiff aussehen würde. Ein Farbanstrich, ein vom Vorsteven bis unter das Heck reichender Wasserpaß – und schon sah man es auf dem Wasser schwimmen. Mit Ungeduld erwarteten wir den Augenblick des Stapellaufs. Bis dahin gab es aber noch viel zu tun. Die Innenschotten mußten eingezogen, die Decksbalken mit den Decksplanken belegt werden; achtern war das Cockpit einzubauen und der Kajütsaufbau

* Nähere Angaben am Schluß des Buches in den technischen Kapiteln, die sich mit der Materialauswahl beschäftigen.

2. Aufschnitt der Pen Duick II

1. *Fock*
2. *Klüver*
3. *Dirk*
4. *Spinnaker-baum*
5. *Segelsack*
6. *Kartentisch*
7. *Kiel*
8. *Großfallwinsch*
9. *Kajütsdach*
10. *Backstagshebel*
11. *Winschen*
12. *Ruderblatt*
13. *Klampe zum Festlegen der Pinne*
14. *Cockpit*
15. *Pinne*
16. *Kimm*
17. *Heck*
18. *Log*
19. *Besanbaum*
20. *Reffband*
21. *Kompaß*
22. *Plexiglas-kuppel*
23. *Großbaum*
24. *Besanschot*
25. *Großschot*

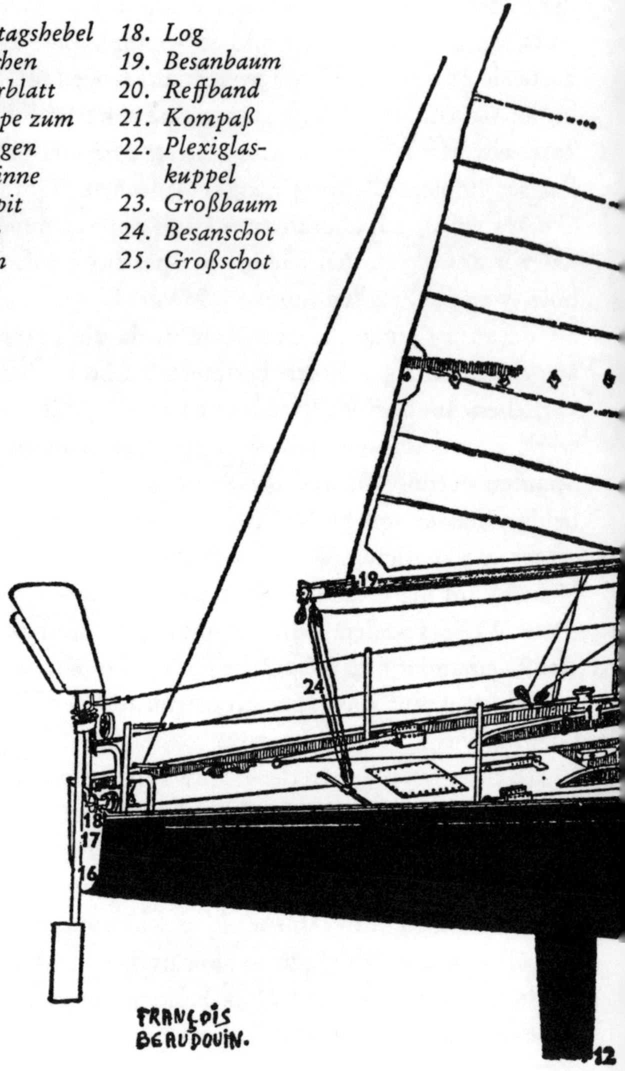

20
20
23
25
22
9
14
21
10
8
3
4
4
1
2
14
5
6
5
7

über dem Niedergang zu errichten. Anschließend galt es, alle Räume unter Deck einzurichten, die beiden Hundekojen achtern unter dem Cockpit, die Kombüse auf der einen und die Navigation auf der anderen Seite der Mittelkajüte, sowie die Räume, die der Unterbringung von Proviant und Material dienen sollten. Das alles verursachte noch viel Arbeit. Die Männer auf der Werft taten jedoch ihr Bestes; in dieser Hinsicht brauchte ich mir keine Sorgen zu machen.

Was mich viel mehr beunruhigte, das waren die Verzögerungen bei der Herstellung des Kiels. Die Gießerei, die geglaubt hatte, Ende März liefern zu können, stellte mir jetzt die Lieferung erst zum 5. April in Aussicht, was soviel bedeutete, das die beabsichtigten Probefahrten ausfallen würden. Ich mußte mich also darauf gefaßt machen, an dem Rennen teilzunehmen, ohne mich vorher mit dem Schiff vertraut gemacht zu haben. Und selbst dann war keineswegs sicher, ob das Schiff überhaupt rechtzeitig fertig würde. Die letzten Tage im März ließen sich vielmehr recht dramatisch an. Um Kosten einzusparen, war ich bereits selbst dabei, mit Hilfe meines Vaters dem Rumpf den ersten Farbanstrich zu geben. Aber wieder einmal regelte sich alles im letzten Augenblick von selbst – die Marine entschloß sich, mir Hilfskräfte zur Verfügung zu stellen.

Am 5. April fand der Stapellauf in Saint-Philibert statt. Ein provisorischer Schienenstrang verband die Baustätte direkt mit dem Wasser. Ich selbst blieb an Bord, als wir die starke Neigung in beeindruckend schneller Fahrt hinunterglitten. Das Wasser spritzte hoch auf, als der Rumpf ins Wasser tauchte, und überflutete das ganze Heck bis zum Cockpit. Anschließend wurde das Schiff, das noch ohne Ballast wie ein Korken auf dem Wasser schwamm, an den Kai geschleppt, wo ein Kran seinem ersten kurzen Tag auf dem Wasser ein Ende bereitete. Auf einen Anhänger gesetzt, gut aufgepallt und abgestützt, nahm es seinen Weg nach Lorient zum Arsenal.

Jetzt lösten die Leute des Arsenals die Werftarbeiter ab, malten das Schiff und stellten die Inneneinrichtung fertig. Maler und Tischler arbeiteten manchmal Seite an Seite, gebückt oder unter den niedrigen Decksbalken hockend und sich gegenseitig behindernd in den engen Räumen, an die sie nicht gewöhnt waren. Nachdem mein Ersatzmann endgültig meinen Posten an Bord des Landungsschiffes *Edic 9092* übernommen hatte, stellte die Marine mich für die letzten Arbeiten an der *Pen Duick* frei. Jetzt konnte ich an Ort und Stelle die Arbeiten dieser Männer dirigieren, die nicht gewohnt waren, Yachten einzurichten und auszurüsten, sich aber für diesen neuartigen Job lebhaft zu interessieren schienen.

Kartentisch und Kombüse werden eingebaut, die elektrischen Anlagen installiert, die Drähte verlegt, Auflagehölzer für Dingi und Anker, Mastfüße und Ruder getischlert. Aber immer noch warte ich – es ist jetzt Ende April – auf Masten und Wanten und vor allem auf den Kiel. Wir haben noch drei Wochen bis zum Start, und ich mache mir keine Illusionen, wie – im besten Fall – die letzten Tage aussehen werden. Da aber alles andere im guten Zuge ist, weht trotzdem ein zuversichtlicher Wind. Ich verbringe meine Zeit am Telephon, und endlich beginnen die Stücke des Puzzles sich zusammenzufügen. Einige Tage später ist der Kiel fertiggestellt, und gleich darauf treffen auch die Masten und Wanten ein.

Für den Kiel hatten wir, wie schon erwähnt, eine starke Befestigung vorgesehen. Es handelte sich um einen sogenannten Bulbkiel, dessen Gewicht allein schon etwas mehr betrug als die Hälfte des Deplacements, also soviel wie das Gewicht des ganzen übrigen Schiffes. An der Oberkante Kielplatte hatten wir von beiden Seiten Löcher durchbohren lassen. Je sechs Kielbolzen steckten von hier durch die hölzernen Bodenwrangen bis in die Metallspanten, die den Schiffsboden umfassen, um auf diese Weise Kiel und Rumpf zu einer festen Einheit zu verbinden. Zur Durchführung dieser Arbeit war es erforderlich, das Schiff anzuheben, den Kiel sorgfältig unter den Boden zu passen und die Bolzen genau über der an jedem Spant vorgesehenen Stelle hineinzutreiben. Für diese Arbeit mußten wir mehrere Tage opfern. Später, auf dem Entladungspier in New York, konnte ich erfreut feststellen, daß das Schiff sich ganz allein auf seiner doch immerhin recht schmalen Kielsohle hielt, also vollkommen im Gleichgewicht stand.

Kaum nahmen wir uns am nächsten Morgen die Zeit, den Taufakt zu vollziehen. Woher kommt der Name *Pen Duick*? Das ist schnell beantwortet: Ich wollte einfach die Erinnerung an die alte *Pen Duick* mit dem neuen Schiff verbinden. Ich darf hinzufügen, daß diese beiden bretonischen Worte soviel bedeuten wie »kleiner schwarzer Kopf«, und genauso nennt man auch die Meisen (die Meisen mit schwarzem Kopf, die in der Bretagne stark verbreitet sein sollen).

Heute ist Samstag, und das Arsenal ist fast verödet. Kaum ist die Zeremonie beendet (wir hatten Madame Gilles, Odile, als Taufpatin ausersehen), mache ich mich wieder an die gestern an Land begonnenen Takelarbeiten. Morgen wollen wir uns alle in La Trinité wiedertreffen.

Jetzt habe ich nur noch die Tergal- und Nylonsegel beim Segelmacher Tonnerre abzuholen.

Für die *Pen Duick II* hatte ich natürlich eine Ketschtakelage gewählt: zwei Masten, von denen der kleinere (der Besan) achtern, der größere (der Großmast) vorn steht. Dank der leichten Bauweise aus Sperrholz hatte ich die Normalbesegelung auf 60 Quadratmeter beschränken und die kleine Segelfläche auf eine große Deckslänge verteilen können, eine Anordnung, bei der diese Takelage ihre beste Wirkung entfaltet. Die ziemlich weit auseinander stehenden Segel können sich nicht abdecken, und jedes Segel zieht um so besser. Schließlich versprach die Vielzahl der Segelkombinationen glatte Manöver und die beste Segelbalance.

Am folgenden Morgen, am 10. Mai, eine Woche vor der Abfahrt nach Plymouth, legen wir endlich ab. Zum erstenmal erlebe ich die *Pen Duick II* unter Segel. Victor Tonnerres Sohn kommt mit, weil wir auf dieser Jungfernfahrt alle Segel durchprobieren wollen. Auf der Reede, unter Abdeckung des Landes, ist der Wind unregelmäßig und böig, aber das Schiff pariert die Windstöße ohne Murren. Seine Steifheit unter Segel macht einen ausgezeichneten Eindruck. Sobald wir draußen sind und ich hoch an den Wind gehe, kann ich feststellen, daß das Boot gut ausbalanciert liegt und offenbar schnelle Fahrt macht. Verschiedene Leute aus dem Segelclub von Kernevel, die uns auslaufen sahen, bestätigten mir später diesen Eindruck und sagten, daß sie von der Schnelligkeit des Schiffes beeindruckt gewesen seien. Von den Segeln scheinen die Vorsegel und der Spinnaker ausgezeichnet zu stehen, aber das Großsegel ist ein wenig zu bauchig – das neu verwendete Tuch hat einen unterschiedlichen Elastizitätsfaktor – und ich bitte Tonnerre, eines der beiden Segel schnellstens umzuarbeiten.

In La Trinité treffe ich Monsieur Gianoli, der mir die automatische Steuerung bringt. Morgen früh werden wir den Apparat unverzüglich anbringen und nachmittags die ersten Versuche fahren. Wir machen drei Schläge von mehreren Stunden Dauer. Hoch am Wind arbeitet die Selbststeuerung sehr gut; bei raumen Winden sind wir, zumal wenn es schwach weht, weniger zufrieden. Leider ist es zu spät, diesen Fehler noch zu beseitigen; ich muß mich mit dem Apparat, so wie er ist, abfinden; außerdem bezweifle ich, daß wir längere Zeit raumen Wind haben werden.

Die ganze restliche Zeit, die ich noch im Hafen liege, ist ausgefüllt mit der Erledigung der letzten kleinen Arbeiten. Wir kontrollieren die Spannung der Wanten und Stagen, prüfen Taljen und Blöcke und verlegen einige Stellen, an denen Beschläge (wie zum Beispiel die Backstag-Umlegehebel, die den Großmast halten sollen) angebracht worden sind. Hervorstehende Bolzen werden abgesägt, verdächtige Sprünge gedichtet, die Reservesegel geordnet, zusammengelegt und in Säcke gesteckt, Beschläge eingefettet, und das Deck wird gewaschen. Die Arbeiter verließen das Schiff erst wenige Stunden, bevor wir ausliefen.

Auf Bitten meiner Mutter baue ich zu guter Letzt noch einen Radiosender und -empfänger ein. Ehrlich gesagt, halte ich das Vorhandensein dieses Apparats an Bord für nicht so beruhigend, wie meine Mutter es sich vorstellt, denn genauso wie mir, kann auch dem Apparat etwas zustoßen. Außerdem verbrauchen die Sendungen viel Strom, und wenn meine Mutter sich erst an regelmäßige Nachrichten gewöhnt hat, wird sie sich doppelt beunruhigen, wenn ich mich einmal aus irgendeinem Grunde einen Tag nicht melden kann.

Um die Sache noch schlimmer zu machen, werde ich schließlich noch mit Rücksicht auf den erhöhten Stromverbrauch veranlaßt, ein kleines Aggregat an Bord zu nehmen, ohne daß ich die geringste Neigung verspüre, Gebrauch davon zu machen. Ich kann den Krach dieser Motoren nicht vertragen.

Am 16. Mai geht es los. Mit dem Dingi setze ich meine Mutter an Land. Wir sind beide nicht froh, und als ich sehe, wie sie sich trotz der Tränen in den Augen zu einem Lächeln zwingt, kann ich ein heimliches Schuldgefühl nicht unterdrücken. Immer wieder bemühe ich mich, ihr zu versichern, daß ich wiederkommen werde und daß sie gar keinen Grund hat, sich Sorgen zu machen. Mehr vermag ich nicht zu sagen, denn ich fühle, wie der Abschied mir selbst die Kehle zusammenschnürt. In dem Augenblick, als ich ihre schmale Silhouette im Hafen verschwinden sehe, hat für mich die Fahrt über den Ozean begonnen. Der Start in Plymouth ist nur noch eine Formalität.

2 AN DER STARTLINIE

Am 18. Mai um 15 Uhr treffen wir nach kurzem Zwischenaufenthalt in Brest auf der Reede von Plymouth ein. Wir sind vier Personen an Bord. Meine Mutter wird inzwischen in unser Haus in Saint-Pierre zurückgekehrt sein, aber unsere Freundin Yvonne de Rosambo begleitet meinen Vater und mich. Wie schon vorher in La Trinité ist es uns lieb, sie auch auf der Überfahrt bei uns zu haben. In Brest nahmen wir kurz nach Mittag J. P. Aymon, einen Journalisten vom *Paris-Soir*, an Bord, der auf der Fahrt über den Kanal mit Begeisterung unser Logbuch und manchmal auch die Pinne führte. Samstag will er seine Eindrücke unterwegs an die Zeitung weitergeben. Er hat die Absicht, mich später in Newport wieder aufzusuchen, um meinen ersten Reisebericht entgegenzunehmen, wie es mit dem Verlag vereinbart worden war.

Die zweitägige Fahrt von Lorient benutzte ich, um mich ein wenig mit meinem Boot vertraut zu machen. Diese achtundvierzig Stunden sollten auch die einzigen bleiben, die mir dafür zur Verfügung standen. Zu gern hätte ich eine Gelegenheit gefunden, die *Pen Duick II* gegen ein anderes bekanntes Boot zu segeln, wie ich es seinerzeit in aller Muße mit der *Margilic V* tun konnte. Als ich gerade meinem Bedauern hierüber Ausdruck geben will, entdecke ich zu meinem Glück im letzten Augenblick die *Trident* auf ihrem Liegeplatz bei dem Marine-Segelclub. Die *Trident* ist ein Clubschiff vom Maica-Typ, ein Boot, das ich gut kenne und das mir ausgezeichnete Vergleichsmöglichkeiten liefern kann. Ich sage der Besatzung, wie gern ich die beiden Boote gegeneinander racen möchte, und mein Vorschlag wird angenommen. Die *Trident* will uns an der Hafeneinfahrt erwarten und einige Meilen hinaus begleiten.

Wir starten hoch am Wind und durchlaufen die enge Ausfahrt mit halbem Wind. Die *Trident* macht sich an uns heran, bis wir auf gleicher Höhe liegen. Einige Minuten lang gewinnt sie an Vorsprung. Vielleicht, denke ich, ist unsere Schotenführung falsch. Ich trimme die Segel, und im gleichen Augenblick brist es auf. Schnell holen wir die *Trident* ein und laufen vorbei. Nur weiß ich nicht, ob dieses Ergebnis auf die veränderte Schotenführung oder auf den Wind zurückzuführen ist. Nach einiger Überlegung komme ich zu dem Schluß, daß es der Wind gewesen sein muß, denn die veränderte Schotenführung hätte meiner Ansicht nach kaum genügt, eine solche Beschleunigung herbeizuführen. Das bestätigt meinen Eindruck, daß ich bei flauem Wind nicht viel von meinem Boot erwarten kann. Wenn es aber auf 3 Windstärken (8–10 Knoten) auffrischt, wacht das Boot auf. Nach einer Viertelstunde hat sich unser Vorsprung noch weiter vergrößert, und als ich auch noch das Besanstagsegel setzte, lassen wir die *Trident* endgültig hinter uns. Ich bin ganz zufrieden mit diesem Ergebnis, da die durchschnittliche Windstärke auf dem Atlantik um diese Jahreszeit Beaufort 4 oder 10 bis 16 Meilen in der Stunde beträgt. Der Rest der Reise vollzieht sich bei raumen Winden ohne Zwischenfälle, manchmal mit, manchmal ohne Spinnaker.

Genau vierundzwanzig Stunden nach unserer Abfahrt von Brest laufen wir in den Plymouth Sund ein. Nach Passieren der Klippen von Mewstone und der steilen Ufer der Yealmündung halten wir Kurs auf die Bake des Wellenbrechers, der den Sund in der Mitte versperrt. Wir laufen an der Küste entlang, an der wir zahlreiche Menschen spazierengehen oder baden sehen, und es fällt mir ein, daß wir heute ja Pfingstmontag haben. Wir lassen den Wellenbrecher an Backbord und gelangen durch die Osteinfahrt auf die Binnenreede. Im Hintergrund,

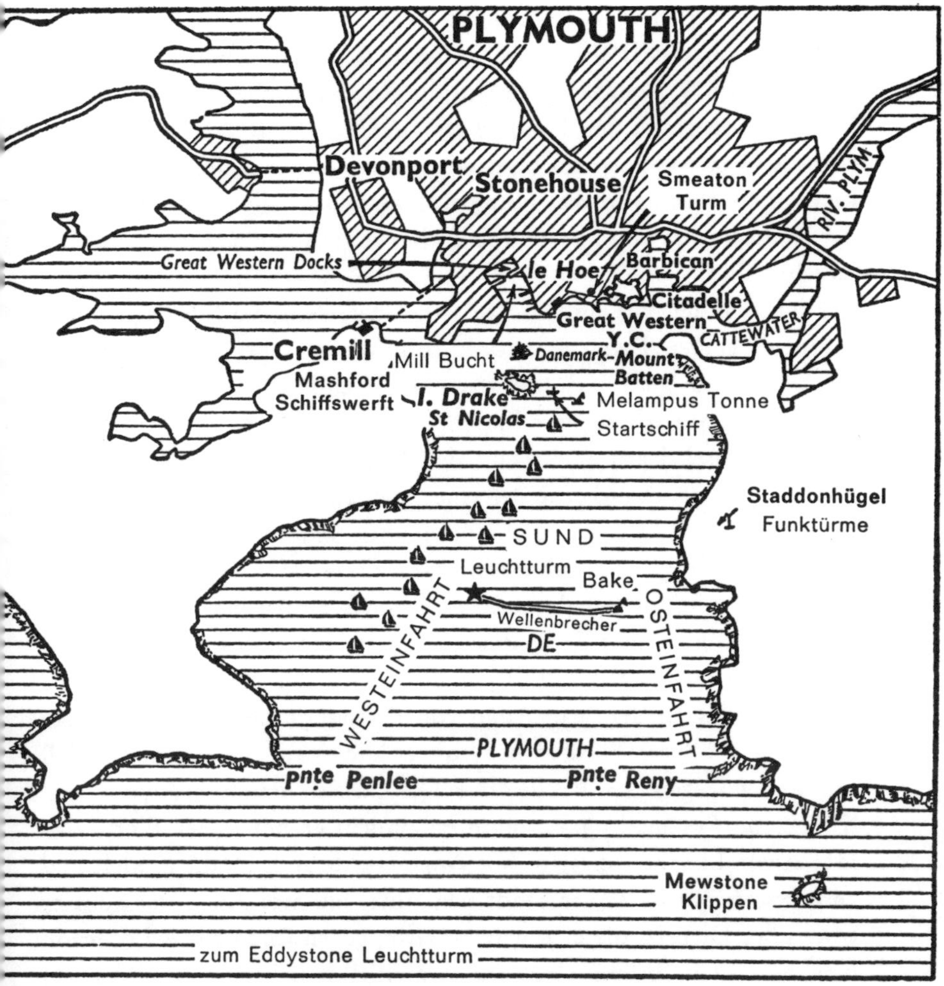

3. Die Bucht von Plymouth

etwa zwei Meilen voraus, werden die Hafenanlagen und die alte Zitadelle von Charles II sichtbar. Die Reede ist ringsum von Hügelketten umgeben. Im Westen zeichnen sich die Kronen großer Bäume auf den Bergkämmen gegen den Himmel ab. Im Osten erstreckt sich ein weitläufiges Gebäude auf dem Bergrücken, und weiter draußen im Lande ragen hohe Masten in den Himmel. Das müssen die Antennenmasten der Radiostation von Staddon sein, die weithin und schon von See aus zu sehen sind.

Nun befinden wir uns also in den Gewässern, von denen aus der Start in wenigen Tagen stattfinden soll. Meine Augen suchen die Insel Drake, die sich auch nach und nach vom Lande abhebt; und ich halte auch Ausschau nach der berühmten Melampus-Tonne, die ganz in der Nähe der Insel liegen muß – eine der Begrenzungen der Startlinie. Ihr Name klingt so ähnlich wie der einer kleinen römischen Gottheit oder einer der phantastischen Shakespeareschen Figuren. Auch die kleine Insel Drake trägt einen phantastischen, dieses Mal aber streng historischen Namen. Sie wurde nach Sir Francis Drake benannt, dem berühmten Admiral und Freibeuter. Drake war es gewesen, der hier vor 300 Jahren im Schutze des Plymouth Sunds der mächtigen Armada auflauerte. Er ist der Jean Ango von Plymouth, aber ein Jean Ango von weit größerer Berühmtheit, da er die spanische Macht zu Fall brachte, wogegen der Reeder aus Dieppe sich damit begnügte, den König von Portugal einzuschüchtern, indem er mit seiner Flotte den Hafen von Lissabon sperrte. Wie Ango wurde auch Drake geadelt und zum ersten Bürger seiner Stadt gemacht; und wie Ango fiel auch er trotz aller Dienste, die er erwiesen hatte, gegen Ende seines Lebens in Ungnade. Diese beiden einander so ähnlichen Lebensläufe bilden ein weiteres Band der Verwandtschaft zwischen Plymouth und Dieppe, dessen Schloß in der Nähe des Hafens liegt, genau wie die Zitadelle in Plymouth. Zu ergänzen bleibt, daß es Dieppe war, von wo aus ein Mann namens Verrazano 400 Jahre vor uns als erster den Ozean von der europäischen Küste nach New York überquerte. Auf dieser Seite des Atlantik ist sein Name fast in Vergessenheit geraten, während man sich im heutigen Amerika offenbar seiner wieder erinnert.

Wir stehen jetzt zwischen der Insel Drake und dem Wellenbrecher von Mount Batten und liegen die Smeaton-Enge an. Der Turm gleichen Namens, der einstmals den Oberteil des großen Leuchtturms von Eddystone bildete und den man hier wieder aufgebaut hat, erhebt sich fast genau voraus über dem Liegeplatz der Yachten. Wir sind im Innersten der Reede. Der Hafen von Plymouth erstreckt sich nach allen Seiten, an Steuerbord zu dem alten Stadtteil von Barbican und dem Fluß Plym, an Backbord in Richtung Stonehouse und Davenport, den am Tamar, dem zweiten in Plymouth mündenden Fluß gelegenen Stadtteilen. Das Dockbecken in Stonehouse hinter der Drehbrücke über die Millbay sieht nicht sehr anziehend aus. Alle diese Schuppen, Kräne und verlassenen Kais bieten an diesem Festtag einen etwas trostlosen Anblick. So entschließen wir uns, auf der Reede liegenzubleiben und an einer im tiefen Wasser verankerten Boje gegenüber dem Park von Plymouth Hoe und dem Haus des Yacht Clubs festzumachen. Zwischen dem für den Club reservierten Gebäude und den auf die Terrassen von Plymouth Hoe hinaufführenden Treppen drängen sich die Badenden in den prächtigen, am Seeufer eingerichteten Schwimmbassins. Das Wasser ist klar, von fast blauer Farbe, und alle Welt ist auf den Beinen, um zu schwimmen und sich von der Sonne bräunen zu lassen.

Am späten Nachmittag gehe ich mit J. P. Aymon an Land und hole im Büro des Royal Western Yacht Clubs Erkundigungen ein. Dort treffe ich, an die Bar gelehnt, den ehrenwerten Sekretär des Clubs, der mir mehrere Umschläge mit den Wettsegelbestimmungen und verschiedene andere Papiere überreicht.

Während er genußvoll an seiner Pfeife zieht und den köstlich duftenden Rauch in grau-blauen Schwaden gemächlich um seinen Schnurrbart spielen läßt, geraten wir ins Plaudern. Ich höre, daß wir die einzigen sind, die auf der Reede ankern. Es sieht so aus, als ob die anderen entweder im Dockbassin liegen, wo die Besichtigung durch die Experten und die Vermessung stattfinden soll, oder auf dem Fluß im Westen. Oberst Hasler, der sich seit seinem schneidigen Vorstoß in die Girondemündung während des letzten Krieges eine Vorliebe für Flußmündungen und Heimlichkeiten bewahrt hat, liegt am Sundeingang zwischen den Steilufern des Yealm-Flusses versteckt. Ich hoffe aber, ihn bei einer demnächst stattfindenden Cocktailparty wiederzutreffen. Man plant nämlich verschiedene Zusammenkünfte vor dem Start, darunter einen Empfang durch Admiral Sir Nigel Henderson, den Kommandanten der Marinebasis, und ein Diner im Royal Western Yacht Club – genug Gelegenheiten also, sich kennenzulernen. Ich bin darüber hocherfreut, denn außer Chichester und Lewis, deren Bücher ich gelesen habe, bin ich noch keinem meiner Rivalen begegnet. Nur ihre Namen sind mir bekannt. Fast hätte ich vor einigen Monaten in Cherbourg Chichester getroffen, bekam aber schließlich nur sein Schiff zu sehen. Indessen erinnere ich mich, auf Photographien von der letzten Regatta sein Porträt gesehen zu haben: Ein breites Künstlerlächeln in einem Gesicht, das den Mann der Tat verrät. Auch an Lewis' Bild erinnere ich mich: ein liebenswürdiges Gesicht, aber voller Fragezeichen und mit einem Ausdruck, der zwischen Begeisterung und Verzweiflung zu schwanken scheint. Hasler: unbeweglich und auf der Hut. Valentine Howells: ein riesiges Gesicht, umrahmt von einem Riesenbart. So muß Gulliver den Liliputanern vorgekommen sein. Ich weiß, daß »Valentine« im Englischen nicht unbedingt ein weiblicher Vorname ist und daß die in einigen Zeitungen angekündigte, geheimnisvolle Skipperfrau in Wirklichkeit dieser charmante Riese von 6 Fuß und 4 Zoll ist, der »Wikinger mit dem schwarzen Bart«, wie ihn Chichester nannte. Lacombe, mein Landsmann, erschien nicht auf den eben erwähnten Bildern, da er erst mit 5 Tagen Verspätung startete. Durch einen ganz großen Zufall begegnete ich ihm kürzlich in einem Schiffsausrüstungsgeschäft. Sein Gesicht kam mir sozusagen gleich vertraut vor. Er hat den Kopf eines bedächtigen Einzelgängers.

Was für Menschen mögen die anderen sein? Wer ist Kelsall? Wer ist

Bunker? Wer McCurdy? ... Und wo sind sie? Wo kann man ihre Boote finden? Nach Verlassen des Clubbüros mache ich mich eilends auf den Weg nach der Mill Bay. Aber es ist Feiertag, und der Verkehr erschwert das Durchkommen. Es herrscht strahlendes Wetter, und die Straßen sind voller Menschen. Man könnte glauben, daß alle 200 000 Einwohner von Plymouth ihre Häuser verlassen haben, um diesen schönen Tag auf der Promenade von Hoe über der Bucht zu genießen. Inmitten einer großen Anzahl neugieriger Spaziergänger, die auf den Kaianlagen auf und ab schlendern und indiskrete Blicke in die Kajüten werfen, entdecke ich im Außenhafen der Mill Bay einige zukünftige Konkurrenten der *Pen Duick:* Lewis' Katamaran, die *Rehu Moana; Akka,* den neuen Kutter von V. Howells; einen Trimaran, von dem ich annehme, daß er Arthur Piver gehört; eine Sloop, eine Ketsch und einen Schoner ... In dieser Verschiedenheit der Schiffstypen spiegeln sich fraglos Erfahrung, Temperament und – Phantasie der verschiedenen Segler. Die Vielfalt ergibt sich vor allem, denke ich, aus dem neuartigen Charakter dieser Wettfahrt, die schließlich erst das zweite Mal durchgeführt wird, und ich möchte annehmen, daß die Schiffe in zehn Jahren, sofern das Rennen nur oft genug wiederholt wird, ganz anders aussehen und einander wahrscheinlich viel mehr gleichen werden. Alles das ist sehr aufregend, und ich beeile mich, mir einen Überblick über die gesamte Flotte zu verschaffen.

Zu meinem Leidwesen muß ich befürchten, daß ich von heute bis zum 23. Mai, 10 Uhr morgens, kaum noch Muße finden werde, die Bekanntschaft mit meinen Konkurrenten zu erweitern. Zudem habe ich bei der Herfahrt feststellen müssen, daß *Pen Duicks* Großsegel – es wurde schon einmal von Victor Tonnerre geändert – ein zweites Mal zurechtgeschnitten werden muß. Das Tuch an sich ist ausgezeichnet, aber es ist neu, und jede Art Stoff verlangt einen Spezialzuschnitt, der seinem Charakter entspricht. Das ist eine weitere Arbeit, die längst erledigt wäre, hätte ich nur genügend Zeit zur Erprobung meines Schiffes gehabt. Auch die Gleitschienen an den Kojendecken sind noch nicht so angebracht, daß sie den umgekehrten Kompaß haltern, den ich auf einer Abbruchwerft in Cherbourg erstanden habe. Dieser Kompaß und die Plexiglaskuppel, die aus einem alten Sunderland-Wasserflugzeug stammt, waren die ersten Käufe, die ich im Hinblick auf dieses Rennen getätigt hatte. Der umgekehrte Kompaß, der jeweils seinen Platz über einer der beiden Kojen findet, soll mir ermöglichen, den Kurs mit einem Blick zu kontrollieren, ohne aufstehen zu müssen. Die auf dem Kajütsdach angebrachte durchsichtige Kuppel soll es mir ebenfalls ersparen, an Deck zu gehen, wenn es nicht unbedingt nötig ist. Von dem darunter eingebauten Sitz aus kann ich Seegang und Segelstellung der *Pen Duick* und die jeweilige Fahrtgeschwindigkeit überwachen. Ferner waren noch folgende Arbeiten zu erledigen: rutschfester Decksanstrich; Besorgung eines Hermès (oder Walker) Speedometers, der in Frankreich nicht rechtzeitig hatte beschafft werden können; Aufstellung der Proviantlisten. Außerdem möchte ich selbstverständlich den in Aussicht genommenen Zusammenkünften mit den anderen Teilnehmern des Rennens beiwohnen. Dann muß das Schiff für die Inspektion der Experten in den Dockhafen verholt werden, die Journalisten wollen Antworten auf ihre Fragen haben, und von den Besuchern an Bord will ich gar nicht erst reden. Dabei erwähne ich noch nicht einmal alle jene Arbeiten, auf die mein Vater mich aufmerksam gemacht und deren Erledigung er übernommen hat: Tausend Kleinigkeiten, wie die Kontrolle der Vorräte, die Unterbringung und Einordnung der Sachen, und was weiß ich – alles Dinge, mit denen wir uns nicht mehr beschäftigen brauchten, wäre die *Pen Duick II* nur rechtzeitig fertig geworden.

Spätestens morgen früh muß ich mich um einen Segelmacher kümmern. Vielleicht ist es das beste, sich auf der Mashford-Werft zu erkundigen. Aber die ist verdammt weit weg, auf der anderen Seite des Flusses im Westen, in einem Vorort gegenüber dem Arsenal.

Während ich am nächsten Morgen in großer Eile zum Dockhafen gehe, stoppt ein Auto neben mir. »Tabarly?« Sofort erkenne ich Howells, nur frage ich mich im stillen, wieso er mich erkannt hat. Er fragt, wohin ich will. Er kennt auch keinen Segelmacher in der Nähe und hält es ebenfalls für das gescheiteste, sich auf der Werft zu erkundigen. Er lädt mich ein, ihn auf seinem Schiff zu besuchen, in das er gerade einen neuen Mast einsetzt. Obgleich ich mir vorstellen kann, daß er auch nicht mehr Zeit zu verschenken hat als ich, besteht er darauf: »Die Mashford-Werft liegt in Cremyll; ich werde Sie an der Brücke absetzen, von der die Barkasse zum anderen Ufer verkehrt.«

Auf diese Weise mache ich die erste Bekanntschaft mit einem der vierzehn Konkurrenten. Später treffe ich auch Chichester, dessen Boot mit der *Lively Lady* von Rose und der *Stardrift* von Bill Howell zusammenliegt. Bei den von den Organisatoren des Rennens veranstalteten Empfängen sahen wir uns dann alle noch einige Male. So beschäftigt ich auch mit den letzten Arbeiten am Boot war, benutzte ich doch jede Gelegenheit, die anderen Schiffe zu besuchen. Auch meine Gegner schienen sich sehr für die *Pen Duick* zu interessieren. Chichester kam an Bord, als wir gerade mit dem Schiff zur Vermessung im Dockbassin lagen. Er zeigte großes Interesse für meine automatische Steuervorrichtung. Seine eigene hatte er mit großer Sorgfalt aktionsfähig gemacht. Auf dem Heck, frei von allem Tauwerk errichtet, erweckt seine Windfahne eher den Eindruck, als ob sie zur Besegelung gehörte. Diese Windfahne, die er aus Jux auf den Namen »Miranda« getauft hat, wirkt unmittelbar auf die Pinne, deren Stellung sie bei der geringsten Kursänderung korrigiert. Das von Hasler und, wie ich glaube, von sechs anderen Teilnehmern verwandte System arbeitet ganz anders: Hier wirkt die Windfahne nicht mehr auf die Pinne selbst, sondern betätigt ein ins Wasser getauchtes Ruderblatt, das seinerseits die Pinne reguliert. Die restlichen Konkurrenten nahmen Zuflucht zu der konventionellen, an der Achterkante des eigentlichen Ruders angebrachten Zusatzfläche. Meine eigene selbsttätige Steuerung – oder vielmehr: der von Monsieur Gianoli konstruierte Automatic Pilot – war neuartig und ging von ganz anderen Voraussetzungen aus. Die bei den anderen Systemen stets vertikale Windfahne steht hier schräg. Diese Neuerung

4. Verschiedene Typen der Takelung und Besegelung

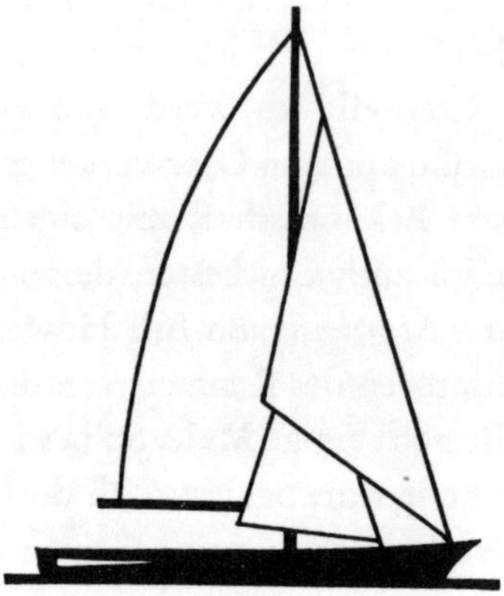

Kutter, Hochtakelung

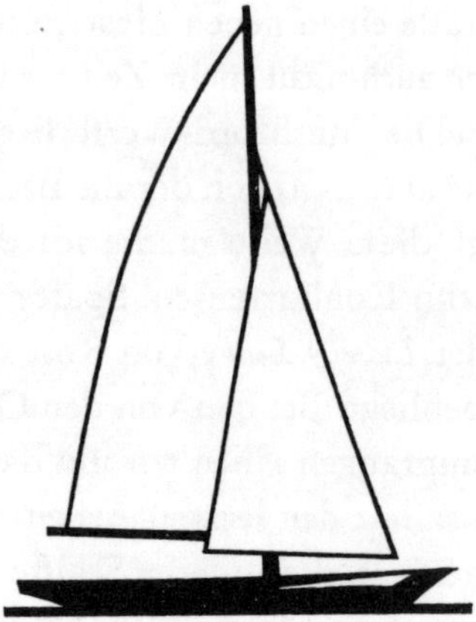

Sloop, Hochtakelung

Ketsch, Hochtakelung

Schoner, Hochtakelung

Kutter, Gaffeltakelung

Yawl, Hochtakelung

Ketsch, Gaffeltakelung

Schoner, Gaffeltakelung

erzielt bei gleich großer Fläche der Windfahne größere Kraft und Anpassungsfähigkeit. Nur hatte ich leider diese automatische Steuerung nur bei leichtem Wind ausprobieren können. Durfte ich hoffen, daß sie sich auch auf hoher See bewähren würde?

Am Schluß des dritten Tages konnte ich auf Grund meiner Erkundigungen folgende Bilanz aufstellen:

Gebrüder Mashford, die mich mit großer Liebenswürdigkeit auf der Werft empfingen, haben ein Treffen mit dem Segelmacher arrangiert, der noch heute nachmittag an Bord kommen will.

Dagegen ließ sich die Speedometerfrage noch nicht regeln, und ich habe nur noch wenig Hoffnung, daß es mir gelingt, einen Hermès-Apparat bis zum Start aufzutreiben. Dieser präzise, zuverlässige und leicht ablesbare Speedometer ist keineswegs eine überflüssige oder luxuriöse Anschaffung. Ich werde vor allem in den ersten Tagen meine liebe Not haben, meine Geschwindigkeit richtig einzuschätzen. Ich kenne einfach das Schiff noch nicht gut genug, als daß ich mir bereits nach seiner Verhaltensweise ein Bild machen könnte (das Rauschen der Bugwelle, das am Rumpf vorbeistreichende Wasser, die sich mehr oder minder ausbreitenden Wirbel im Kielwasser – alle diese Merkmale sind bei jedem Schiff anders). Ich wäre schon glücklich, fände ich statt des gewöhnlichen Patentlogs, dessen Leine einen Propeller mehr oder weniger gleichmäßig durchs Wasser zieht (und nur die Anzahl der abgelaufenen Seemeilen registriert) ein Walker-Speedometerlog, das nur die jeweilige Geschwindigkeit anzeigt.

Was meine Konkurrenz betrifft, so ergaben meine Informationen folgendes Bild: Die *Golif* von Lacombe war am Tage unserer Ankunft noch nicht da, stieß aber am darauffolgenden Tage zu uns. Mehrere Boote, deren Meldungen zwar vorliegen, haben Plymouth anscheinend noch nicht erreichen können. Pedersen, der Däne, muß mit seiner *Marco Polo* in der Nordsee etwas auf den Kopf bekommen haben. Arthur Piver sah sich, nachdem er einen heftigen Sturm abgewettert hatte, gezwungen, mit seinem Trimaran auf Bermuda unterzuschlüpfen. Seine beiden Vorsegel aus Dacron waren zerrissen, die automatische Steuerung war beschädigt und ein Plexiglas-Oberlicht eingedrückt. Da die Reparaturen zu viel Zeit in Anspruch nahmen, hatte er auf die Überfahrt nach England verzichten müssen. Was McLendon, den zweiten amerikanischen Konkurrenten angeht – er ist in dem Maße konservativ, wie sein Landsmann neuerungssüchtig ist –, so scheint sein Fahrzeug in England vor einiger Zeit einer Explosion zum Opfer gefallen zu sein. Ich beklage den Verlust in seinem und auch in meinem Interesse, denn seine alte Ketsch *Morna* war das größte für das Rennen gemeldete Schiff (22 Tonnen, 15 Meter lang bei einer Segelfläche von 150 Quadratmeter), und mich hätte interessiert zu sehen, wie er damit fertig geworden wäre.

Das schwerste Schiff ist jetzt die *Tammy Norie* von R. McCurdy, eine Ketsch mit braunen Segeln. Mit ihrem Gewicht von 17 Tonnen kann sie sich schon sehen lassen. In der Wasserlinie ist sie etwa von der gleichen Länge wie die *Pen Duick II*, aber ihr größeres Gewicht zwang den Skipper, ihr mehr Segel zu geben.

Es folgt dann Francis Chichester's *Gipsy Moth III* mit 12 Tonnen, ein sehr ansprechendes, schwarzes Fahrzeug von 12 Meter Länge. Schon in Cherbourg hatte ich Gelegenheit gehabt, ihre schönen Linien zu bewundern, als Chichester dort vor einigen Jahren einlief. Durch seine seemännischen Fähigkeiten und die Besonderheiten seiner Yacht halte ich ihn für meinen gefährlichsten Gegner.

Dann sind da noch mehrere Boote von etwa gleichen Abmessungen:

Von der ganzen Gruppe ist die *Akka* von Valentine Howells fraglos die beste und auch modernste Yacht. Sie ist in Holland gebaut, und ihr Skipper behauptet von ihr, sie sei eher gemütlich als schnell. Ich bin nicht ganz seiner Auffassung. Ich kenne eine ganze Reihe holländischer Yachten dieser Art, die sich bei aller Gemütlichkeit doch als ziemlich schnell erwiesen, zumal wenn sie auf raumen Kursen segelten. Howells selbst ist ein bärenstarker Mann von großer Zähigkeit und, wie ich weiß, ein erfahrener Seemann. Diese Einheit von Mann und Schiff wird daher in dem bevorstehenden Rennen eine der schärfsten Konkurrenzen darstellen.

Lively Lady ist ein altes Boot, dessen Takelage kürzlich von John Illingworth modernisiert wurde. Ich treffe Alec Rose bei einem Diner. Nach Chichester ist er, glaube ich, der älteste von uns, sehr sympathisch, aber sonst weiß ich wenig von ihm.

Auch die *Stardrift* ist ein älteres Fahrzeug. Ihr Eigner, der Australier Bill Howell, hat segelnderweise viel in der Welt herumgebummelt; seine gute Laune scheint unverwüstlich zu sein.

Die *Ilala* hat schöne Linien, trägt aber eine merkwürdige Schonertakelage mit chinesischen Segeln. Die unabgestagten Masten beeindrucken mich, doch obwohl ich weiß, daß Hasler sein erstes Ozeanrennen unter einer ähnlichen Takelage gesegelt hat, kann ich mich gar nicht dafür erwärmen. Sonst weiß ich über R. M. Ellison so gut wie nichts.

Ericht II, Chaffeys Boot, ist auch nicht mehr jung. Als Kutter von 31 Fuß Länge (9,45 Meter) wurde sie 1938 gebaut. Wie wird sich dieses alte Schiff mit seinem jungen Skipper – er ist 33 Jahre – wohl machen?

Das zur Zeit kleinste Boot im Hafen (solange man noch auf die *Golif* wartet) ist die *Vanda Caela*, ein Volksboot. Sie hat den gleichen Rumpf wie die *Jester* von Hasler, hat aber, im Gegensatz zu dieser, die traditionelle Slooptakelage beibehalten. Auch über ihren Eigner, R. D. H. Bunker, ist mir fast gar nichts bekannt.

Bleiben zum Abschluß noch die drei Mehrrumpffahrzeuge: *Rehu Moana*, *Folâtre* und *Misty Miller*.

Rehu Moana ist ein Katamaran von schwerem Gewicht. An und für sich sollte dieser Typ leicht sein, um wirkliche Geschwindigkeiten zu erzielen. Ich kann mir kaum denken, daß dieses Fahrzeug, obgleich länger in der Wasserlinie, eine ernsthafte Gefahr für die *Pen Duick II* bedeutet. Und das um so weniger, als die große Stabilität dieser Art Schiffe die Takelage bekanntlich recht hart beansprucht. Auf vorhergehenden Reisen hat Lewis mehrfach seinen Mast gebrochen. Ich sehe, daß er seine

Lektion gelernt hat: Mast, Wanten und Stagen erwecken jetzt Vertrauen. Lewis ist ein sehr sympathischer, sportlich eingestellter Mann, der über große Seerfahrung verfügt. Er hat am Einhandrennen 1960 (neben Chichester, Howell, Hasler und Lacombe ist er einer seiner fünf Veteranen) teilgenommen und ist auch sonst viel unterwegs gewesen. Beispielsweise unternahm er im letzten Sommer auf der *Rehu Moana* mit seiner Frau und verschiedenen Freunden eine Reise nach Island, die nicht ohne Aufregungen verlief*. Von Amerika segelte er 1960 auf eigenem Kiel zurück, und zwar mit der *Cardinal Vertue*, einer Sloop der von Laurent Giles ins Leben gerufenen *Vertue*-Klasse.

Auch die *Misty Miller* ist ein Katamaran. Sie vermißt 8,84 Meter in der Länge und kann trotz ihrer mit Ballast versehenen Schwerter als Vertreterin des leichten Typs betrachtet werden. Sie zeichnet sich durch aggressiv ausfallende Vordersteven und besonders scharfe Linien aus. Für dieses Rennen wurden verschiedene Änderungen vorgenommen. Insbesondere wurden die Plexiglasfenster im Kajütsaufbau, die sich als zu zerbrechlich für die Sturzseen des Atlantik erwiesen hatten, durch kleine Bullaugen ersetzt, die mehr aushalten können und doch genügend Licht hereinlassen. Bestimmt ist die *Misty Miller* schnell, aber ich bezweifle, ob ihr Skipper es sich auf dem Atlantik leisten kann, sein Schiff bis an die äußerste Grenze zu pressen, denn schon ab Windstärke 4 und hoch am Wind kann es leicht passieren, daß der eine Rumpf sich aus dem Wasser hebt, und dann erfordert die Führung viel Fingerspitzengefühl. Im Masttopp ist ein Schwimmer achtbarer Größe angebracht, der im Fall des Kenterns verhindern soll, daß sich das Schiff vollkommen auf den Kopf stellt. Wer aus der *Misty Miller* alles herausholen will, muß ein außerordentlicher Steuermann sein, und eigentlich gehört dazu auch eine mehrköpfige Besatzung, damit eine ständige Kontrolle gewährleistet ist. Michael Butterfield, der Skipper, ist der geheimnisvolle Mann des Rennens, und man weiß von ihm nicht viel mehr, als daß er Rechtsanwalt in Cobham, Surrey, ist. Im letzten

* Lewis, »Unternehmen Pol-Cat«, Verlag Delius, Klasing & Co, Bielefeld.

Augenblick eingetroffen, zeichnete er seine Wettfahrtverpflichtung mit einem falschen Namen und erklärte im übrigen, »aus mehreren Gründen« anonym bleiben zu wollen.

Folâtre ist ein Trimaran, der für den Einhandsegler sicherer zu segeln ist als ein leichter Katamaran, weil er nicht kentern kann. Dieser Typ kann bei raumen Winden sehr schnell sein, ist aber an der Kreuz einem Katamaran unterlegen. Nun glaube ich allerdings, daß man in diesem Rennen mit vorwiegend vorlichen Winden rechnen muß. Auf der anderen Seite ist die Takelage, wie die aller Mehrrumpffahrzeuge, eben auf Grund ihrer Stabilität großen Beanspruchungen unterworfen, und *Folâtres* Takelage erscheint mir als ein wenig zu leicht. Wenn man sie, unter Berücksichtigung aller Größenunterschiede, mit der *Rehu Moana* vergleicht, sieht das Rigg der *Folâtre* einfach zu schwach aus. Ihr Skipper, Derek Kelsall, seit einiger Zeit verlobt, hat ein junges, sympathisches Gesicht. Er hat sein Boot nur fünf Tage probesegeln können und ist jetzt mit Eifer bei der Arbeit, um bis zum Start fertig zu werden.

Am 20. stieß abends meine Tante Mony zu uns und kaufte am nächsten Morgen den letzten noch fehlenden Proviant ein: Eier, Früchte ... und Streichhölzer. Meine eigentliche Bestellung hatte ich bei dem Proviantamt der Marine in Lorient aufgegeben, und ein Lieferwagen hatte die Sendung am Vorabend unserer Abfahrt nach La Trinité gebracht. Mein Vater hatte alles an Bord verstaut, einschließlich des Vorrats an Holzkohle, der in kleine, in meinen Ofen passende Papiersäcke verpackt war, und diese wiederum zusammen in großen Plastiksäcken. Das Verpacken der Holzkohle war eine Arbeit, die meine Mutter und Madame de Rosambo übernommen hatten, und ich erinnere mich noch, wie sie hinterher aussahen – schwarz wie Kohlenweiber!

Meine Tante macht sich Sorgen über unser die Strapazen der Arbeit verratendes Aussehen; mein Vater fühlt sich genauso erschöpft wie ich. Seit sechs Wochen hatten wir keine Zeit mehr zum Ausruhen gefunden. Als ich Ende März bei den Constantinis im Schuppen vor dem luftigen

Spantenwerk des Schiffes stand – die Bordwände waren noch nicht aufgeplankt, das Deck noch nicht verlegt, Kiel und Masten noch nicht geliefert –, da zweifelte ich noch daran, daß ich das Schiff rechtzeitig an die Startlinie bringen könnte.

Und doch ist die *Pen Duick* heute, am 23. Mai, diesem bedeutungsvollen Tag, fertig, oder fast fertig und kann in See gehen. Fast ... In Wirklichkeit arbeite ich seit heute früh um fünf am Einbau meines Walker-Speedometers, der mir gestern am späten Abend, im allerletzten Augenblick also, geliefert wurde. Jetzt ist es 9 Uhr. Nachdem gestern Abend die Inspektionsarbeiten unter Ausnützung des Niedrigwassers abgeschlossen waren, haben wir den Binnenhafen der Great Western Docks verlassen und uns im Außenhafen in der Mill Bay vor Anker gelegt. Mehrere meiner Konkurrenten haben dasselbe getan, um für den Start heute morgen bereit zu sein. Schleuse und Drehbrücke haben sich hinter uns geschlossen.

Der Einbau des Speedometers ist keine leichte Arbeit. Der Apparat muß achtern auf Deck unmittelbar neben dem automatischen Steuergerät angebracht werden, wozu man an dieser Stelle das Deck durchbohren muß, damit das Verbindungskabel an den Zähler gebracht werden kann. Der Zähler ist im Niedergang an der ersten Schottwand befestigt, und sein Zifferblatt ist so gerichtet, daß es bei offener Niedergangsluke von draußen, aber auch von drinnen sichtbar ist, wenn ich das Schiff von dem Sitz unter der Kuppel aus steuere. Zwischen dem Heck und dieser Stelle waren zahlreiche, zum Teil schwer zugängliche Schotten zu durchbohren. Ich bohre und ich säge mit dem Mut der Verzweiflung. Kaum habe ich Zeit, einen Blick auf das Geschehen ringsum zu werfen. Schon verholen sich mehrere Gegner auf die Reede; andere Boote legen nur unter Schwierigkeiten ab, da der Wind ganz flau ist. Wieder andere wählen die einfachste Lösung und lassen sich schleppen. Ich sehe sie in der Ferne die Dreimastbark *Danmark* passieren, dieses prächtige Schulschiff, das vor der Insel Drake vor Anker liegt. Morgen startet die *Danmark* auf ihre Reise nach Lissabon, um an der Schulschiffregatta teilzunehmen. Fast tut es mir leid, nicht dabei zu sein, wenn diese großen Segler zusammen mit *Le Tawau, La Belle Poule, l'Etoile* und anderen in See geht. Aber ein wenig Glück, und ich werde vielleicht durch die Teilnahme an der großen Schulschiffparade entschädigt, die im Juli in New York stattfinden soll.

Es ist jetzt schon etwas nach 9.30 Uhr. Allmählich wird es höchste Zeit, unter Segel zu gehen. Noch bin ich ungefähr eine Seemeile von der Startlinie entfernt und habe außer meinem Vater noch zwei Reporter vom *Neptune* an Bord, die gekommen sind, um Bilder vom Start aufzunehmen. Eigentlich sollten sie auf einem von Mr. Laurent geführten Motorboot der Amiot-Werft zurückkehren, aber Laurents großer Bertramkreuzer ist verschwunden; er ist zum Benzinauftanken an das andere Ende des Hafens gelaufen, und wer weiß, was ihn dort aufgehalten hat. Nach meiner Uhr ist es fünfundzwanzig Minuten vor zehn. De Greef, der Photograph, der vom Dingi des Motorboots aus Bilder auf der Reede gemacht hat, kommt, um das Beiboot zurückzubringen. Ich entschließe mich, es in Schlepp zu nehmen, um mich an die Startlinie heranzumachen und werfe mit Hilfe von De Greef und Gliksman von der Ankerboje los. Vielleicht stößt das Bertramboot unterwegs wieder zu uns. Durch diese unvorhergesehene Komplikation hatte ich mich verspätet, so daß ich das erste Vorbereitungssignal verpasse. Von da, wo wir uns jetzt befinden, kann ich nicht einmal die Vorbereitungsflagge sehen, die mit dem ersten Böllerschuß auf dem Startschiff hochgezogen wird. Unmöglich zu wissen, ob der nächste Schuß, den wir hören, der erste oder der zweite ist (der Start findet nach drei Vorbereitungssignalen in Form von drei Böllerschüssen statt, die im Abstand von fünf Minuten abgefeuert werden). Die Situation fängt an, peinlich zu werden.

Wir erreichen die offene Reede, und ich werfe einen letzten Blick zurück auf die Gebäude des Royal Western Yacht Clubs. Der große freie Platz darüber, der den Sund beherrschende Hoe, ist schwarz von Menschen. Meine Passagiere suchen verzweifelt das Wasser in Richtung der Benzinstation ab. Noch immer kein Bertram in Sicht. Andererseits wimmeln der Sund und seine Zufahrtswege von Booten, die immer zahlreicher werden, je mehr wir uns der Insel Drake nähern. Man sieht schöne Privatyachten, kleine Segelboote, Mietsmotorboote, Barkassen, kurz, jede Art von schwimmenden Untersätzen, die, mit Neugierigen besetzt, in allen Richtungen durcheinanderfahren und deren Kielwasser sich wie ein Spinngewebe aufs Wasser legt. Darunter sogar ein Amphibienfahrzeug, das unter dem Klüverbaum der *Danmark* hervorkommt. Inmitten dieser Fahrzeuge aller Größen und Typen, die von allen Seiten herbeieilen, versuche ich die Schiffe meiner Gegner auszumachen. Vorläufig entdecke ich nur das charakteristische Dschunkensegel von Haslers Volksboot, das einen Schlag nach dem anderen macht wie ein Sportler, der sich anwärmt. Aber ich bin ja auch noch ziemlich weit von der Linie entfernt. Im Augenblick liegen wir vor raumem Wind und laufen mit voller Geschwindigkeit. Aber jenseits der Startlinie ändert der Kurs sich offenbar, und wenn dieser schwache Wind aus Nordwest andauert, werde ich den Wind bald achterlicher als dwars haben, und leider sind es nicht gerade die Vorsegel, die mir dann die Fahrt geben, die ich brauche – das macht die Sache noch schlimmer, aber man wird schon sehen. Dreizehn Minuten vor zehn, zehn Minuten vor zehn, wenn meine Uhr richtig geht. Ich bin jetzt nahe der *Danmark,* eine Drittel Seemeile von der Startlinie. Ich sehe die Kadetten auf den Rahen stehen, von wo sie den besten Überblick über den Start der Wettfahrt haben.

Jetzt kann ich nicht mehr länger warten; unmöglich, mich mit allen diesen Menschen an Deck, hier direkt an der Startlinie, zu zeigen, und das um so weniger, als die Wettfahrtregeln zehn Minuten vor dem Start in Kraft treten. Es gilt jetzt, nicht länger zu zögern. Da der Bertram nicht erscheint, muß es ohne ihn gehen, und schließlich haben wir noch das Dingi des Photographen in Schlepp. Um die Fahrt zu verlangsamen, luve ich ein wenig an und lasse meinen Vater und die

Journalisten mit ihren zwanzig Kilo photographischer Ausrüstung in das kleine, drei Meter lange Dingi übersteigen. Wriggend entfernen sie sich – mit einem Riemen, den ich ihnen borge. Den eigenen hatten sie auf dem Motorboot vergessen.

Ich bringe mein Boot wieder auf Kurs und laufe jetzt in rascher Fahrt auf die Startlinie zu. Der von der *Navy* für die offiziellen Persönlichkeiten zur Verfügung gestellte Minensucher, auf dem sich Admiral Sir Nigel Henderson eingeschifft hat, liegt einige Kabellängen westlich der Insel Drake vor Anker. Die Startlinie befindet sich in der Verlängerung der Linie, die von dem Minensucher und der Melampus-Tonne gebildet wird. Die Viertelmeile, die mich noch vom Startraum trennt, habe ich schnell durchlaufen. Aber gleich darauf muß ich, alle Segel gesetzt, die Flotte der Zuschauer umsegeln, die sich in einer von Minute zu Minute dichter werdenden Menge westlich der Startlinie zusammendrängt. Mein unerwartetes Auftauchen scheint eine kleine Sensation hervorzurufen, ebenso wie das plötzliche Erscheinen von McCurdy mit seiner *Tammy Noire,* die ebenfalls aus der Mill Bay kommt, sich aber im Schlepp befindet, wie übrigens die meisten anderen auch.

50 Meter vor der Linie gehe ich in den Wind und bleibe eine Weile mit flatternden Segeln liegen. Nach meiner Uhr kann der Start nicht mehr lange auf sich warten lassen, aber ich kenne die Uhrzeit des Regattakomitees nicht, da ich bei den Vorbereitungssignalen zu weit weg war und meine Uhr nicht stellen konnte. Ich muß daher den Böllerschuß abwarten, bevor ich die *Pen Duick II* wieder in Fahrt setze.

Dies ist mein erstes Transatlantikrennen, und seine Startverhältnisse unterscheiden sich ganz wesentlich von denen, die 1960 herrschten. Damals gab es nur vier Teilnehmer, während wir jetzt fünfzehn Schiffe zählen. 1960 wehte es mit beträchtlicher Stärke aus Süden; dagegen haben wir heute achterlichen und recht schwachen Wind. Gut für die Katamarane und Trimarane, die bei raumen Winden eine wunderbare Chance haben müßten.

Neben dem Startschiff entdecke ich als nächsten Nachbarn Chichester mit seiner schwarzen *Gipsy Moth* und gleich darauf Haslers kanariengelben *Jester*. Sie hat das Deck zu Wasser und ähnelt, wenn sie kein Segel trüge, mehr einem Kleinstunterseeboot als einem Folkebot. Eine andere Gruppe drängt sich am östlichen Ende der Startlinie zusammen. Von fern erkenne ich den Katamaran von Lewis, der auf der Reede große Kreise zieht. Ich richte mein Augenmerk auf Hasler und Chichester, die bestimmt die richtige Zeit haben und Anstalten machen, die Linie in höchster Fahrt zu passieren.

Schuß! Auf dem Startschiff geht die Flagge nieder. Dieses Mal bedeutet sie den Start. Ich falle ab, um den Wind voll in die Segel einfallen zu lassen und kreuze die Startlinie Bord an Bord mit der *Gipsy Moth*. Aber vor uns liegt Kelsalls Trimaran, der als erster über die Linie ging. Auch Hasler ist schneller in Fahrt gekommen. Valentine Howells dicht hinter uns. Der schwache Wind weht genau von achtern, und ich komme mit meinem kleinen Großsegel, der die Vorsegel abdeckt, nicht recht voran. Gern hätte ich einen besseren Start gemacht; erstens macht es Spaß, und zweitens gibt ein guter Start sozusagen den Ton für das ganze Rennen an und bestimmt den Geist, in dem sich der Kampf abspielen soll. Ein gelungener Start ist psychologisch bedeutungsvoll. Wäre ich nur fünf Minuten früher an der Linie gewesen, hätte ich noch alle Vorbereitungen treffen können, um den Spinnaker vorzuheißen. Ich hätte den Baum ausgebracht, das Segel aus dem Sack geholt und alles fertig zum Setzen gemacht, ohne bei dem sanften Wind Gefahr zu laufen, daß das leichte Tuch über Bord wehte. Sogar die Schoten hätte ich schon ausbringen können, so daß ich nur noch das Fall zu holen brauchte. Sobald ich über die Linie war, hätte ich ihn dann vorheißen und mich so schnell an die Spitze des Feldes setzen können.

Jedenfalls gab es jetzt keine Zeit mehr zu verlieren, und ich klinke die automatische Steuerung ein. Der Kurs führt durch die Westausfahrt zwischen dem Leuchtturm auf dem Wellenbrecher und den Untiefen der Green-Gründe hindurch. Die Flotte von Schiffen mit den offiziellen Persönlichkeiten, den Journalisten, Angehörigen und Neugierigen an Bord, die bei der Insel Drake versammelt lagen, haben inzwischen in unserem Kielwasser die Startlinie gekreuzt, und dieses aus den verschiedensten Elementen zusammengesetzte Geschwader beginnt nun, sich auf der offenen Reede zu zerstreuen. Die stärksten oder unternehmungslustigsten Fahrzeuge versuchen, die anderen zu überholen und uns Bord an Bord bis auf die offene See zu geleiten. Man kann nicht behaupten, daß dieser Zirkus die Manöver gerade erleichtert. Dazu, über dieser Armada, der ohrenbetäubende Lärm der zahlreichen zu dieser Veranstaltung erschienenen Vergnügungsflugzeuge und Helikopter, deren Motorengebrüll die Stimmung auf den Begleitfahrzeugen noch zu steigern scheint. Diese ganze Begeisterung wird ein wenig lästig. Start direkt auf die Westausfahrt zuzuhalten, segele ich weiter geradeaus auf die Mitte des granitenen Wellenbrechers zu. Bis dahin habe ich noch eine Meile zu durchlaufen, also genügend Zeit, mein Manöver vorzubereiten, ohne auf diesem Kurs von den lieben Mitmenschen belästigt zu werden. Der Spinnaker wird gesetzt, er steht. Ein Motorboot passiert mich in der Nähe; das Deck steht voller Zuschauer, die Beifall spenden und Hurra rufen.

Der Wind ist schwach, aber dank des leichten Nylontuchs steht der Spinnaker gut, und meine Fahrt beschleunigt sich. Während des Manövers, das zehn Minuten in Anspruch nahm, habe ich meine Konkurrenten aus den Augen verloren. Jetzt sehe ich Chichester an Steuerbord, der auch dabei ist, seine Segel auszuwechseln. Das ist bei dieser Windrichtung erforderlich; auch er war beim Start nicht der Schnellste. Der Wellenbrecher nähert sich, ich hole die Schoten durch, nehme die Pinne wieder in die Hand und richte meinen Kurs nach Steuerbord, um die Westausfahrt zu gewinnen. Ich runde den Leuchtturm, den die *Pen Duick,* hart an den letzten Granitblöcken des Wellenbrechers entlangschrammend, passiert.

Draußen läuft ein ziemlich unangenehmer, kurzer Seegang. Das von den leichten und noch dazu achterlichen Winden nur wenig gestützte

Boot fängt an zu rollen, und der Spinnaker hat Mühe, voll stehenzubleiben. Er zieht jedoch, die Fahrt beschleunigt sich, und kurz nach Passieren des Leuchtturms löse ich mich von Chichester und Ellison. Die Distanz zu Hasler und dem Trimaran verringert sich, aber an Steuerbord bemerke ich einen Konkurrenten, dessen Boot plötzlich in den Wind schießt. Ich erkenne die *Akka,* Valentine Howells Yacht. Sie ist soeben von einem Motorboot, das zu nahe herangefahren war, gerammt worden. Hoffentlich hat Howells keine Havarie erlitten; er ist ein so tüchtiger und dabei so sympathischer Gegner.

Die *Pen Duick II* läuft stetig auf, und schon sehe ich Kelsalls Trimaran und das Volksboot *Jester* vor mir, der Abstand verringert sich. Dazwischen liegt die *Vanda Caela,* Bunkers klinkergebautes Volksboot. Ich laufe vorbei und hole die *Jester* ein. Hasler steuert sein Schiff von innen. Im Kajütsdach befindet sich eine Öffnung, aus der nur sein Kopf, ähnlich dem eines Panzeroffiziers aus dem Turmluk, hervorschaut. Leider habe ich seine Kajütseinrichtung nicht zu sehen bekommen, habe mir aber erzählen lassen, wie er vorgegangen ist, um alles in Reichweite zu haben. Sogar einen schräg einstellbaren Zahnarztstuhl hat er sich eingebaut, von dem aus er arbeiten und kochen und in dem er sich auch bei bewegter See ausruhen und schlafen kann. Für ein so kleines Schiff könnte man sich kaum eine bequemere Aufteilung vorstellen. Sie bietet genauso viel Komfort wie die beiden schweren, ebenfalls verstellbaren Sitze aus einer Boeing-Maschine, die sich Lewis vor das Ruderrad seines Katamaran gestellt hat.

Jetzt laufe ich dem Trimaran *Folâtre* dicht auf und versuche vergeblich, ihn in Lee zu passieren. Einen Augenblick lang liegen wir Bord an Bord. Ich verhalte, gehe höher, um in Luv vorbeizulaufen und falle gleich wieder ab auf Südsüdwest-Kurs. Mit vollstehenden Segeln gewinne ich an Fahrt und vergrößere den Vorsprung.

Trotz des trüben Wetters regnet es nicht, und die Luft ist milde. Obgleich wir uns inzwischen auf offener See befinden, wimmelt es um uns herum noch von Schaulustigen. Die Motorboote mit ihrem Schraubenwasser wühlen den an sich schon unangenehmen, steilen Seegang weiter auf. Ein einziges Motorboot ist nicht zur Stelle, der Bertram mit meinem Vater an Bord.

Gegen 11.30 Uhr beginnt es zu regnen, und die Sicht verschlechtert sich. Inzwischen haben die letzten Begleitboote kehrt gemacht und sind nach Plymouth zurückgelaufen. Der Trimaran verschwindet achteraus, aber in der Ferne kann ich noch Chichester erkennen, der zwei Vorsegel zusammen zu einem Viereck ausgebaumt hat.

3 AUF DIE WESTWINDE IST KEIN VERLASS

Erste Woche* Samstag, 23. Mai

Oftmals habe ich mich im stillen gefragt, was ich wohl zu Beginn einer Ozeanüberquerung in dem Augenblick empfinden würde, wenn das Land endgültig den Blicken entschwindet. Jetzt weiß ich es genau: Gar nichts. Vielleicht kommt das daher, daß das Land noch zu nahe hinter dem Regenschleier verborgen liegt. Als ich meine ersten Alleinfahrten unternahm, verspürte ich stets ein leichtes Gefühl der Angst, bevor ich unter Segel ging. Jetzt empfinde ich nichts dergleichen, so aufrichtig ich mich auch erforsche. Solche Anwandlungen scheinen sich nach und nach unter der Macht der Gewohnheit zu geben, bis man schließlich gar nichts mehr fühlt, einerlei, ob man auf einen 24-Stunden-Törn geht oder auf eine mehrwöchige Regatta über den Ozean startet.

Wenn ich mich von 14 bis 15 Uhr hinlegen und versuchen will, mir für die kommende Nacht eine Schlafreserve zuzulegen, wird es jetzt Zeit zum Mittagessen. Nachts muß ich wach bleiben, solange die Küste noch nah und der Verkehr lebhaft ist.

Ich gehe unter Deck und mache mich in der Kombüse zu schaffen. An Bord der *Pen Duick II* findet man an Einrichtung nur das unbedingt Notwendige. Der bei den Sportseglern so beliebte viereckige Tisch, der

* siehe Karte Seite 88/89

für mich nur unpraktisch wäre, fehlt ganz. Ich habe lediglich den Kartentisch beibehalten und verzehre meine Mahlzeit in der Kombüse an einer Art Kombination von kardanisch aufgehängtem Kocher und Eßplatte. Mehr brauche ich nicht. Da ich unter den niedrigen Decksbalken (1,50 Meter) nicht aufrecht stehen kann, habe ich mir einen Motorradsattel (genau gesagt, den Sattel einer »Harley Davidson«) einbauen lassen, der, groß und bequem und in der Höhe verstellbar, auf einem senkrechten Fuß aufmontiert ist und sich zum Ausgleich der Schräglage auch kippen läßt. Der Fuß des Sattels ist mit einer Bodenwrange verschraubt und so plaziert, daß ich bis in die Vorratskiste hinter dem Kocher reichen kann. Alle Küchengeräte sind zweckdienlich angeordnet. An der linken Seite versorgt eine kleine Pumpe die Spüle mit Süßwasser. Bei starkem Rollen oder bei Schräglage nach Steuerbord werde ich durch einen Gurt festgehalten, den ich mir um den Rücken legen kann. Diese Vorrichtung mag nicht gerade luxuriös sein, ist aber überaus praktisch und verschafft mir eine Bequemlichkeit, die ich zu schätzen weiß.

Nach dieser ersten Mahlzeit, die ich auf See zu mir genommen habe, möchte ich mich ausstrecken und schlafen. Eben achtern vom Niedergang habe ich mir auf beiden Seiten unter dem Cockpit je eine Hundekoje einbauen lassen, die ich abwechselnd benutzen will, dergestalt, daß ich mich je nach Lage gegen das Kojensegel rollen lassen kann und nicht auf der Bordwand liegen muß. Ich brauche nur ein Auge zu öffnen, um über mir den umgekehrten, in die Decke eingelassenen Kompaß zu sehen und auf diese Weise zu kontrollieren, ob das Fahrzeug noch den annähernd richtigen Kurs anliegt. *Pen Duicks* Rumpf, obwohl nicht besonders schallempfindlich, verstärkt die vom Wasser übertragenen Geräusche, aber man gewöhnt sich schnell daran. Das Klatschen der kurzen Wellen unter dem Heck und das Rauschen der Bugwelle werden mit der Zeit zu vertraut monotonen Geräuschen – bis zu dem Augenblick, wo sich irgendein unbekanntes Geräusch hineinmischt, das mich ebenso schnell aus der Koje holt wie das Rasseln des Weckers. Eine Ab-

1. Mit ihrer altertümlichen Besegelung als gaffeltakelter Kutter mit Toppsegel und Stenge war die Pen Duick I schon ein bejahrtes Schiff, als sie 1937 in den Besitz von: M. und Mme. Guy Tabarly überging. 1898 in England gebaut, war sie – und ist sie heute noch ein herrliches Schiff. Eric Tabarly, der als Kind alle seine Ferien an Bord verbrachte, hat ihr seine liebevolle Anhänglichkeit bewahrt. Während des Zweiten Weltkrieges wurde die Pen Duick I außer Dienst gestellt. 1953 schenkte M. Tabarly sie seinem Sohn. Den neuen Eigner erwartete eine böse Überraschung: in den langen Jahren des Stilliegens hatte der Rumpf gelitten, und die Werftleute hielten eine Wiederinstandsetzung für ausgeschlossen. Eric Tabarly gelang es jedoch mit seiner Zähigkeit, sie zu neuem Leben zu erwecken. Er ließ den alten Holzrumpf mit einer Kunststoffschicht überziehen. Zwei Jahre dauerte diese Arbeit, aber in der dritten Saison konnte die Pen Duick I wieder unter Segel gehen. Sie war gerettet.

2. Die Pen Duick II ist ein ganz anderes Schiff als ihre Vorgängerin. Als Sperrholzbau ist sie sehr viel leichter im Gewicht. Der besonders für den Einhandsegelsport entwickelte Segelriß sieht eine weitgehende Unterteilung vor, da es für den Alleinsegler leichter ist, mehrere kleine Segel zu bedienen als ein oder zwei größere.

3. Vom Flugzeug aus gesehen, macht die Pen Duick II einen noch größeren Eindruck als sonst. Das Deck, frei von Hindernissen, ist fast glatt; das Kajütsdach kaum erhöht, um Wind und Wellen so wenig Widerstand zu bieten wie möglich.

4. In Lorient wurden die Masten an Land eingesetzt. Sie stehen bereits, als der Kran die Pen Duick II am 9. Mai 1964 ins Wasser setzt. Im Vorder- und Hintergrund Einheiten der Kriegsmarine.

5. Die kuttergetakelte Margilic V stellt eine Entwicklung aus dem Tarann-Typ dar, einer von der Yachtwerft Constantini in Serie gebauten Sloop. Sie ist ein schnelles Boot, sportlich und angenehm zu segeln. Eric Tabarly verzichtete auf ihre Verwendung, als er merkte, daß er auch mit einem längeren und daher schnelleren Boot fertig werden konnte.

6. Die Pen Duick II hat, wie alle Yachten des Tarann-Typs oder auch die Marilic V, ein geringes Deplacement, erhielt aber außer einer größeren Länge und Breite eine doppelte Knickspant-Kimm. Das in den schmalen, tiefen Bulb-Kiel eingelassene Blei sorgt dafür, daß ihre außergewöhnliche Formstabilität durch Gewichtsstabilität ergänzt wird.

'. Zwei Tage vor dem Start in Plymouth fragt sich Eric Tabarly, ob er wohl jemals endgültig
ertig wird. Es fehlt noch der letzte Deckanstrich, er muss noch ein Speedometer
Geschwindigkeitsmesser) auftreiben, einbauen und den Reiseproviant vervollständigen.

8. Mehrere Konkurrenten haben sich eine Innensteuerung eingebaut, von wo aus sie ihr Boot, vor den Unbilden der Witterungen geschützt, steuern können. Lewis hat seinen Katamaran mit einem gewölbten Dach aus Plexiglas ausgerüstet, einer aus einem Jagdflugzeug stammenden Führerkanzel. Chichester und Tabarly begnügen sich beide mit einer Kuppel aus dem gleichen Material.

11. Kelsall, der junge Skipper der Folâtre, zeigt einem Geschwaderkommandanten der RAF auf einer Karte die Route, die er von Plymouth nach Newport einzuschlagen beabsichtigt.

9. Im Schleusenbecken der Great Western Docks in der Mill Bay (Plymouth) haben Golif und Pen Duick II nebeneinander festgemacht. Die beiden französischen Konkurrenten, von denen Lacombe bereits das Rennen 1960 mitgemacht hat, unterhalten sich über die bevorstehende Wettfahrt.

10. Chichester stattet Eric Tabarly in Plymouth einen freundschaftlichen Bordbesuch ab. Durch die Plexiglaskuppel betrachten beide den für schlechtes Wetter vorgesehenen Steuerstand unter Deck.

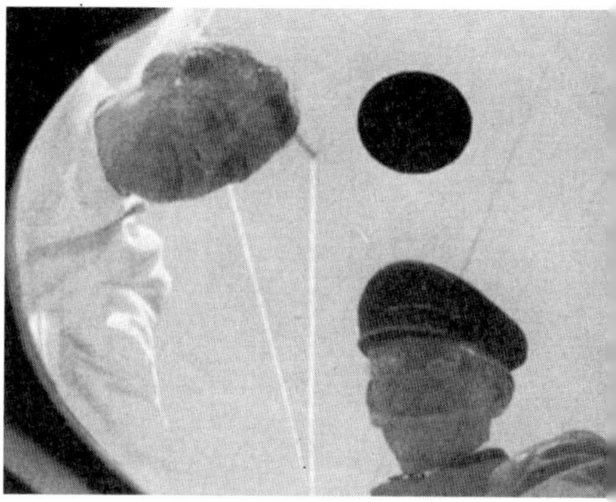

2. Die technischen Neuerungen an der automatischen Steueranlage auf der Pen Duick II :regten das Interesse aller Teilnehmer. In Plymouth kam Lewis an Bord, um sich die elbststeuerung aus der Nähe anzusehen.

13. »Bis zum letzten Augenblick stand mir mein Vater an Bord zur Seite...«

14. Das traditionelle Abschiedsfoto.

15. Bei der RAF in St. Mawgan laufen alle Nachrichten der Flugzeugbeobachtung über die teilnehmenden Yachten zusammen.

weichung vom Kurs oder eine unzeitige Halse machen sich sofort durch einen Geräusch- oder Bewegungswechsel bemerkbar. Durch eine relative und ungewöhnlich erscheinende Stille kann man genauso aus dem Schlaf hochgeschreckt werden wie durch den Heidenlärm, den ein plötzlicher Hagelschauer verursacht.

Während dieser ersten Ruhestunde unterwegs versinke ich in tiefen Schlaf, aus dem ich erst um 15 Uhr wieder emportauche. Ich halse, um näher an Kap Lizard heranzugehen. Mit den Wellen von achtern ist die Fahrt jetzt viel angenehmer. Kurz darauf springt der Wind um und steht nun fast querein. Ich berge die Vorsegel, um den Spinnaker nicht zu stören, und setze das Stagsegel. Wo die anderen sind, weiß ich nicht mehr.

Im gleichen Augenblick vernehme ich hinter mir Motorenlärm. Ich drehe mich um und sehe zunächst gar nichts. Der Lärm schwillt aber rasch an, und bald entdecke ich das Bertramboot mit schäumender Bugwelle aus dem Nebel hervorstoßen. Es prescht durch die kurze See und

holt mich rasch ein, der ich, wenn ich dem Log Glauben schenken darf, mit bescheidenen vier Knoten dahinsegele.

Ich hatte nicht mehr mit einem Wiedersehen gerechnet, und bei dem Nebel ist es ein Wunder, daß man mich überhaupt gefunden hat. Das Motorboot geht längsseits, und ich erhalte meinen Riemen zurück. Die Photographen sind pausenlos bei der Arbeit. Wie immer die Wettfahrt ausgeht, an »Souvenirs« wird es mir jedenfalls nicht mangeln. Endlich kann ich meinem Vater all das sagen, wofür ich in dem Durcheinander des Aufbruchs keine Zeit gefunden hatte. Insbesondere übernahm er die Aufgabe, zwei dringende Briefe zu schreiben, die ich weder gestern noch heute morgen hatte zu Papier bringen können. Wo die anderen sind, wissen die Insassen des Motorboots auch nicht. Unterwegs sind sie keinem meiner Konkurrenten begegnet außer Lewis, der mit seinem Katamaran 5 Meilen hinter mir liegt. Sie wissen auch nicht, wo der Trimaran *Folâtre* abgeblieben ist. Vor den achterlichen Winden, die seit dem Start wehen, lief sie etwa die gleiche Geschwindigkeit wie die *Pen Duick*.

Wir wechseln letzte Abschiedsgrüße, dann dreht der Bertram ab und entfernt sich in hoher Fahrt in Richtung Plymouth. Er verschwindet im Nebel, und der kabbelige Seegang verwischt rasch alle Spuren seines Kielwassers.

Erst jetzt habe ich wirklich das Gefühl, allein zu sein, und verliere es auch nicht, bis die Nacht hereinbricht. Das Trimmen der Segel und das ständige Aufpassen darauf, daß auch nicht ein Hauch des recht schwachen Windes verloren geht, beschäftigen mich ausreichend. Von jetzt an wird meine Hauptsorge darin bestehen, keine Zeit zu verschenken und alle Segel zu jeder Stunde auf Höchstleistung zu trimmen.

Gegen 20 Uhr kommt ein kleiner Frachter aus Liverpool von achtern auf und passiert mich zum Greifen nah. Er hat ein Flaggensignal aus dem Internationalen Code gesetzt, und ich nehme an, daß es »Bon Voyage« bedeutet. Das sind jedenfalls die Worte, die mir jemand von der Brücke auf französisch zuruft. Ich hätte mir den Dampfernamen

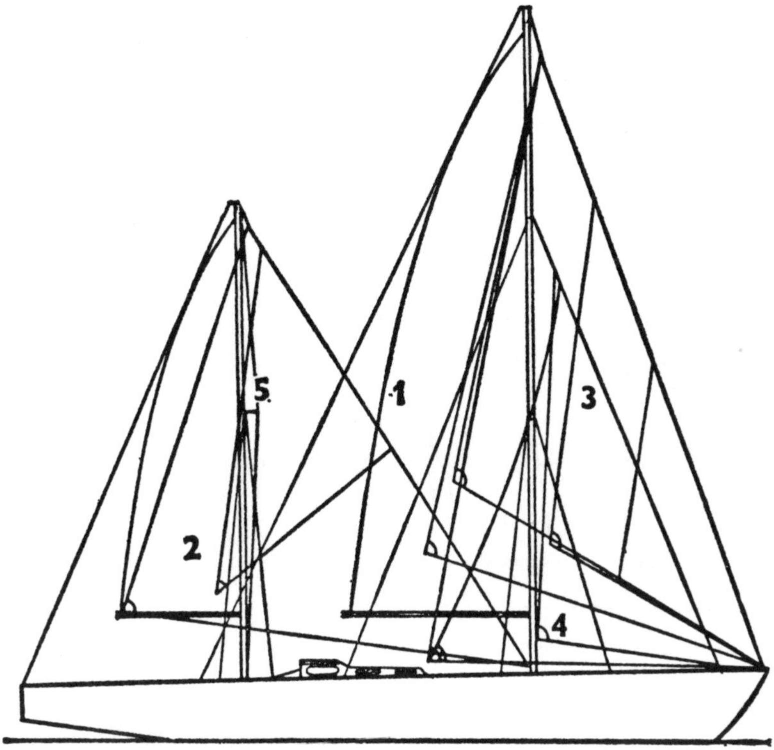

5. Segelplan der Pen Duick II

1. Großsegel, 2. Besansegel, 3. Yankeeklüver, 4. Fock, 5. Besanstagsegel

sofort aufschreiben sollen, aber ich dachte, ich würde ihn im Gedächtnis behalten. Und nun habe ich ihn vergessen.

Kurz darauf schläft der Wind ganz ein, und der Spinnaker wird überflüssig. Ich nehme ihn ohne Schwierigkeiten fort. Ich benutze die Gelegenheit vollkommener Windstille, um zu Abend zu essen, während die Nacht langsam hereinbricht. Bald aber erhebt sich eine Brise aus

6. Verschiedene Segelkombinationen, die Eric Tabarly unterwegs verwandte

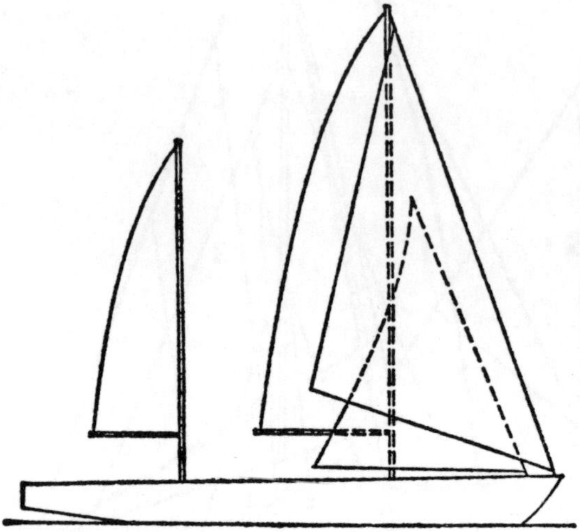

A Schönwetterbesegelung, bis Windstärke 5. Besan, Großsegel, Genuafock, großer Yankeeklüver.

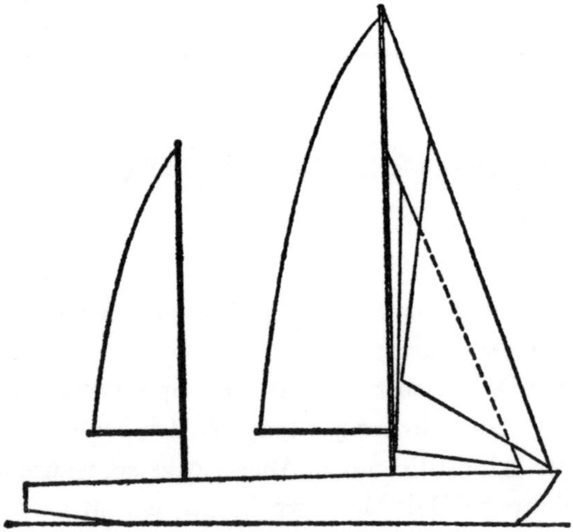

B Besegelung bei Windstärke 7, einerlei woher der Wind kommt. Besan, Großsegel, kleine Fock, Klüver 1.

C *Hoch am Wind bei Windstärke 6 bis 7. Besan, Genuafock, Yankeeklüver 2.*

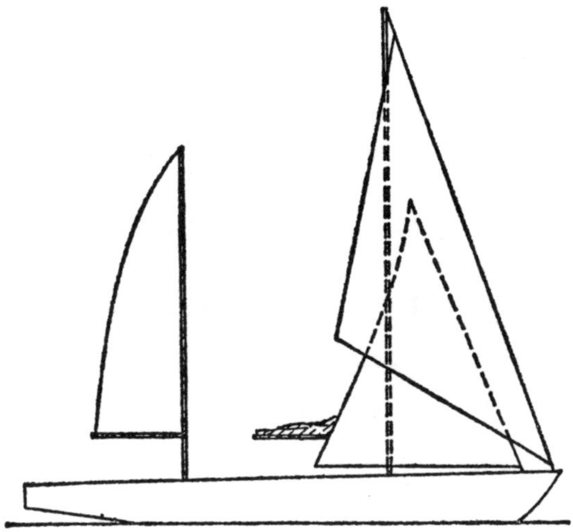

D *Bis Windstärke 8, einerlei bei welchem Segeltrimm. Groß-segel mit einem Reff und Klüver Nr. 1.*

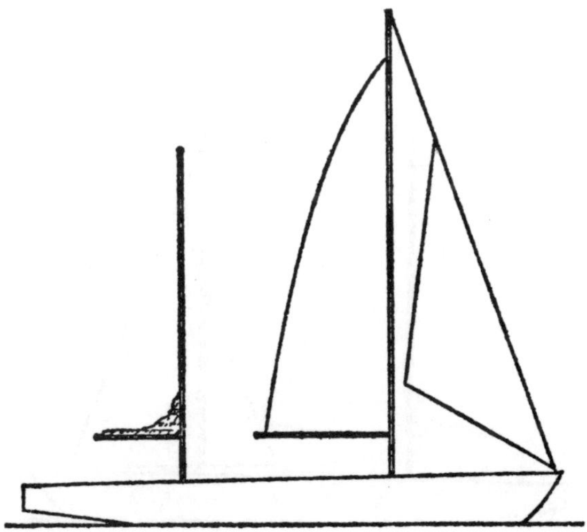

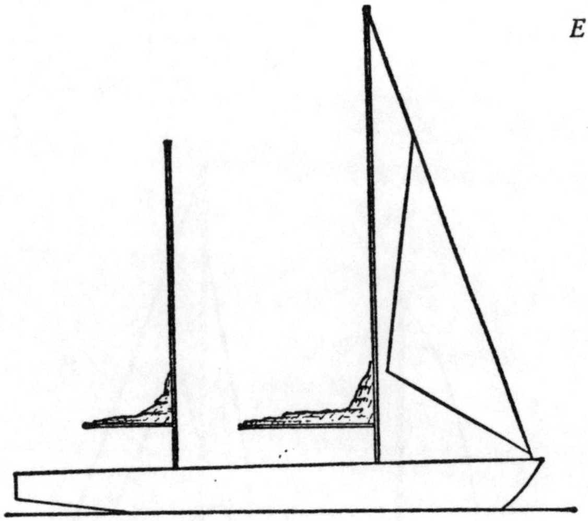

E Sehr schweres Wetter, raumer Wind: Windstärke 9 bis 10. Nur Klüver 1.

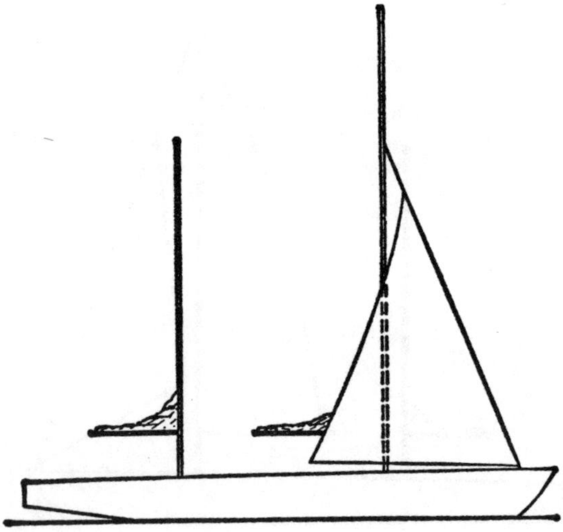

F Sehr schweres Wetter, Windstärke 9 bis 10. Nur Genuafock.

G Schönes Wetter, raumschots. Besan, großes Besanstagsegel, Großsegel, Spinnaker.

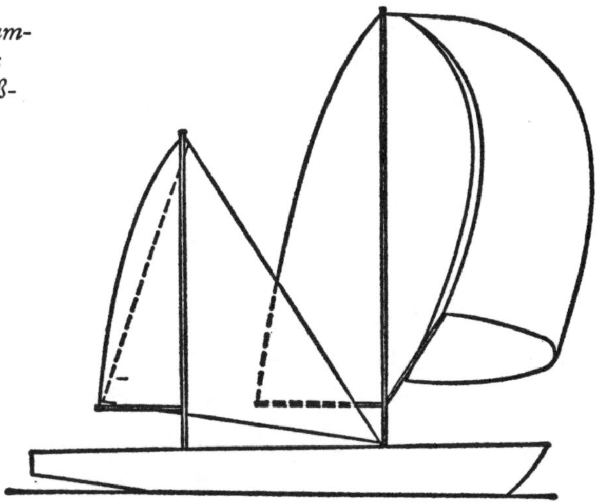

H Pen Duick II: *Einzelheiten der Großmastverstagung.*

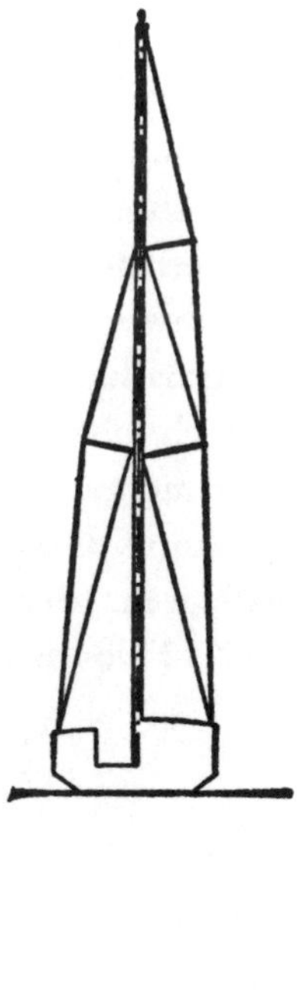

Südwest, eine gute Chance, hoch am Wind auf Westkurs zu gehen. Inzwischen ist es dunkle Nacht geworden, und die Sicht ist bei der feuchten Nebelluft ausgesprochen schlecht. Ich bewege mich auf der Handelsverkehrsroute. Alle Schiffe, die vom Atlantik oder der irischen See kommen und die Häfen Südenglands, der Nord- oder Ostsee ansteuern wollen, begegnen mir, und die mit mir auf etwa gleichem Kurs westwärts steuernden Schiffe, überholen mich oder kreuzen meinen Kurs.

Ich sehe nur ihre Positionslichter, weiß, grün oder rot je nach ihrer Richtung, manchmal auch den Lichtschimmer der erleuchteten Aufbauten. Inmitten dieses Karussells großmächtiger Tonnage fühlt man sich genauso unbehaglich wie ein Radfahrer zwischen schweren Lastkraftwagen. Es besteht zwar eine Vorschrift, nach der Dampfer gehalten sind, Seglern das Wegerecht einzuräumen. Das setzt aber voraus, daß der Dampfer den Segler rechtzeitig genug erkennen kann, um die notwendigen Manöver einzuleiten. Da es nun auf kleinen Yachten unmöglich ist, starke Lichter zu setzen, laufen sie Gefahr, unbemerkt zu bleiben. Auch über die Reichweite meiner Lichter mache ich mir keine Illusionen und halte lieber meine Augen offen, um rechtzeitig auszuweichen, falls einer der Frachter in gefährliche Nähe kommen sollte.

Ich hatte wohl daran gedacht, eine starke weiße Petroleumlampe im Großtopp zu führen. Als ich die Lampe aber in letzter Minute erhielt, mußte ich feststellen, daß sie für den im Topp vorgesehenen Beschlag viel zu schwer war. So sah ich mich gezwungen, auf diese zusätzliche Vorsichtsmaßnahme zu verzichten.

Die Nacht vergeht ohne Zwischenfälle. Trotzdem bin ich erleichtert, als ich um 5 Uhr morgens den Tag heraufdämmern sehe. In dem Bewußtsein, daß man mich jetzt besser sehen kann, gehe ich unter Deck und lege mich schlafen. Ich setze die automatische Steuerung fest, stelle den Wecker auf 7.30 Uhr und schlüpfe in die Koje.

Sonntag, 24. Mai

Um 7.30 Uhr rasselt der Wecker. Kaum habe ich die Glocke abgestellt, als ich durch die Bordwand hindurch, außer den üblichen Wassergeräuschen, deutlich die unverkennbaren Erschütterungen wahrnehme, die eine Schiffsschraube hervorruft. Ich habe feststellen können, daß man diese Art Geräusche bei ruhigem Wetter bis auf eine halbe Meile (925 Meter) hören kann. Das Schiff, von dem jenes Geräusch ausgeht, kann also nicht weit entfernt sein. Schnell bin ich an Deck, wo ich mich von dichtem Nebel umgeben sehe. Von allen Seiten tuten die Nebelhörner. Es nützt nichts, die Augen aufzureißen, man kann nur auf höchstens fünfzig Meter sehen. Das Stampfen der Maschine wird von Sekunde zu Sekunde stärker, und die Sirene des sich nähernden Schiffes heult in regelmäßigen Abständen. Es ist sinnlos, an Ausweichmanöver zu denken, denn der Wind ist eingeschlafen, und ich wüßte sowieso nicht, nach welcher Seite ich ablaufen sollte. Die Segel schlagen müde in der Dünung, achteraus ist keine Spur von Kielwasser zu erkennen, wie ein Korken schwankt die *Pen Duick* hilflos hin und her, und ein Gefühl vollkommener Machtlosigkeit überkommt mich. Wenn ich den Steven des Frachters plötzlich vor, hinter oder neben mir aufragen sehe, kann ich nur auf mein Glück bauen und hoffen, daß ich nicht gerade genau in seinem Wege liege. Die Sirenensignale ertönen aus immer größerer Nähe und wirken so betäubend auf das Ohr, daß ich nicht einmal mehr die Richtung feststellen kann, aus der sie kommen. Auch ich betätige mein Nebelhorn, allerdings ohne zu große Hoffnung, gehört zu werden.

Endlich vernehme ich in Lee das Stampfen der Maschine und das Rauschen der Bugwelle. Der Frachter passiert mich in unmittelbarer Nähe, ohne daß ich ihn auch nur zu Gesicht bekomme. Aber in dem Augenblick, als die *Pen Duick* sich auf den Kielwasserwellen erhebt, weiß ich, daß der Dampfer meinen Kurs bereits gekreuzt hat, und ich gestehe, daß ich tief aufatmete.

Kein Wind, keine Sicht. Nichts ist unangenehmer als solch ein Wetter. Ich weiß nur, daß der mit 2–3 Knoten laufende Ebbstrom mich in der gewünschten Richtung treibt. Ich dürfte nicht mehr weit von der Runnelstone-Tonne entfernt sein, die vor Landsend liegt. Tatsächlich gelingt es mir, sie auszumachen, als sie aus dem Nebel auftaucht, an Steuerbord vorbeizieht und achteraus wieder verschwindet, während mich der Strom davonträgt. Als es gegen Mittag vorübergehend aufklart, sehe ich auch den Leuchtturm von Longships.

Nach dem Mittagessen macht sich ein leichter Wind aus Norden auf, und ich setze meine Fahrt mit geschrickten Schoten auf WNW-Kurs fort. Abends stehe ich nördlich der Scilly-Inseln, die ich an Backbord liegen lasse, ohne sie zu sichten. Da ich seit dem Start kaum Zeit zum Schlafen gefunden habe, werde ich mich hinlegen, sobald ich gut frei von den Inseln bin.

Jedesmal, wenn ich im Laufe der Nacht aufwache, fühle ich, daß der Wind auffrischt. Sonst sind keine besonderen Ereignisse zu verzeichnen, weder in der Nacht noch am folgenden Morgen.

Montag, 25. Mai

Der Wind hat jetzt beträchtlich zugelegt, und die *Pen Duick* läuft mit 7–8 Knoten durch die Nebelschwaden.

Ich warte ungeduldig auf aufklarendes Wetter, um eine astronomische Ortsbestimmung vornehmen zu können. Aber auch mittags ist die Sonne noch nicht durchgebrochen. Ich beschränke mich daher auf die Consolfunkpeilung. Nachmittags läßt der Wind wieder nach. Ich halte ein wenig weiter südlich.

Der Tag und auch die Nacht vergehen ohne bemerkenswerte Ereignisse. Die üblichen Bordarbeiten sorgen für ausreichende Beschäftigung und lassen mir nicht eine Sekunde Zeit, an etwas anderes zu denken als daran, das Beste aus dem vorhandenen Wind herauszuholen.

Dienstag, 26. Mai

Die Nacht verstrich ohne irgendwelche Schwierigkeiten, aber als ich in der ersten Morgenstunde meine Nase nach draußen stecke, stelle ich fest, daß die Lufttemperatur unter der Nebeldecke eisig ist. Man hätte sich bereits vor Neufundland wähnen können. Ich muß den ganzen Vormittag warten, bis die Sonne endlich durchbricht, aber dann wird das Wetter herrlich.

Gegen 11.45 Uhr nehme ich ein großes Flugzeug wahr, das auf mich zufliegt. Es handelt sich um eine *Shackleton*-Maschine des Küstenkommandos. Sie macht in niedriger Höhe verschiedene Anflüge, umkreist uns, um sich dann wieder zu entfernen und im Osten zu verschwinden.

Dieser Luftbesuch hinterläßt bei mir ein Gefühl der Erleichterung. Natürlich nehme ich an, daß man meine Position den Eltern mitteilt, die dann beruhigt sein können, weil sie wissen, daß an Bord alles in Ordnung ist.

Gegen 14 Uhr kreuze ich den Kurs eines Frachters, der einige Minuten später (so lange dauerte es wahrscheinlich, bis der Wachoffizier seinen Kapitän benachrichtigte) einen Halbkreis beschreibt und von hinten wieder aufläuft. Wir wechseln einige Grüße, und er begleitet mich noch eine Weile, bevor er seinen alten Kurs wieder aufnimmt. Es war die *Factor* aus Liverpool.

Kaum hatte der Frachter sich entfernt, als meine automatische Steuerung anfängt, mir Sorgen zu machen. Sie scheint zu viel Spiel zu haben. Ich gehe nach achtern, um den Schaden festzustellen. Nach Ausschaltung der Selbststeuerung binde ich die Pinne fest, um die Apparatur herauszuheben und stelle fest, daß ein Stück der Halterung (ein Fingerling aus imprägniertem Holz) beschädigt ist. Das ist eine schöne Bescherung, zumal ich keine Möglichkeit sehe, den Schaden zu beheben. Schlimmer noch, eine Katastrophe, denn wenn das automatische Ruder ganz ausfällt, was nicht mehr lange auf sich warten lassen wird, bin ich gezwungen, dauernd am Ruder zu stehen und beizudrehen, wenn ich schlafen will. Das würde für mich praktisch das Ende der Wettfahrt bedeuten.

Als ich nach Beendigung der Untersuchung an die Pinne zurückkehre, stelle ich fest, daß das Schiff mit festgelegtem Ruder gut auf Kurs läuft. Der Lateralplan hätte mich das nie erwarten lassen, trotz seiner Verlängerung durch das weit achtern gelegene Ruder. Die Schiffbaukunst wartet oft mit solchen Überraschungen auf – und man kann sich darüber freuen, wenn sie gut sind. Es bleibt aber schwer vorausschaubar, ob diese Kursbeständigkeit bei gutem Wetter und hoch am Wind, auch bei auffrischenden, achterlichen Winden Bestand haben wird. Für den Augenblick ergibt sich die Notwendigkeit, die Windfahne des automatischen Ruders von jetzt ab vorsichtig zu behandeln, wenn ich möchte, daß sie bis zum Schluß durchhält. Ich stelle sie daher ab und segle mit festgelegter Pinne weiter.

Ungefähr zur gleichen Zeit beginnt das Wetter umzuschlagen. Grau und kalt am Morgen, sonnig um die Mittagszeit, hüllt sich nachmittags alles in feine Regenschleier, begleitet von einem auffrischenden, nunmehr aus Süden wehenden Wind. Mit halbem Wind beginnt die *Pen Duick* schneller zu laufen. Der Wind pfeift einen Ton höher in der Takelage.

Es wird Zeit, etwas vorzuschlafen, denn die Nacht droht unruhig zu werden. Ich gehe unter Deck und strecke mich auf der Steuerbordkoje aus. Unten ist der Lärm noch stärker als oben. Der Anprall der Wellen gegen die Bordwand hallt drinnen laut wider. An und für sich liege ich auf dem Kojensegel ganz bequem; die Bewegungen des Schiffes sind aber von einer solchen Heftigkeit, daß ich mich wie ein Hund zusammenrollen und festkeilen muß. Unter solchen Umständen ist es natürlich unmöglich, Schlaf zu finden. Um elf Uhr gehe ich wieder an Deck. Der Wind legt ständig zu; jeden Augenblick kann es notwendig werden zu reffen. Um Mitternacht entschließe ich mich, den großen Yankeeklüver zu bergen und ihn durch Klüver I zu ersetzen.

Dasselbe mache ich mit der Genua-Fock, an deren Stelle die Sturmfock tritt. Der Segelwechsel bedeutet anstrengende Arbeit, denn inzwischen weht es mit gut sechs Windstärken. Eingehüllt in Wolken von Gischt läuft die *Pen Duick* ihre zehn Knoten. Während ich noch damit beschäftigt bin, auf dem regennassen Deck, das unter meinen Füßen schaukelt wie ein Jahrmarktskarussell, die durchnäßten Segel wegzuräumen und die neuen zu setzen, dreht der Wind auf Südwest. Ich gehe daher so hoch an den Wind wie möglich, um Westlänge zu machen. Das Boot liegt am Wind stetiger und benimmt sich auch viel angenehmer als bei halbem Wind. Nachdem ich mich gegen zwei Uhr morgens davon überzeugt habe, daß die automatische Steuerung hält und ihrer Aufgabe ausreichend gerecht wird, gehe ich unter Deck und lege mich schlafen. Hoch am Wind ist die Schräglage geringer, und ich kann mich bequemer ausstrecken. Auch die Bewegungen der *Pen Duick* sind jetzt viel regelmäßiger und weniger ungestüm als bei halbem Wind. Es ist schwer zu sagen, was mich tiefer in den Schlaf hinabsinken läßt: das Wiegen der Wellen oder die Ermüdung. Ich glaube, es ist in erster Linie die Erschöpfung, denn der Heidenlärm hat keineswegs aufgehört.

Mittwoch, 27. Mai

Im Laufe der Nacht hat sich der Wind wieder abgeschwächt. Je mehr der Lärm nachließ, um so behaglicher fand ich in den Schlaf. An Deck zurückgekehrt, sehe ich, daß der Wind nach Süden zurückgedreht ist und die Fahrt sich bedenklich verlangsamt hat. Ich setze wieder Segel, den Yankeeklüver II und die Genua-Fock, und bei nunmehr halbem Wind geht die Fahrt weiter. Im Laufe des Tages und der darauffolgenden Nacht wird der Wind noch schwächer. Wichtiges wäre sonst nicht zu berichten.

Donnerstag, 28. Mai

Als ich aufwache, liegt das Schiff rollend in vollkommener Windstille fest. Das Klappern der Rutscher an den Mastschienen, der Blöcke in der Takelage, das Schlagen der von Backbord nach Steuerbord und zurück schwingenden Segel und Bäume haben mich aus dem Schlaf gerissen. In alle diese unangenehmen Geräusche mischt sich ein anderes: das Rauschen des Regens. Es schüttet wie aus Eimern und prasselt aufs Deck herab. Dieses Deck ist wirklich noch nie trocken geworden. Wenn der Nebel vorbei ist, sorgt der Regen für Nässe.

Die *Pen Duick* rollt in toter Dünung. Ich berge die Vorsegel und hole Großsegel und Besan dicht, um sie am Schlagen zu hindern. Dann entschließe ich mich, die Windstille auszunutzen und zu versuchen, diese verdammte Halterung zu reparieren. Um an das beschädigte Stück zu gelangen, muß ich mich der Länge nach auf dem Achterschiff ausstrecken und mich über den Spiegel hinunterbeugen. Es gießt in Strömen. In dieser Haltung fühle ich trotz Ölzeug, wie Ströme von Wasser über meine Haut rinnen. Die Reling drückt schwer auf Magen und Lenden, während ich mich tief hinunterbeuge und tastend versuche, den Umfang des Schadens festzustellen. Die *Pen Duick* hebt und senkt sich in der Dünung, und ich tauche mit meinen Armen, manchmal sogar mit dem Kopf, tief ins Wasser. Das Zapfenlager, in das der Fingerling an der Halterung des automatischen Ruders hineingreift, ist ausgeschlagen – daher also das Spiel. Alles, was ich im Augenblick tun kann, besteht darin, dieses Spiel auf die eine oder andere Weise einzuschränken. Ich entschließe mich, in das Rohr ein Stück Plastikschlauch einzuführen. Bis ich ein geeignetes Stück und dazu einen Kupferdraht zur Befestigung gefunden habe, vergeht eine Weile. Den Schlauch anzubringen und in die Höhlung hineinzuzwängen, ist eine Arbeit, die den geduldigsten Menschen zur Verzweiflung bringen kann. Zumal in der Haltung, die ich einnehmen muß: den Kopf tief unten, die Füße um die Relingstützen geklammert, von oben vom Regen durchnäßt, von unten vom Meer geduscht. Endlich gelingt es. Eine Zeitlang wird der mit Kupferdraht gesicherte Plastikschlauch halten und wenigstens das Spiel der Selbststeuerung einschränken, die ich wieder einsetze.

Heute ist Donnerstag. Die Tradition der Marine verlangt an diesem Tag ein besonders gepflegtes Menü. Ich öffne daher eine Büchse mit Wildkaninchenfleisch, deren Inhalt man lediglich warmzumachen braucht. Diese Konserven sind ausgezeichnet und wirklich sehr praktisch.

Als ich nach dem Mittagessen wieder an Deck steige, treffe ich dort einen unerwarteten Passagier an: es ist ein kleiner Vogel, und zwar nicht etwa ein Seevogel. Noch nie habe ich ein ähnliches Tier gesehen. Es ist blauschwarz mit einem fast kugelrunden Kopf, die Brust noch dunkelfarbiger als der Rest des Gefieders, und es hat einen spitzen, fahlrot eingefaßten Schnabel. Der Vogel ist erschöpft. Wir befinden uns 400 Seemeilen von Irland entfernt; der Unglücksvogel muß mit einer aufsteigenden Luftströmung hochgestiegen sein und sich dann, als er wieder niederging, in Regen, Wind und Nebel verirrt haben. Die *Pen Duick II* kommt zu spät, um diesen kleinen Bordkameraden zu retten. Er liegt im Sterben, und wenige Minuten später ist er nicht viel mehr als ein kleines Häufchen Federn, das von dem nicht endenwollenden Regen durchgeweicht wird.

Ich passe scharf auf die Brisenstriche auf. Sobald ich sehe, daß das Wasser sich kräuselt, setze ich die Vorsegel. Einen Augenblick lang füllen sie sich, um gleich darauf wieder elend zu schlagen; ich muß sie von neuem bergen. Und da gibt es Leute, die glauben, man hätte nichts zu tun, wenn kein Wind weht.

Endlich bricht im Laufe des Nachmittags die Sonne wieder durch und bringt eine leichte nördliche Brise mit sich. *Pen Duick* erwacht zu neuem Leben und nimmt wieder Fahrt auf. Ich benutze die Gelegenheit, die Antenne meines Radiosenders vorzuheißen in der Hoffnung, eine Verbindung mit Le Conquet herzustellen. Leider gelingt mir das nicht. Gern hätte ich meinen Eltern ein Lebenszeichen zu ihrer Beruhigung gegeben. Der Rest des Tages verläuft ohne bemerkenswerte Ereignisse. Die Nacht bleibt still. Solange die automatische Steuerung arbeitet, genügt es, alle anderthalb Stunden aufzuwachen und einen Blick auf den Kompaß zu werfen. Die Windfahne der Steuerung stellt sich nach der Richtung des Windes ein. Wenn der Kurs sich geändert hat, so liegt es daran, daß der Wind umgesprungen ist. Eine elektrische, vom Kompaß aus geregelte Steuerung wäre auf einem Segler sinnlos, denn um eine stetige Richtung einhalten zu können, müssen die Segel unter allen Umständen neu getrimmt werden. Wenn ich jeweils nur anderthalb Stunden schlafe, laufe ich kein großes Risiko, mich bei verändertem Wind zu weit von meinem Kurs zu entfernen. Dreht der Wind zum Beispiel von rein Nord nach Nordwest, würde die *Pen Duick* ihren Kurs entsprechend ändern und anstatt nach Westen nach Südwesten ablaufen. Bei sieben Knoten Durchschnittsgeschwindigkeit und unter

Berücksichtigung des dann zu dem eigentlichen Westkurs gebildeten Winkels würde ich mich nach einer Stunde etwa vier oder viereinhalb Meilen südlich des theoretisch erreichten Schiffsortes befinden. Diese Abweichung ist noch kein großes Unglück, aber ich muß natürlich auch daran denken, wie meine Konkurrenz operiert haben mag. Einstweilen versuche ich mir einzureden, daß meine Gegner sich einem vielleicht noch tieferen Schlaf hingeben als ich, daß meine freiwilligen oder unfreiwilligen Schläge vorteilhafter sind, daß ich meine Segel schneller und häufiger wechsele als die anderen, und überhaupt, daß die *Pen Duick* besser läuft.

In bald fünf Tagen habe ich noch kein einziges Mal diese berühmten Westwinde angetroffen, die zu dieser Zeit gewöhnlich im Atlantik vorherrschen. Statt dessen segele ich durchweg mit halbem Wind, bald etwas vorlicher als dwars, bald raumschots. Gerade im Hinblick auf diese Westwinde wurde die *Pen Duick* nun aber gebaut. Ich wollte vor allem ein Schiff haben, das hoch am Wind segeln kann. Nun, bis jetzt hat es sich auch auf raumen Kursen recht gut gemacht. Nur müßte man wissen, ob sich der Trimaran oder irgendeiner der Katamarane in diesem Augenblick nicht schon weit voraus befindet.

Müde, wie ich bin, fällt es mir nicht schwer, in dem vorgesehenen Rhythmus zu schlafen. Jeweils anderthalb Stunden Schlaf, dann ein Blick auf den Kompaß, und, wenn nötig, Trimmen der Segel. So verstreichen die Stunden der Nacht, und ich finde die ersehnte Ruhe.

Freitag, 29. Mai

Mit Anbruch des neuen Tages eilen wir vor raumen Winden dahin. Alle Segel, auch das Stagsegel, sind gesetzt und ziehen mit aller Macht.

Der Himmel bedeckt sich, der Wind kommt mehr von achtern, und das Barometer fällt mit einem Sprung. Ich zögere noch, den Spinnaker zu setzen. Sollte der Wind ganz plötzlich auffrischen, fürchte ich, das große Segel nicht mehr bergen zu können. Sich in einer Bö mit 80 Quadratmeter Tuch herumzuschlagen, ist alles andere als ein Vergnügen. Es wäre zu schade, eine Spiere zu brechen, wenn man den Wind schon kommen spürt. Endlich entschließe ich mich, die beiden Yankeeklüver, den einen an Backbord, den anderen an Steuerbord, auszubaumen. Unter dieser Besegelung macht die *Pen Duick* große Fahrt.

Ein zweiter Vogel, der dem gestrigen Besucher ganz ähnlich sieht, flattert über uns in der Luft, wagt aber nicht, sich niederzulassen. Der Nachmittag vergeht, ohne daß sich etwas ändert. Ich muß die ganze Zeit am Ruder stehen. Von wirklichem Nutzen ist die Selbststeuerung nur hoch am Wind. Bei achterlichen Winden und wenn das Schiff giert, versagt die Steuerung, da der Mechanismus der Beanspruchung nicht gewachsen ist.

Gegen Abend dreht der Wind nach Norden zurück, und ich kann meinen Kurs vor dem Wind nicht länger halten. Ich berge die beiden Vorsegel, die ausgebaumt nur bei achterlichen Winden brauchbar sind, setze den schweren Yankeeklüver und segele halben Winds weiter. Ohne Fock trage ich immer noch genug Segel, und die *Pen Duick* liegt so besser in der See.

Der Wind legt unablässig zu, und die Yacht krängt weiter und weiter über, ohne daß die Geschwindigkeit wächst. Ich trage noch zu viel Zeug. Ich berge daher den Besan und ersetze den Yankee durch Klüver I. Als die Nacht hereinbricht, weht es mit sieben Windstärken aus Ost so heftig, daß die *Pen Duick* raumschots wie ein Meteor dahinschießt. Die Wellen sind lang; häufig prescht *Pen Duick*, von den Wellenkämmen mitgerissen, wie ein Rennboot voran, bis der Speedometer bei 12 Knoten stehenbleibt. Was für eine ungeheure Sensation! Meine Stimmung steigt mit einem Schlage. Unangenehm ist dabei nur, daß ich die ganze Nacht aufbleiben muß, denn auf die automatische Steuerung, die unter solchen Verhältnissen alle Augenblicke versagt, kann ich mich überhaupt nicht verlassen. Fast die ganze Zeit stehe ich am Ruder. Der Tag war hart, und trotz aller Erregung durch die schwindelnde Fahrt spüre ich die Erschöpfung in allen Gliedern.

Gegen Mitternacht taucht ein riesiger Schwarm von Delphinen auf, die eine Zeitlang das Schiff umspielen. Dann und wann springen sie in die Luft, und kommen so nah heran, daß ich ihre bizarren kleinen Schreie vernehmen kann. Ich wußte bereits aus Erzählungen, daß sie Laute von sich geben, aber heute ist es das erstemal, daß ich mich selber davon überzeugen kann. Einige Zoologen schreiben ihnen eine eigene Sprache zu und behaupten sogar, daß sie sich interpretieren ließe. Unter Deck hört man deutlich, wie sie so eine Art von Grunzlauten von sich geben – ein Geräusch, das man an Deck kaum wahrnimmt. Ich kann nicht beurteilen, ob sie sich wirklich Geschichten erzählen, aber sehr geschwätzig sind sie auf jeden Fall. Jagen sie einem Schwarm von Fischen nach oder spielen sie einfach? Slocum erzählt, wie in seinen langen einsamen Nächten der Steuermann von Christopher Columbus erschienen ist und ihm Gesellschaft leistete. Einen Augenblick lang stelle ich mir vor, wie es wäre, wenn ein Alleinsegler mit Delphinen schwatzen könnte...

Eine Zeitlang unterhielten mich meine Reisebegleiter, aber am nächsten Morgen stelle ich fest, daß meine Logleine verschwunden ist. Sie ist abgerissen und der Haken der Halterung am Zähler hat sich geöffnet. Allem Anschein nach muß ein mächtiger Druck darauf gestanden haben, und ich hoffe nur, daß das Zählwerk dabei nicht beschädigt wurde. Mit Gewißheit geht dieser Streich auf Rechnung meiner nächtlichen Besucher. Leider werde ich nun niemals erfahren, ob einer von ihnen den Logpropeller verschlungen hat – er sieht ja aus wie ein kleiner Fisch – oder ob ein Delphin sich in die Leine verwickelt hat. Nach dem Stand der Loguhr zu urteilen, muß sie stehengeblieben sein, als die Delphine auftauchten. Ich bin ein wenig besorgt; nachdem ich aber die Ersatzleine ausgebracht habe, stelle ich mit Beruhigung fest, daß die Uhr normal geht.

Ein Frachter kreuzt unseren Kurs in ziemlicher Nähe. Die Wellentäler sind so tief, daß seine Lichter im Rhythmus der Dünung verschwinden. Es gießt in Strömen, und trotz meines Ölzeugs bin ich naß bis auf die Haut.

Samstag, 30. Mai

Ich empfinde das dringende Bedürfnis, mich irgendwie ins Trockene zu retten. Es regnet die ganze Zeit, die Güsse waschen über Deck und Cockpit und peitschen mir regelmäßig ins Gesicht. Ich klinke das Innenruder fest und mache es mir unter der im Kajütsaufbau eingelassenen Plexiglaskuppel bequem. Buchstäblich fühle ich, wie die

Lebensgeister wiederkehren. Des Ölzeugs ledig, lache ich über die Regenschauer, die an die Kuppel prasseln. Endlich hört der Regen auf, und die Sonne erscheint wieder am Himmel. Das Plexiglas wirkt wie das Glasdach eines Treibhauses, und darunter werde ich schnell wieder warm. Unter den Strahlen der Sonne gewinnt das Meer seine große

Schönheit zurück. Es ist leuchtend blau, durchsetzt mit dem Weiß des Gischtes, von tiefen Wellentälern durchzogen.

Heute ist also die erste Woche auf See vorbei. Ich spüre die Übermüdung, denn die raumen Kurse waren meinem Vorhaben von Anfang an nicht günstig. Die automatische Steuerung arbeitet nur ganz hoch am Wind und fällt aus, sobald der Wind von achtern oder aus raumer Richtung kommt. So bin ich gezwungen, die ganze Zeit in Alarmbereitschaft zu sein. Die Westwinde haben sich nicht zur vorgeschriebenen Zeit eingestellt, und ein Überschlag ergibt, daß ich im ganzen kaum mehr als zwölf Stunden am Wind gesegelt bin. Jedesmal, wenn die Selbststeuerung in Unordnung gerät, verliere ich Zeit, und ich kann mich des Eindrucks nicht erwehren, schon zu viel Zeit verloren zu haben. Zugegeben, an einigen Tagen habe ich gute Geschwindigkeiten erreicht, aber dafür haben die Windstillen den Durchschnitt wieder heruntergedrückt. Die Bilanz sieht nicht gerade rosig aus. Hinzu kommt, daß die Perioden der Windstille die Besegelung über alle Maßen strapazieren und die Segel durch das Schamfilen an der Takelage einer anomalen Abnutzung aussetzen.

Von dem Generalkurs bin ich abgekommen und befinde mich schon ziemlich weit südlich des größten Kreises, weil ich die ganze Zeit bestrebt war, Kurse einzuhalten, auf denen das Fahrzeug die größte Geschwindigkeit entwickelte und am ruhigsten segelte. Ein Versuch, von meinem gegenwärtigen Schiffsort aus wieder auf die ursprüngliche Route zurückzukehren, würde, wie ich mir leicht ausrechnen kann, einen Umweg und neuen Zeitverlust bedeuten.

Körperlich fühle ich mich in guter Verfassung. Die Müdigkeit der letzten Tage verflüchtigt sich, und die kalten Duschen der vergangenen achtundvierzig Stunden sind ohne nachteilige Folgen geblieben.

4 KRITISCHE AUGENBLICKE

Zweite Woche Samstag, 30. Mai

Ab 11 Uhr flaut der Wind fortschreitend ab, wird aber gleichzeitig günstiger. Ich setze noch mehr Segel. Nachmittags weht es nur noch mit 3–4 Windstärken. Ich hole auch den Spinnaker hoch, lasse ihn aber nur einige Stunden stehen, weil ich, solange er steht, am Ruder bleiben muß. Da ich letzte Nacht überhaupt nicht geschlafen habe, möchte ich es jedenfalls diese Nacht tun. Frische Kräfte zu gewinnen ist wichtig. So ungern ich noch einen starken Sturm durchmachen möchte – ich muß doch bereit sein, ihm zu begegnen. So berge ich abends den Spinnaker und setzte an seiner Stelle die beiden Yankeeklüver ausgebaumt nach beiden Seiten, was mir ermöglicht, die Selbststeuerung einzuschalten und schlafen zu gehen. Statt aber den Wecker so zu stellen, daß ich alle anderthalb Stunden aufwache, verlängere ich die Dauer meiner »Freiwache« auf zwei Stunden. Das Schiff steuert sich in zufriedenstellender Weise von selbst, und ich habe nichts anderes zu tun, als den Kurs von Zeit zu Zeit zu kontrollieren. Aber als ob die Ermüdung mir noch nachträglich einen schlechten Streich spielen wollte, überhöre ich den Wecker um sechs und wache erst um sieben Uhr dreißig auf. Das Schiff liegt beigedreht und einer der Klüver steht back. Ist etwa der Wind plötzlich umgesprungen und hat dadurch die Segel backgeschlagen? Bin ich davon aufgewacht? Auf jeden Fall bin ich wütend, daß ich den Wecker überhört habe und besorgt, schon längere Zeit so zu treiben.

Ich bringe das Schiff zurück an den Wind, jedoch bleibt die Fahrt bei dem schwachen Wind gering. Das tröstet mich wieder, weil ich dann ja wohl nicht zu viel Zeit verloren habe.

Sonntag, 31. Mai

Das war ein schönes Stück Arbeit! Eine ganze Stunde lang schuftete ich wie ein Matrose auf einem Kap Horner, um den einen Klüver zu bergen, die Spinnakerbäume abzuschlagen und die Fock, das Großsegel und den Besan zu setzen. Alles vergeblich, denn ringsum herrscht Totenflaute, in deren Dünung die Segel schlagen; Groß- und Besanbaum schwingen von einer Seite auf die andere. Zunächst einmal hole ich alle Schoten dicht, dann berge ich die Vorsegel, lasse sie aber auf

Deck liegen, um sie gleich, wenn der Wind sich entscheidet, wieder setzen zu können.

Das Beste, was ich im Augenblick tun kann, ist herumzupütjern und vor allem aufzuräumen. Das Innere eines Schiffes fängt in den Händen eines Alleinseglers sehr schnell an, unordentlich auszusehen. Von Zeit zu Zeit und sobald sich nur ein Augenblick erübrigen läßt, heißt es, Ordnung in den »Stall« zu bringen. Glücklicherweise ist die *Pen Duick* noch unbelastet von dem tausendfältigen Krimskrams, den man anhäuft, weil »man die Sachen noch einmal gebrauchen könnte« (sie ist noch zu jung dafür), und so sind die Aufräumungsarbeiten rasch erledigt. Als ich wieder an Deck komme, herrscht unverändert tiefe Stille. Nur die Dünung läuft weiter.

Da sich nichts am Horizont abzeichnet, kann ich die Flaute jedenfalls dazu benutzen, meine Selbststeueranlage zu schmieren. Erst jetzt merke ich den Verlust des dazugehörigen Ruders. Im ersten Augenblick bin ich ziemlich bestürzt, ärgere mich aber nicht lange, da ich ein Ersatzruder habe, das ich hoffentlich auch anbringen kann. Der Schaft dieses Ruders besteht aus einer Achse, die in das Rohr der Halterung eingelassen und durch einen Bolzen gesichert wird. Ist dieser Bolzen gebrochen oder hat er sich gelöst, rutscht der Ruderschaft mitsamt dem Ruder heraus und geht verloren. Es müßte also genügen, den Rest des Bolzens zu entfernen, den Schaft des Ersatzruders in das Rohr einzuführen und mit einem neuen Bolzen zu sichern.

Ich hebe die ganze Apparatur an Deck und merke bei der Untersuchung, daß es gar nicht am Bolzen gelegen hat, sondern daß die Achse im Inneren des Rohrs gebrochen ist, sich aber auch nach Entfernung des Bolzens nicht herausziehen läßt. Man müßte in das festgeklemmte Überbleibsel des alten Ruderschaftes ein Loch bohren können, um es aus dem Rohr herauszuziehen wie den Korken aus einer Flasche.

Dieses Mal bin ich wirklich tief beunruhigt. Mit Ausfall der Selbststeuerung scheint mir das Rennen von vornherein verloren. Von jetzt ab müßte ich, wenn ich vorankommen will, die ganze Zeit am Ruder bleiben. Und wo soll ich dann die sechs Stunden Schlaf hernehmen, die ich täglich brauche? Das würde bedeuten, die *Pen Duick* ein Viertel jeden Tages beigedreht treiben zu lassen, während die Konkurrenten ihre Reise fortsetzen können. Die Lage ist wirklich katastrophal.

Wenn ich die Zeit überschlage, die ich seit Beginn der Reise mit den Defekten der Selbststeuerungsanlage verloren habe, kann ich mir ausrechnen, daß ich praktisch keine Gewinnchancen mehr habe. Als ich Plymouth verließ, lag Chichester hinter mir. Während er sich damit begnügte, seine zwei Vorsegel auf beiden Seiten auszubaumen, hatte ich, um Vorsprung zu gewinnen, meinen Spinnaker gesetzt; ich glaube aber nicht, daß ich damit viel erreicht habe. Chichester kennt seine *Gipsy Moth* gründlich, während ich gerade erst anfange, mich mit der *Pen Duick* vertraut zu machen. Bisher habe ich sie nicht einmal an der Kreuz ernsthaft erproben können. Meine automatische Steuerung, deren Konzeption bestimmt sinnreicher und wirksamer ist als die anderen Systeme, ist noch im Versuchsstadium. Auch da hatte es mir einfach an Zeit gefehlt, die unbedingt erforderlichen Experimente zu machen. Die Folgen habe ich jetzt zu tragen. Von Chichester dagegen weiß ich, daß er sein System »Miranda«, das an sich weniger vollkommen sein mag, besser und in aller Ruhe hat erproben können. Ich kann mir richtig vorstellen, wie Chichester zur Zeit gemütlich in seinem Deckshaus sitzt und, eine Flasche Gin oder Guinness vor sich, damit beschäftigt ist, seinen Bericht zu schreiben »Wie ich die Einhandregatta gewann«, während seine *Gipsy Moth* Meile auf Meile zurücklegt, ohne daß er sich um sie zu kümmern braucht.

Und die Katamarane und Trimarane? Ich weiß nur zu gut, daß sie bei raumen Winden schneller laufen als die *Pen Duick* ... Die *Rehu Moana* ist nicht einmal am gefährlichsten; sie ist ein Katamaran von schwerem Gewicht. Viel mehr fürchte ich Butterfield und seine *Misty Miller*. Niemand kannte dieses Schiff, bevor es in allerletzter Minute zum Start erschien ... Es ist gar nicht ausgeschlossen, daß er Chichester hinter sich gelassen hat. Die wirkliche Gefahr bei diesem Wetter ist aber meiner Ansicht nach die *Folâtre* von Kelsall.

Unter diesen Umständen wäre es das vernünftigste, das Rennen überhaupt aufzugeben und eine ruhige Segeltour nach Neufundland zu unternehmen. Dort könnte ich die Selbststeuerung in Ordnung bringen lassen und Nachricht von mir geben. Eine vernünftige, vor allem aber recht bequeme Lösung. Genug Entschuldigungsgründe habe ich ja . . . Aber dann muß ich an den Eindruck denken, den ich in Frankreich hervorrufen würde, wenn ich zurückkäme und allen denen, die mich ermutigt, mir geholfen haben, von meiner Pechsträhne berichten müßte. Nein, ich muß unter allen Umständen versuchen, diese Regatta zu Ende zu segeln. Von jetzt ab soll mir die Plazierung gleichgültig sein, aber nicht aufzugeben und um jeden Preis durchzuhalten, das scheint mir die einzige sportliche Lösung des Problems zu sein. Einen Wettkampf deswegen abzubrechen, weil man die Hoffnung auf den ersten Platz verloren hat, hieße sich gegen den Sportsgeist versündigen.

Die Entscheidung ist gefallen, und jetzt gilt es, die Schwierigkeiten in Angriff zu nehmen und eine Lösung zu finden.

Zunächst muß ich wissen, wann das Ruder verlorengegangen sein mag. Bestimmt nicht in der letzten Nacht, denn bei dem ruhigen Wetter wäre der Bruch unerklärlich. Logischerweise muß es bei dem gestrigen Starkwind passiert sein. Raumschots im hohen Seegang und bei der raschen Fahrt, die wir machten, war die Selbststeuerung einer schweren Belastung ausgesetzt.

Nun habe ich aber (wenn sich alles so zugetragen hat) den Verlust erst vierzig Stunden später bemerkt. Das würde doch bedeuten, daß sich das Schiff einen beträchtlichen Teil der Nacht bei achterlichen Wetter von selbst gesteuert hat. Schon vorher hatte ich Gelegenheit, bei der *Pen Duick* eine gewisse Kursbeständigkeit bei mittleren Winden festzustellen. Damit ich zum Navigieren, Kochen oder Schlafen das Ruder sich selbst überlassen kann, muß ich mir eine Befestigung der Pinne in der Ruderlage ausdenken, die Kurs und Windstärke erfordern.

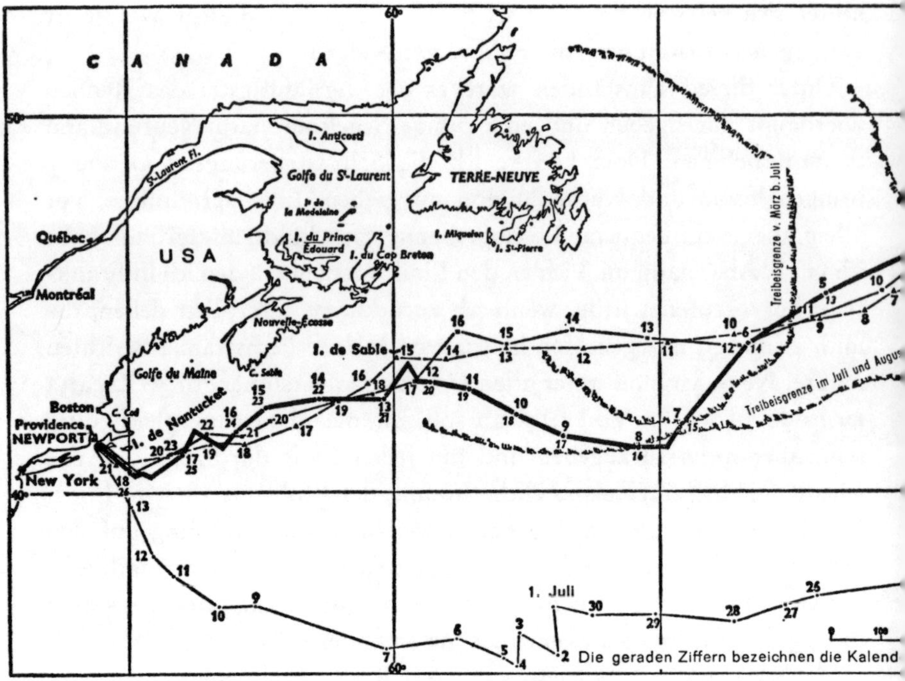

7. Kurskarte der ersten drei Konkurrenten und Butterfields Route

Tabarly's Route (Pen Duick II)

F. Chichester's Route (Gipsy Moth III)

Auf der *Pen Duick* war die Festlegung der Pinne nicht schwierig. Noch kurz vor der Abreise habe ich mir Schotenklemmen besorgt – eine sehr zuverlässige Art der Befestigung –, weil die automatische Steuerung nur dann funktioniert, wenn das eigentliche, unterhalb des Cockpits angebrachte Ruder blockiert wird. Ohne diese Schotenklemmen

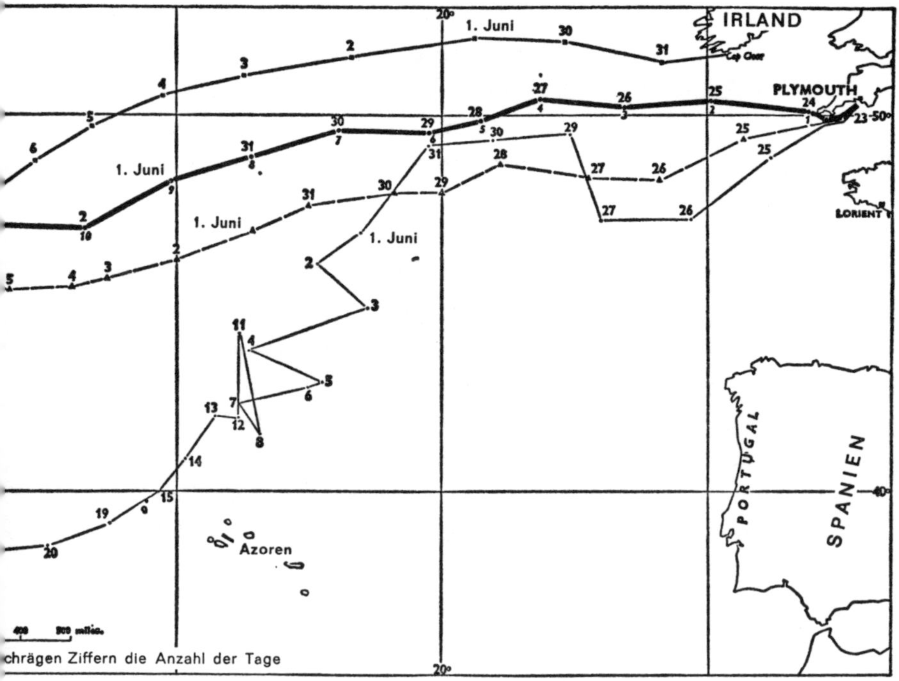

V. Howell's Route (Akka)

Butterfield's Route (Misty Miller)

hätte ich mit der Feststellung des Ruders, nur mit Hilfe von halben Schlägen um die Pinne, erhebliche Schwierigkeiten gehabt. Ist das Ruder auf diese Weise blockiert, verlängert sein Blatt den Lateralplan und sorgt für eine größere Kursstetigkeit, als man ursprünglich annehmen konnte.

Dieses weit vom Lateralschwerpunkt entfernt aufgehängte Ruder macht die *Pen Duick* aber außerordentlich empfindlich gegenüber der leisesten Änderung in der Pinnenführung. Die Einstellung ist daher weder leicht noch beständig, und zwar am wenigsten, solange der Wind sich nicht auf eine Richtung eingespielt hat. Ich werde die Pinne daher häufig neu einstellen müssen.

Der Wettergott will mich fraglos trösten, denn nun schickt er Wind, und zwar aus Nordnordwest, und die *Pen Duick* setzt sich voll und bei mit festgelegtem Ruder in Bewegung. Sobald die Segel richtig getrimmt sind und die Pinne im richtigen Anstellwinkel blockiert ist, steuert das Schiff seine gerade, schimmernde Bahn.

Ein wenig später hellt sich der Himmel auf, und die Sonne fängt an zu scheinen. Von achtern läuft nur ein schwacher Seegang, und das Schiff gleitet durch das Wasser, ohne viel zu schlingern. Seit dem Start habe ich noch keine so angenehmen Stunden auf See verbracht.

Ich benutze die Gelegenheit, den Sextanten herauszuholen und einige Standlinien zu berechnen. Ich muß meinen genauen Schiffsort wissen; mit meinem Koppelbesteck gerate ich allmählich ins Schwimmen. Bisher habe ich meinen Schiffsort bei jeder Kursänderung eingetragen. Kursdreieck, Zirkel und Bleistift halfen mir, die zurückgelegten Distanzen und gesteuerten Kurse festzuhalten. Ein einfaches Verfahren, bei dem aber wichtige Fehlerquellen unberücksichtigt bleiben. Auch wenn das Log die abgesegelten Seemeilen registriert, so handelt es sich dabei doch nur um die Fahrt durchs Wasser, das seinerseits verschiedenartigen Strömungen unterliegt. Auch die Abtrift muß in die Berechnungen eingezogen werden.

Leider ist der Sextant auf kleinen Booten und bei bewegter See, auch wenn das Wetter sichtig ist, oftmals unbenutzbar. Der Beobachter wird vom Stampfen und Rollen des Schiffes hin und her geschleudert und hat allergrößte Mühe, das notwendige Gleichgewicht zu bewahren, um das Spiegelbild der Sonne mit dem Horizont in Berührung zu bringen. Nur zu häufig wird die Sicht des eben über dem Meeresspiegel hockenden

Beobachters durch hohen Seegang verdeckt. Sprühwasser schlägt sich auf den Linsen und Spiegeln des Sextanten nieder, was die Aufgabe auch nicht gerade erleichtert. Diese Wetteraufklarung ist daher ein Geschenk des Himmels, und es gilt nun, die Gelegenheit wahrzunehmen. Mein Consol-Radioempfänger hat nur eine Reichweite von 500 Seemeilen. Ich kann ihn daher erst wieder benutzen, wenn ich mich den amerikanischen Funkfeuern genügend genähert habe. Durch Verschiebung meiner am Morgen gewonnenen Standlinie auf die soeben beobachtete Mittagsbreite bestimme ich meinen Standort. Ich befinde mich auf etwa halbem Wege zwischen Plymouth und Neufundland.

An Deck zurückgekehrt, sehe ich einen Vogel seine Kreise über der *Pen Duick* ziehen. Er scheint die Landemöglichkeiten auskundschaften zu wollen. Ich hätte nie geglaubt, daß man in dieser Entfernung vom Lande andere Vögel als Seemöven antreffen könnte, während es sich hier ganz offensichtlich um einen Landvogel handelt. Schließlich faßt er einen Entschluß und läßt sich auf dem Deck nieder. Er ist größer als seine Vorgänger und recht hübsch. Aschgraue Flügel, weißer Bauch; sehr deutlich hervortretende schwarze und weiße Ringe um den Hals. Der Kopf ist oben grau, sonst schwarz und weiß gestreift. Der Schnabel orangegelb mit schwarzer Spitze. Ich erinnere mich, im *Life*-Magazin das Foto eines ganz ähnlichen Tieres gesehen zu haben, und zwar handelte es sich um einen am Cape Cod heimischen Vogel, den sogenannten *Sandpiper*. Der Vogel im Foto war eine Holzskulptur, die den Kennedys gehört (die Familie besitzt in Newport ein Haus). Mein Vogel, auf seinen langen Beinen stehend, hat offenbar Schwierigkeiten, Seebeine zu entwickeln.

Heute abend müßte ich eigentlich den Meridian kreuzen, der die halbe Strecke zwischen Plymouth und Neufundland markiert. Ein ermutigender Gedanke. Einen anderen Beweis für die Länge der bereits abgesegelten Distanz liefert die Feststellung, daß es mir heute abend zum erstenmal nicht mehr gelang, das *light program* der BBC und daher auch nicht die Zeitsignale zu empfangen. Dabei brauche ich doch die

Greenwich-Zeit für meine astronomischen Berechnungen. Zwar besitze ich einen Chronometer, aber es ist doch gut, wenn man ihn von Zeit zu Zeit kontrollieren kann. Zum Empfang von London bin ich für mein Transistorradio zu weit entfernt. Nachts tragen die Sendungen jedoch viel weiter, so daß ich um Mitternacht die Glocken von Big Ben läuten höre. Nachts keine Vorfälle.

Montag, 1. Juni

Um 7.30 Uhr wache ich von dem dröhnenden Motorenlärm eines Flugzeuges auf, das uns in niedriger Höhe überfliegt. Ich hege nicht den geringsten Zweifel, daß das Flugzeug beauftragt ist, festzustellen, wo wir uns befinden, denn ich kann mir nicht vorstellen, daß sich interkontinentale Verkehrsflugzeuge damit amüsieren würden, mitten auf dem Atlantik über die Wellenköpfe dahinzurasen.

Da ich mich auf halbem Wege zwischen England und Kanada befinde, frage ich mich, ob die Kanadier wohl schon die Engländer abgelöst haben. Ich stecke meine Nase nach draußen. Der die *Pen Duick* umkreisende Apparat ist noch immer eine *Shackleton*-Maschine aus England. Sie trägt den Buchstaben B, während die erste Maschine mit A gekennzeichnet war. Diese Logik erscheint mir überwältigend, beruht aber wohl nur auf einem Zufall ... Mehrere Male passiert uns das Flugzeug in größter Nähe, wahrscheinlich weil Fotoaufnahmen gemacht werden. Wie gern würde ich die Bilder sehen, denn die *Pen Duick* muß sich bei diesem Wetter gut ausnehmen. Bei dem schönen Wind läuft die *Pen Duick* unter vollen Segeln und mit weiß schäumender Bugwelle ihre sieben Knoten. Ich bin sehr froh, daß mich das Flugzeug wahrgenommen hat. So werden meine Eltern bestimmt eine Nachricht erhalten. Wenn meine Mutter nur von Zeit zu Zeit etwas erfährt, werden ihr die Wochen meiner Abwesenheit auf See nicht ganz so lang vorkommen.

Als ich um 9.30 Uhr das Log ablesen will, trifft mich ein neuer harter Schlag: Leine und Schraube sind abgerissen, und dieses Mal habe ich keine Reserve mehr. Jetzt bleibt mir nur noch das Vion-Log, das zwar die zurückgelegte Distanz, aber keine Geschwindigkeit anzeigt.

Handelte es sich nur um eine gewöhnliche Segeltour, wäre ein Speedometer weniger wichtig, und ich könnte darauf verzichten. Hier bestreite ich aber eine Wettfahrt. Bei jeder Veränderung der Segeleinstellung muß ich doch wissen, ob ich meine Geschwindigkeit verbessere oder nicht. Jetzt bleiben als einzige Merkmale zur Feststellung der Unterschiede der Schaum der Bugwelle und das Rauschen des am Rumpf entlangstreichenden Wassers. Bei Seegang erschweren die Wellen und überkommenden Spritzer jede zuverlässige Schätzung, zumal dann, wenn man sein Schiff noch nicht genau kennt.

Mein Passagier ist nachmittags verschwunden. Ist er wieder davongeflogen oder durch Seeschlag über Bord geschwemmt worden? Ich weiß es nicht. Vielleicht hat er sich auch unter das Dingi geflüchtet, aber ich kann mich nicht damit aufhalten, ihn in diesem Versteck aufzustöbern.

Den ganzen Tag lang machen wir voll und bei rasche Fahrt. Abends schralt der Wind, und ich lasse die *Pen Duick* mit dichtgeholten Schoten weiterlaufen.

Der Wind wird bei Einbruch der Nacht zu unstetig, als daß ich schlafen gehen könnte. Der Kurs muß ständig kontrolliert werden. Ich mache mir die Zeit zunutze, meine Aufzeichnungen à jour zu bringen. Am Kartentisch sitzend, kann ich den vor meinen Augen angebrachten Kompaß beobachten, einen Flugzeugkompaß, der für Gebrauch unter Deck ausreicht. Der sehr viel wichtigere Hauptkompaß steht im Cockpit. Außerdem habe ich noch, wie schon erwähnt, einen umgekehrten Kompaß unter der Decke meiner Hundekoje eingebaut. Einerlei also, wo ich mich an Bord aufhalte, ich kann jeden Augenblick verfolgen, welchen Kurs ich anliege.

Viele Journalisten haben mich gefragt, was ich außer technischer Literatur an Lektüre mitgenommen hätte. Jedesmal waren sie überrascht zu hören, daß ich in dieser Beziehung wenig vorgesorgt hatte. Tatsächlich befinden sich in meinem Bücherbord nur die beiden Berichte von Chichester, die ich schon gelesen habe: »Allein unterwegs« und »Atlantisches Abenteuer«; ferner das Buch von Lewis, Humphrey Bartons »Vertue XXXV« und das dicke Buch von Merrien über die Einhandsegler. Wie schon erwartet, fand ich bisher noch nicht eine Minute Zeit, in den Büchern zu blättern, und ich werde auch kaum dazu kommen, bevor die Reise zu Ende ist.

Chichester war dagegen in Plymouth – genau wie Lewis – mit einer richtigen Bibliothek an Bord auf die Reise gegangen. Ich frage mich vergeblich, wie sie Zeit zum Lesen finden mögen. Zugegeben, daß Chichester und Lewis beide über Selbststeuereinrichtungen verfügen, die ihnen ein gewisses Maß an Muße gewähren müssen. Sollte ich meine eigenen Mußestunden zählen, käme ich nicht weit. Segeltrimmen und Segelwechseln beanspruchen ihre Zeit. Für das Bergen und Wiedersetzen aller Segel rechne ich eine ganze Stunde. Zehn Minuten vergehen hier, zehn Minuten da, um ein Vorsegel richtig einzuschoten, und so geht es weiter. Auch das Kochen dauert seine Zeit. Ich könnte mich mit butterbeschmierten Biskuits, Konserven und eingemachten Früchten begnügen, aber ich erfreue mich eines gesunden Appetits und halte es für unbedingt erforderlich, von Zeit zu Zeit warm zu essen. Reis spielt bei meiner Ernährung eine wichtige Rolle. Auch wenn seine Zubereitung einfach ist, so will der Reis doch erst einmal gekocht sein. Reis auf indonesische Art, warm oder kalt; wenn etwas übrigbleibt, reichere ich ihn mittags mit einigen Bissen Thunfisch an und mache daraus ein Horsd'œuvre. Mindestens einmal in drei Tagen gibt es Milchreis mit Kompott. Da ich einen großen Vorrat an Eiern habe, mache ich mir gern auch Omelette flambée, oder ich koche mir Spaghetti und bereite dazu eine Tomatensauce.

Wichtiger als alles andere und wirklich unerläßlich ist ausreichender Schlaf. In einem seiner Bücher schreibt Chichester von dem Gewichtsverlust, den jeder Einhandsegler auf seinen Reisen in Kauf nehmen muß. Der Verlust an Gewicht kann von einigen hundert Gramm bis zu mehreren Kilo betragen und als Folge von Überarbeitung und Mangel an Schlaf sogar 8–10 Kilo erreichen. In meinem eigenen Fall habe ich gar keine Möglichkeit, nachzuprüfen, ob und wie sich mein Gewicht seit dem Starttage verändert hat. Das wird sich bei der Ankunft herausstellen. Ich zwinge mich dazu, im Pyjama zu schlafen. Lege ich mich angezogen in die Koje, ruhe ich mich nicht so gut aus. Das bedeutet natürlich, daß ich mich jedesmal, bevor ich an Deck gehe, ganz anziehen muß, denn seit Reisebeginn ist es noch nie so warm gewesen, daß man sich im Pyjama draußen hätte aufhalten können. Aber lieber verliere ich ein bißchen Zeit und bleibe in Form, als daß ich durch schlechten oder unzureichenden Schlaf an Spannkraft verliere.

Um drei Uhr morgens sieht es so aus, als ob sich der Wind eingespielt hätte. Ein schöner Augenblick – die *Pen Duick* läuft auf Kurs, ohne daß ich mich einzuschalten brauche. Jetzt oder nie kann ich meine Vorsätze in die Tat umsetzen und ruhig schlafen gehen.

Dienstag, 2. Juni

Zu früh gefreut. In regelmäßigen Abständen frischte der Wind nachts auf, und jedesmal mußte ich an Deck, um die Segel zu trimmen.

Heute morgen weht es mit 5 Windstärken. Am Wind liegend marschiert das Schiff in großartiger Fahrt dahin und erweckt den Eindruck machtvoller Kraft. Siegreich greift es jeden Wellenberg an. Die See geht hoch, rollt aber in weiten gleichmäßigen Wogen heran, von deren Kämmen der Wind die Schaumkronen abreißt und sie zusammen mit dem Gischt der Bugwelle davonträgt. Hätte ich nur meinen Speedometer; ich habe den Eindruck, wir laufen ganz große Fahrt.

Der Wind ist böig, der Himmel zur Hälfte aufgerissen, und die Sonne scheint. Von Zeit zu Zeit bilden sich aber Cumulo-Nimbuswolken, die von sehr heftigen Windstößen und Regengüssen begleitet werden. Gegen Mittag muß ich den Klüver bergen, das Schiff trägt einfach zu viel Zeug. Eine Zeitlang liegt das Fahrzeug wieder ganz normal, aber bald legt der Wind ganz beträchtlich zu. Fock und Besan müssen geborgen werden; ich setze die kleine Fock und muß sogar das Großsegel reffen. Zunächst versuche ich den Baum einzurollen, muß aber davon Abstand nehmen, weil die Baumschlitten das Segel zu beschädigen drohen. Wieder einmal hätte ich mir eine unangenehme Erfahrung ersparen können, wenn ich nur Zeit genug gehabt hätte, das Boot in Ruhe einzusegeln. Bestimmt hätte ich den Baum dann ändern

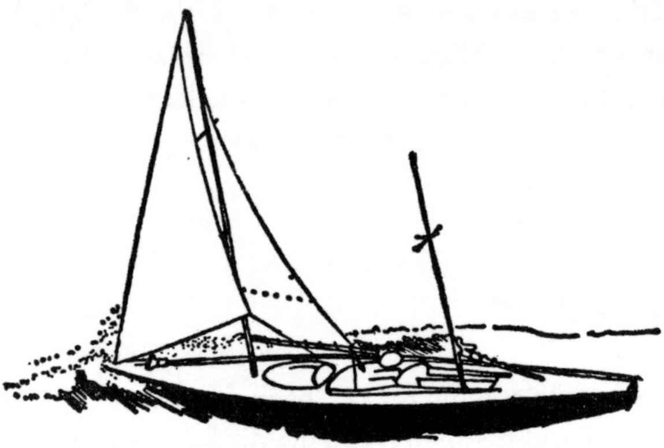

lassen. Doch sieht man davon mal ab, dann arbeitet das Patentreff, System Goiot, ausgezeichnet. Ich habe noch nie ein Patentreff gesehen, mit dem sich ein Segel so mühelos einrollen ließ.

Um das Großsegel zu reffen, muß ich es herunterfieren und durch die Gattchen eine Reffleine scheren, die dichtgeholt das erste Reff auf den Baum herunterbringt. Danach braucht das Segel nur wieder hochgeholt zu werden. Wie man sieht, ist dieses System viel unhandlicher als das Rollreff, bei dem es genügt, das Fall in dem Maße wegzufieren, wie das Tuch sich um den Baum aufrollt.

Äußerst ärgerlich wäre es natürlich gewesen, wenn der Wind nach all dem Zeitverlust durchs Reffen nachgelassen und mich, eben damit fertig, gezwungen hätte, wieder auszureffen. Gott sei Dank bleibt mir dieser Verdruß erspart, und wir nehmen in der jetzt wirklich hochlaufenden See schnell wieder gute Fahrt auf. Große Wellenberge mit brechenden Kämmen marschieren dahin; in langen Streifen reißt der Wind den Schaum von den Kronen.

Pen Duick erklimmt die Wellenberge, kippt auf dem Kamm nach vorn, stürzt sich in die Tiefe und erzittert bei dieser Rutschpartie in allen Verbänden. Das ein stationäres Tief registrierende Barometer zieht auf dem Papier eine holprige Linie. Unter Deck tropft das Wasser aus den durchnäßten Segeln; überall Nässe und Feuchtigkeit – ein Saustall, wie immer bei schlechtem Wetter.

Die *Pen Duick* hat in ihrer Messe keine Sofakojen. (Als Alleinsegler verfüge ich bereits über zwei Hundekojen.) Genauer gesagt: ich habe statt der Bänke zwei auf Kante gestellte Sperrholzbretter einbauen lassen und auf diese Weise zwei offene Behälter gewonnen, in denen ich Lebensmittel und Material untergebracht habe. Bei einer kleinen Besichtigungsrunde entdecke ich, daß sich das Brett in Luv unter dem Gewicht des dahinter verstauten Proviants in besorgniserregender Weise ausbeult. Wenn es aus den Falzen springt, die es vorn und achtern sichern, ergießt sich der ganze Inhalt wie ein Sturzbach auf den Boden und verteilt sich über das ganze Schiff. Glücklicherweise habe ich Holz und Werkzeug an Bord. Ich säge mir eine Leiste zurecht, die ich zur Stütze der beiden Wände zwischen die Behälter klemme. Danach fühle ich mich ruhiger.

Die Nacht vergeht normal, was so viel heißt, daß ich weiterhin jeden Augenblick darauf gefaßt sein muß, mich anzuziehen und an Deck zu gehen. Infolge des sehr unstetigen Windes müssen die Segel dauernd getrimmt werden.

Mittwoch, 3. Juni

Nach und nach bessert sich das Wetter. Nachts hatte der Wind zwar Neigung zum Abflauen, ist aber immer noch mit viel zu häufigen, heftigen Böen durchsetzt, als daß ich daran denken könnte, mehr Segel zu setzen. Das ließ sich erst allmählich im Laufe des Vormittags durchführen. Jetzt ist das Wetter schön, und das Meer ist ganz ruhig geworden.

Erst wenn man tüchtig durchgeschüttelt und bis auf die Haut durchnäßt worden ist, weiß man die Annehmlichkeiten einer ruhigen Seefahrt zu schätzen. Der Wind ist gerade stark genug, um gute Fahrt zu machen und durch den Segeldruck den Schlingerbewegungen wirksam zu begegnen, während die Sonnenstrahlen den Körper angenehm durchwärmen. Ein guter Moment, in aller Ruhe Kleider und Segel zu trocknen, das Schiff zu durchlüften und die Feuchtigkeit zu vertreiben.

Leider ist dieser idyllische Zustand von keiner langen Dauer. Den ganzen Nachmittag herrscht eine Flaute, die einen zur Verzweiflung treiben kann. Die übliche Gymnastik beginnt von vorn: Segel bergen und Segel setzen, sobald nur ein Windhauch sich bemerkbar macht. Die Luftströmung kommt jetzt von achtern. Ich versuche es mit dem Spinnaker, aber die Brise ist zu schwach, um ihn zum Stehen zu bringen. Ich packe ihn wieder ein und setze das Stagsegel, das vorübergehend eine bessere Wirkung erzielt.

Gegen Abend bin ich erschöpft. Die ganze Arbeit hat mir kaum sechs Meilen eingebracht.

Im weiteren Verlauf des Abends dreht der Wind auf Nordost und frischt wieder etwas auf. *Pen Duick* setzt sich in Fahrt und läuft raumschots dahin. Nach den Anstrengungen des schweren Wetters, gefolgt von dem ermüdenden Einsatz in der Flaute, in der ich wie ein Wahnsinniger gearbeitet habe, geht es über meine Kraft, auch noch die ganze Nacht an der Pinne zu stehen. Aber ich habe schon viel Zeit verloren, und wenn ich die *Pen Duick* nun sich selbst überlasse, verliere ich diesen günstigen Wind, der mich meinem Ziel entgegentreibt. Da das Schiff nicht auf Raumschotskursen mit festgelegtem Ruder laufen will, muß ich irgendein praktisches System erfinden, das einen Ersatz für die ausgefallene automatische Steuerung bietet. Die einzige Möglichkeit ist, die Pinne von der Fock bedienen zu lassen. Wenn das Schiff anluvt, verstärkt sich der Winddruck auf die Fock. Dann muß Ruder gelegt werden, um das Schiff zum Abfallen und die Fock in einen Stand zurückzubringen, wo sich der Winddruck wieder verringert. Ebenso wichtig ist es, daß die Pinne anschließend, sobald der richtige Kurs erreicht ist, wieder in die alte Lage zurückkehrt, da das Schiff sonst weiter abfällt. Ist dagegen die Bewegungsfreiheit der Pinne zu groß, besteht die Gefahr, daß die *Pen Duick* anfängt, Zickzackkurse zu segeln und bald mit halbem Wind zu laufen, bald im Wind liegenzubleiben. Erste Maßnahme daher: die Fockschot mit Hilfe von Führungsblöcken von Luv her an die Pinne zu bringen und andererseits die Zugkraft der Fockschot durch ein oder zwei Gummistropps in Lee auszugleichen. Hierdurch wird erreicht, daß die Pinne sich auf die eine oder andere Seite legt, je nachdem, ob der Zug der Fockschot stärker oder schwächer wird als die Spannung der Gummistropps. Zweite Maßnahme: das Ausschlagen der Pinne durch Enden, die an Klampen im Cockpit belegt werden, auf einige wenige Grad zu beschränken.

Wenn das Fahrzeug nunmehr anluvt, zieht die Fockschot die Pinne nach Luv, und das Schiff kehrt auf seinen ursprünglichen Kurs zurück, den es dann im entgegengesetzten Sinne überschreitet. Sobald der Zug der Fockschot nachläßt, zieht der Gummistropp die Pinne nach Lee, und so geht es weiter. *Pen Duick* zieht ohne Zickzackkurse ihre Bahn und beschreibt höchstens sehr flache Kurven. Man darf daher annehmen, daß dieses System zufriedenstellend arbeitet.

Es wäre zu schön, wenn dadurch eine Überwachung ganz entfiele, wofür ein Wind gleichmäßiger Stärke die erste Voraussetzung ist. Je frischer der Wind wird, um so stärker muß begreiflicherweise der

Gegenzug der Gummistropps werden; sonst wird der gesteuerte Kurs raumer als beabsichtigt.

Ich stelle meinen Wecker daher auf Alarm, und zwar für alle andert-

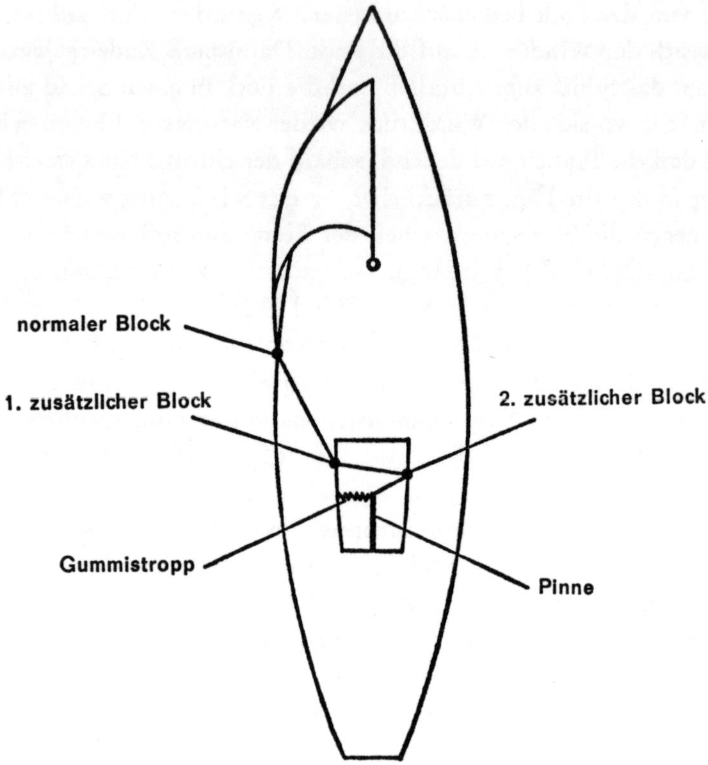

halb Stunden, aber das Schiff sorgt dafür, daß ich auch zwischendurch aufwache. Mehrere Male muß ich den Zug der Gummistropps verändern, und als der Wind auffrischt, muß ich einen zweiten Gummistropp anbringen.

16. Der dritte Kanonenschuß – das Signal für den Start – ist verhallt. Hasler (Nr. 17) passiert in seinem kanariengelben Volksboot mit dem Dschunkensegel die Startlinie. Im Hintergrund Kelsalls Trimaran, der sich an die Spitze gesetzt hat. (Der Trimaran ist das erste Boot rechts hinter dem Dschunkensegel mit der Nr. 17.)

17. Der Spinnaker wird gesetzt. Die Yacht nimmt Fahrt auf, aber während des Manövers hat Bunkers Volksboot Vanda Caclea (99) die Pen Duick II überholt. Nicht für lange. Bald wird Eric Tabarly wieder vorbeilaufen.

18. Howells Stahlkutter wird auf Steuerbordseite von einem mit Zuschauern besetzten Motorboot gerammt.

19. Eric Tabarly liegt mit Chichester an dritter Stelle. Pen Duick II und Gipsy Moth III haben soeben die Startlinie Bord an Bord passiert, Tabarly macht Anstalten, seinen Spinnaker zu setzen. Er schaltet die automatische Steuerung ein, geht unter Deck, holt sich den Sack, in der er einen der Spinnaker gestopft hat und legt ihn vorn unter den Vorsegeln an Deck. Dann geht er wieder nach achtern, um die Schoten klarzumachen.

20. und 21. Nach Passieren der Wellenbrecher, die die Plymouth-Reede in der Mitte versperren, läßt Eric Tabarly die Gipsy Moth, Chichesters schwarzen Kutter und den Schoner Nr. 11 mit den Dschunkensegeln, den Ellison führt, hinter sich. (Bild oben und unten)

22. Chichester, der zwei Klüver als Schmetterlingssegel ausgebaumt hat, verfolgt etwa die gleiche Route wie Tabarly. Pen Duick II verschwindet bereits am Horizont.

23. »Oftmals habe ich mich im stillen gefragt, was ich wohl zu Beginn einer Ozeanüberquerung in dem Augenblick empfinden würde, wenn das Land den Blicken entschwindet...«

24. In einer Kajütsecke befindet sich der Kartentisch, der zusammen mit dem Sitz schlingerfest montiert ist. So können alle Navigationsarbeiten unabhängig von der Schräglage vorgenommen werden. Im Hintergrund rechts der Harley-Davidson-Motorradsattel am Niedergang unter der Kuppel.

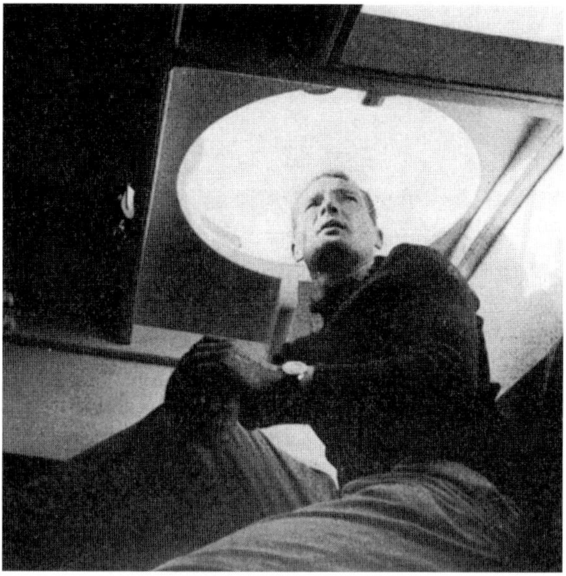

25. Geschützt unter der Plexiglaskuppel sitzend, kann Eric Tabarly das Ruder mit Hilfe eines abnehmbaren Steuerrades bedienen und die Fahrt überwachen.

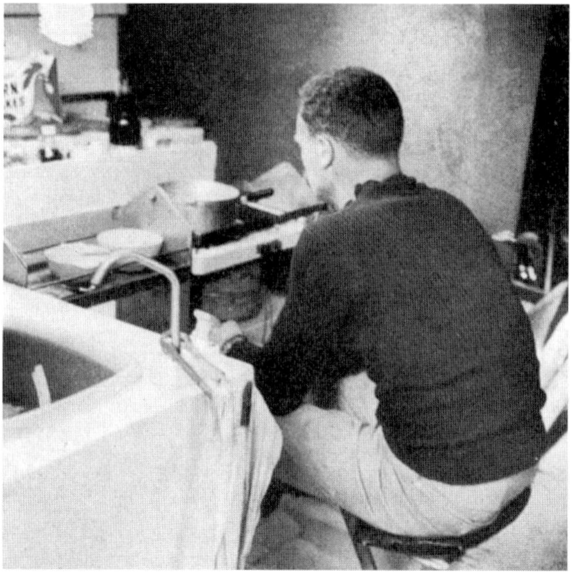

26. In dieser Kombüse ist alles in Reichweite. Im Vordergrund das Abwaschbecken mit Pumpe, dahinter Arbeitstisch und Kocher, beide kardanisch schlingersicher aufgehängt. Davor ein weiterer Motorradsattel als Sitz. Ein Gurt, der sich von dem Abwaschbecken bis zum Schott spannen läßt, dient als Rückenlehne, wenn das Schiff nach Steuerbord überliegt.

27. Pen Duick II unter Spinnaker.

Donnerstag, 4. Juni

Den ganzen Vormittag laufen wir vor raumen Winden und machen gute Fahrt. Trotz aller Unterbrechungen habe ich für kurze Augenblicke schlafen und so im Laufe der Nacht neue Kräfte sammeln können. Ich fühle mich nicht schlecht in Form. Das Wetter ist jedoch grau und kalt. Das Barometer fällt ständig, und der Wind hat auf 5 zugelegt. Ich schließe daraus, daß ich im Norden eines Tiefs stehen muß.

Nach dem Mittagessen wird es für kurze Zeit flau, um dann mit einem Schlag auf 6 Windstärken aufzubrisen. Hastig berge ich den großen Yankeeklüver und die Genuafock und setze dafür Klüver 1 und kleine Fock. Während ich noch mit allen Kräften bemüht bin, meine Segel so schnell wie möglich zu verstauen, wird die See zusehends gröber, und ich werde immer heftiger hin und her geschleudert. Der Seegang, in dem ich die Fahrt hoch am Wind fortsetze, ist einfach unmöglich. Auf die sehr steilen, von vorn anrollenden Wellenberge türmt sich ein wildes Durcheinander von Kreuzseen.

Die Fahrt wird mühselig und anstrengend. Die Wellen hinauf geht es noch, aber der Absturz ins Wellental ist abrupt, schwindelerregend und wird manchmal von heftigen Erschütterungen begleitet. Die *Pen Duick* bäumt sich auf und schießt wie ein Rennschlitten zwischen Fontänen von Schaum in die Tiefe.

Der schnell vorübergegangene Augenblick der Windstille läßt mich vermuten, daß ich das Zentrum eines Tiefs passiert habe, und ich erwarte daher einen Wiederanstieg des Barometers. Das Gegenteil ist jedoch der Fall. Inzwischen dreht der Wind etwas nördlicher, und ich kann fast Westkurs anliegen.

Am Spätnachmittag überholt mich ein schwer in der See arbeitender Frachtdampfer. Er geht ein wenig aus seinem Kurs, um mich in größerer Nähe zu passieren, kommt aber nicht so nahe heran, daß ich seinen

Namen entziffern kann. Bald setzt er seine Fahrt fort, nach dem St.-Lawrence-Fluß, wie ich annehme.

Noch lange bleibe ich wach; ich wage einfach nicht, mich schlafenzulegen. Alles sieht schlecht aus: der von Wolken verhangene Himmel, der von allen Seiten laufende, unwahrscheinlich hohe und steile Seegang und das in den Keller stürzende Barometer. Ich möchte wohl wissen, was hinter dem Wetter steckt. So kann ich die Situation überhaupt nicht begreifen.

Um 23 Uhr entschließe ich mich zu reffen, um mich ruhiger zu fühlen, wenn ich schlafengehe. Fällt dann wirklich nachts eine Bö ein, brauche ich nur noch die Fock und den Besan herunterzunehmen. Diese Manie des Rennseglers, alles Tuch bis zum letzten Augenblick stehen zu lassen, kann man sich wohl nicht abgewöhnen. Dieses Mal war es wirklich höchste Zeit; kaum habe ich meine Arbeit beendet, als sich die *Pen Duick* unvermittelt auf die Seite legt. Mehrere Brecher überfluten das Deck, während das Schiff mit einem Satz voranspringt. Festgeklammert beschlage ich die Segel. Meine Stiefel sind voller Wasser, und ich bin bis auf die Haut durchnäßt. Angesichts der Lage berge ich so schnell wie möglich Fock und Besan. Und siehe da, raumschots und auf Westkurs läuft die *Pen Duick* nur unter Klüver auf und davon. Von neuem bläst der Wind fast von achtern und erreicht jetzt volle 8 Windstärken. Zweimal an einem Tag ist er um 180° herumgesprungen!

Die Fahrt ist schnell, der Kurs liegt an – ich habe keinen Grund, mich zu beklagen. Was mir dabei weniger gefällt ist die Aussicht, die ganze Nacht am Ruder verbringen zu müssen. Ich bin einfach fertig. Das wenige an Schlaf, das ich in der Nacht vom 3. auf den 4. habe nachholen können, ist schnell wieder verlorengegangen, als ich alle Kräfte aufbieten mußte, um mit der See, die sich zu entfesseln drohte, fertig zu werden. Angesichts der sich brechenden Wogen ist es hoffnungslos, das Schiff ausbalancieren und das Ruder festlegen zu wollen.

Im Halbschlaf mache ich weiter. Da ich keine Lust habe, mich von einer Sturzsee über Bord reißen zu lassen, nehme ich ein Ende um den

Leib und belege es hinter mir an einer Schotklampe. So wenig ich von Sicherheitsgürteln bei der Arbeit an Deck halte, so sinnvoll finde ich es, sich bei schlechtem Wetter am Ruder festzubinden. Ein Sicherheitsgürtel ist, zumal für den Einhandsegler, außerordentlich störend bei der Verrichtung aller Decksarbeiten. Wer an Bord alles allein erledigen muß, ist dauernd gezwungen, von vorn nach hinten zu eilen. Selbst wenn man einen Draht spannt, um daran den Karabinerhaken der Sicherheitsleine festzuhaken, muß ja die Leine lang genug sein, um wirkliche Bewegungsfreiheit zu gewähren. Draht und Sicherheitsleine

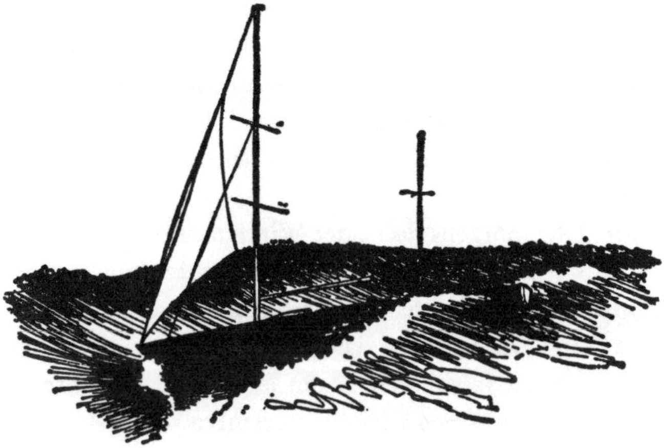

sind außerdem zwei zusätzliche Hindernisse, über die man stolpern kann. Fällt der Einhandsegler dagegen wirklich ins Wasser, während sein Schiff mit 7 oder 8 Knoten Fahrt durch die Gegend rauscht, wird er längsseits oder im Kielwasser mitgerissen, ohne die Kraft zu haben, an Bord zurück zu klettern; sei sei denn, er ginge durch einen ungewöhnlichen Glückszufall an einer Stelle in Lee über Bord, von wo er die Reling noch erfassen kann. Persönlich bin ich der Ansicht, daß nur über Bord geschleudert werden kann, wer nicht aufpaßt. Wenn man bei allen

Bewegungen an Deck und beim Bedienen der Segel stets darauf achtet, sich mit einer Hand festzuhalten, dann glaube ich nicht, daß man von einer überkommenden See losgerissen werden kann. An der Pinne sitzend ist man dagegen in einer schlechten Lage. Bei hartem Überliegen kommt man fast aufrecht zu stehen, und dann gewährt die Pinne keinen Halt mehr. Auf vielen Yachten verbindet sich sogar ein plötzliches Überliegen mit einem heftigen Ausschlag der Pinne, die einen nach Lee hinüberreißt. Man macht dann eine Welle um die Pinne wie an einem feststehenden Reck und fliegt leewärts ins Wasser. Nur wer das Glück hat, die Pinne nicht fahrenzulassen, hat vielleicht eine Chance, wieder an Bord zu kommen. In Wirklichkeit ist es viel wahrscheinlicher, daß man losläßt. In dem oft eiskalten Wasser des Nordatlantik bleibt dann nicht mehr viel Zeit zum Nachdenken: man stirbt einen raschen Kältetod; eine Aussicht, die mich nicht sonderlich begeistert. Ich setze mein Vertrauen lieber auf das Schotende, das ich fest um meinen Leib herumgenommen habe.

Gegen drei Uhr morgens dreht der Wind nach Nord. Das ist nun das drittemal, daß er herumspringt, aber gleichzeitig flaut es merklich ab, und der Himmel klärt sich auf. Das Barometer steigt wieder. Ich klettere aus dem Cockpit, setze das gereffte Großsegel und kann so die Pinne endlich wieder festbinden. Dann lege ich mich schlafen und lasse die *Pen Duick* halben Winds allein weiterlaufen.

Freitag, 5. Juni

Als ich am nächsten Morgen um sechs aufwache, fühle ich mich ein wenig erholt. Das Wetter hat sich wesentlich gebessert, der Wind ist auf Nordwest zurückgedreht. Ich setze kleine Fock und Besan und liege hoch am Wind Westkurs an. Das Meer ist wieder friedlich geworden, und die Bewegungen des Schiffes sind weich und angenehm. Jetzt habe ich Zeit zum Essen und Ordnungmachen (was dringend nötig ist) und kann auch einige Sonnenhöhen messen.

Nach dem Lunch flaut der Wind weiter ab. Ich schütte das Reff im Großsegel aus und ersetze den Klüver 1 durch den Yankeeklüver 2.

Will ich aus den beobachteten Höhen die Standlinien ableiten, dann muß ich mich erst einmal um eine neue Chronometerzeit bemühen. Als es gestern abend Zeit war, *Big Ben* im Radio zu hören und meinen Chronometer zu regulieren, war mein Kampf mit den Segeln noch in vollem Gange. Ich hatte vergessen, den Chronometer aufzuziehen, worauf er stehengeblieben ist. Ich hatte ihn wieder in Gang gebracht und notiere nun die Chronometerzeit meiner Beobachtungen. Sobald ich das Zeitsignal erhalten habe, rechne ich die genaue Beobachtungszeit durch Addition oder Subtraktion der Zeitdifferenz aus und kann dann meine Standlinien ausarbeiten. Im Laufe des Tages kann ich wahrscheinlich noch andere Zeitsignale erhalten, aber um sie empfangen zu können, muß ich erst die Antenne ausbringen. Da ich genug anderes zu tun habe, warte ich lieber auf BBC; das ist viel einfacher.

Seite heute befinde ich mich auf der zweiten Hälfte des Weges und könnte schon fast sagen, daß das Ende der Reise abzusehen ist. Vorgestern habe ich den Längengrad in der Mitte der Regattastrecke gekreuzt. Ein guter Teil des Weges ist also geschafft, und wenn es so weitergeht, kann ich auf eine schnelle Überquerung hoffen. Jetzt bin ich überzeugt, Newport auch ohne Hilfe der Selbststeuerung erreichen zu können; vorgestern war ich meiner Sache noch nicht so sicher.

Wenn ich nur wüßte, wo sich einige meiner Rivalen zur Stunde befinden. Selbst ohne Sieg sieht es so aus, als würde ich eine ganz anständige Zeit heraussegeln, obgleich bei einer solchen Ozeanüberquerung die Zeit allein noch nicht viel besagt. Die Länge der Wettfahrt hängt vielmehr weitgehend von den unterwegs angetroffenen Wetterverhältnissen ab. Doch einerlei – solange ich nicht zu spät nach dem Gewinner einlaufe, ist das Ergebnis immer noch ehrenwert.

Mitternacht überschlafe ich meinen Wecker. Ich muß wirklich sehr erschöpft gewesen sein, daß ich das starke Läuten überhören konnte. Gewöhnlich springe ich beim ersten Rasseln aus der Koje.

Samstag, 6. Juni

Es war schon 0.30 Uhr, als ich aus tiefstem Schlaf emportauche. Gott sei Dank liegt das Boot noch auf Kurs. In der weiteren Folge höre ich den Wecker um 3 Uhr und um 4.30. Als ich beim zweitenmal in den Sweater schlüpfe, bleibe ich unglücklicherweise mit dem einen Ärmel am Wecker hängen. Er fällt zu Boden, bleibt stehen und ist auch nicht wieder in Gang zu setzen. Mit meinen Instrumenten habe ich wirklich ausgesprochenes Pech. Erst die automatische Steuerung, dann das Speedometer und jetzt der Wecker. Der Schaden ist nicht auf die leichte Schulter zu nehmen. Wenn es mir schon mit Weckerhilfe nicht immer gelingt, wach zu werden, was soll ich dann bloß ohne ihn machen? Ich wollte noch einen Ersatz mitnehmen, vergaß es aber im Trubel der letzten Vorbereitungen.

Die Folgen lassen nicht auf sich warten. 6 Uhr verschlafe ich und wache unglücklicherweise erst um 9 Uhr auf, um festzustellen, daß das Schiff gewendet hat und mit backstehender Fock im Wind liegt. Wieder habe ich Zeit verloren, ohne eine Ahnung zu haben, wieviel.

Der Wind hat vollkommen gedreht, und wir laufen jetzt raumschots.

In aller Eile schlucke ich eine Portion Cornflakes hinunter und ziehe den Spinnaker hoch. Kaum steht er, schläft der Wind fast ganz ein. Wir laufen jetzt genau vor dem Wind, und ich berge das Großsegel. Der Spinnaker scheint so besser zu ziehen, bleibt aber bei der leichten Dwarsdünung, in der wir hin und her rollen, nur schwer stehen. Fahrt: etwa einen Knoten.

Damit geht also die zweite Woche auf See ihrem Ende entgegen, und ich habe mehr als die Hälfte des Weges zurückgelegt. Das hätte ich nie zu hoffen gewagt.

Ich habe die Winde der letzten Tage wahrgenommen, um weiter nach Süden abzulaufen. Nach der *Pilot Chart* zu schließen, müßte ich jetzt in eine Zone vorherrschender Südwestwinde gelangen. Treffe ich wirklich auf diese Winde, finde ich mich in einer besseren Position. Außerdem ist die Gefahr, Eisbergen zu begegnen, sehr viel geringer, wenn ich die Neufundlandbänke auf ihrer südlichen Seite passiere.

5 ZWISCHEN GOLFSTROM UND LABRADOR

Dritte Woche Samstag, 6. Juni

Ewig diese Windstillen und dabei keine Sonne. Grauer Himmel und scheußliche Kälte. Gegen 11 Uhr regt sich endlich ein Lüftchen und frischt langsam auf. Das Großsegel wird gesetzt, unter dem die *Pen Duick* rasche Fahrt aufnimmt. Bald muß ich halsen, aber von selber wird das Manöver bei diesem Wind wohl nicht klappen. Nach einem kurzen Kampf mit dem Spinnakerbaum gelingt es mir, ihn zu schiften, wonach die Fahrt weitergeht.

Ich hätte ein gutes Mittagessen verdient, aber solange der Spinnaker steht, sind alle Versuche, die Pinne festzubinden, vergeblich. Ich darf das Ruder nicht verlassen und muß als Ersatz für das Mittagessen mich mit einer Tafel Schokolade begnügen.

Der Spinnaker zieht, und den ganzen Nachmittag läuft *Pen Duick*, soweit ich ohne Speedometer schätzen kann, höchste Fahrt. Das Vion-Log, das nur die abgesegelten Seemeilen zählt, gibt mir indirekten Aufschluß über meine Geschwindigkeit. Ich hoffe, ein paar verlorene Meilen aufzuholen. Auf den Wellenkämmen spielt *Pen Duick* Gleitboot. Diese Art Seefahrt machte Spaß, wenn es nicht wie aus Kübeln göße. Trotz Ölzeugs und eines um den Hals geschlungenen Handtuchs sickert das Wasser durch, und ich fange an zu frieren.

Um 19.30 Uhr nehme ich den Spinnaker herunter, hauptsächlich, weil ich schon zu lange am Ruder stehe, friere und Hunger habe. Die Tafel Schokolade, die ich aus Zeitmangel statt des Mittagessens verschlungen habe, ersetzt keine Mahlzeit und schon gar nicht ein warmes Essen, dessen ich bei dieser Kälte und diesem Regen dringend bedarf.

An Stelle des Spinnakers setze ich die Genuafock, deren Schot ich an die Pinne führe. Den Gegenzug gleiche ich mit einem Gummistropp aus, und seitdem steuert sich das Boot von selbst. Es bereitet mir große Mühe, den Yankeeklüver anzureihen, aber er läßt sich ohne weiteres ausbaumen. Im allgemeinen ist dieses Segel leichter zu handhaben als der Spinnaker. Zwar trage ich so weniger Tuch, aber die *Pen Duick* läuft trotzdem unvermindert schlanke Fahrt.

Alle diese Arbeiten sind erst abgeschlossen, nachdem die Nacht hereingebrochen ist. Jetzt kann ich unter Deck gehen und mein Essen vorbereiten. Um 23 Uhr sitze ich endlich vor einer tüchtigen Portion Huhn mit Reis à l'indochinoise. Kaum habe ich aber die ersten Bissen geschluckt, als ich merke, wie die Yacht halst und sich dann schwer auf die Seite legt. Ich stürze an Deck, werfe die Pinne los und bringe das Schiff wieder auf Kurs.

Da tost wirklich ein ganz hübscher Gewittersturm, und die Bö fiel mit einer Plötzlichkeit ein, wie man's selten erlebt. Unter dem brutalen Druck des Windes auf die Fock und damit auf die Schot ist alles durcheinandergeraten, vor allem, weil sich der Gegenzug durch den Gummistrop unter dieser Beanspruchung als zu schwach erwies. So schwach und ungenügend, daß die *Pen Duick* nach der Halse sogar anluven konnte, bis sie bei halbem Wind lag. In einer Entfernung von wenigen Meilen entlädt sich das Gewitter mit Donner und einem großartigen Feuerwerk von Blitzen – ein ziemlich ungewöhnliches Schauspiel, denn Gewitter sind auf See viel seltener als über dem Festland. Ich lasse die Pinne einen Augenblick los, tauche unter Deck nach meinem Ölzeug, das ich erst draußen anziehe, um das Boot nicht zu lange ohne Rudergänger zu lassen. Es regnet in Strömen, aber durchnäßt bin ich sowieso schon.

Die *Pen Duick* stürmt in toller Fahrt auf SW-Kurs und reitet auf jeder Welle mit der Geschwindigkeit eines Gleitbootes. Der Sturm heult in der Takelage und muß, nach der Tonlage zu schließen, mit mindestens 30 Knoten wehen.

Hoffentlich geht dieser Gewittersturm so schnell vorüber, wie er aufgekommen ist; ich weiß nicht, wie ich es durchhalten soll, die ganze Nacht hindurch Gleitboot zu fahren. Dazu bin ich an die Pinne gefesselt; ich kann sie unmöglich festbinden und möchte doch so gern den ausgebaumten Yankeeklüver bergen, der mich zwingt, vor dem Wind zu segeln. Alles, was ich im Augenblick tun kann, ist zu verhindern, daß das Boot querschlägt. Läge ich nur meinen richtigen Kurs an, machte diese Fahrt auf höchster Geschwindigkeitsstufe Spaß und brächte auch etwas ein, aber so bin ich gezwungen zu segeln, wohin der Wind mich treibt; etwas, das ich gar nicht liebe, um so weniger, als ein reiner Südkurs mich nicht voranbringt.

Der Wind denkt nach Verlauf einer Stunde gar nicht daran, weniger zu werden, vielmehr sehe ich schwere, schwarze Wolkenmassen sich hinter mir auftürmen. Jetzt pfeift es schon mit 40 Meilen Stundengeschwindigkeit in den Lüften, und ich fühle, daß es von Minute zu Minute härter wird. Um nicht noch mehr Zeit auf Südkurs zu verlieren, wird es dringend erforderlich, anzuluven, aber vorher muß der vermaledeite Klüver herunter. Es gibt nur eine Möglichkeit: hart anluven; dann stoppt der backkommende Klüver die Fahrt ab, und das Schiff kommt mit weit nach Lee gedrückter Pinne halben Winds zum Stillstand. Das bedeutet so viel wie beidrehen, und ich kann mich an die Arbeit begeben, ohne daß das Schiff sich selbständig macht.

Es gäbe wohl noch eine andere Möglichkeit, nämlich den Baum vorm Anluven nach vorn wegzufieren, aber er würde dann bei seitlich einfallendem Wind unmittelbar neben mir entsetzlich zu schlagen anfangen, gerade, wenn ich mit dem Segel kämpfe. Steht das Segel dagegen back, arbeite ich in sicherer Entfernung vom Baum, und das auf dem Fockstag aufliegende Segel käme von selbst herunter. Ich kann mir nicht denken, daß der Yankeeklüver in dem kurzen Augenblick, wo er schlägt oder wenn er backsteht, Schaden anrichten kann, zumal die Baumdirk die Schläge abfangen und weitgehend verteilen würde.

Der Entschluß ist gefaßt, jetzt heißt es, ihn in die Tat umzusetzen. Ich passe den besten Augenblick ab und luve unmittelbar nach Passieren eines Wellenkammes an, um das Schiff ohne Fahrt vor Anrollen der nächsten Welle an den Wind zu bringen. Der Yankeeklüver schlägt back, und die Fahrt geht sofort aus dem Schiff. Ich binde die Pinne in Lee fest, um sie in dieser Lage zu halten.

Die Baumtoppnant wird gefiert, damit der Baum herunterkommen kann, und ich eile nach vorn, um das Vorsegel einzuholen. Der windgefüllte Klüver reißt heftig an den Stagreitern, die nur schwer am Vorstag heruntergleiten wollen. Ein Teil des auf dem Fockstag aufliegenden Segels kommt mit einem Schlag ins Rutschen, so daß der Baum herunterknallt. Unglücklicherweise hatte ich der Toppnant etwas zu viel Luft gegeben, was zur Folge hat, daß der Baum auf der Seereling aufschlägt, den Sockel einer Stütze losreißt und ein Stück der Relingsleiste beschädigt. Ich bin nur froh, daß ich nicht gerade darunter gestanden habe; mein Schädel hätte den Schlag vielleicht weniger gut ausgehalten als die Reling.

Da der Wind dauernd zulegt und ich nun einmal dabei bin, berge ich auch das Großsegel und den Besan. Endlich kann ich jetzt wieder, nur unter der Genuafock, auf Raumschotskurs gehen. Das Abschlagen des Klüvers, Zusammenlegen des Segels, Dichtholen der Schoten, um das Schlagen der Bäume beim Rollen des Schiffes zu verhindern, das Beizurren des Spinnakerbaums, das Aufschießen der Geitaue, des Niederholers, der Toppnant – alles das braucht seine Zeit.

Ich will nicht gerade sagen, daß ich vor dem Wetter Reißaus nehme, aber ein bißchen sieht es doch so aus. Die See ist einigermaßen regelmäßig, und die Kämme brechen, ohne gefährlich zu werden. Auf Südwestkurs nehme ich sie von Steuerbord achtern. Die Seen, die sich längsseits brechen, überfluten das Deck mit gewaltigen Wassermassen.

Inzwischen ist es ein Uhr morgens geworden, als ich unter Deck gehen kann, um mir mein Essen aufzuwärmen.

Welch eine Unruhe da unten, welch ein Lärm! Von Behaglichkeit kann man nicht mehr sprechen. Es tropft von den durchnäßten Segeln; wieviel schlimmer wäre das erst bei Baumwollsegeln. Diese eiskalte Feuchtigkeit ist unerträglich.

Nach dem Essen werde ich schlafen können wie noch nie; in dieser Woche ist es das erstemal, das der Wind gleichmäßig aus derselben Richtung weht.

Sonntag, 7. Juni

Dieser Wind steht vierundzwanzig Stunden durch. Die Feuchtigkeit ist so groß, daß ich mich entschließe, meinen englischen Ofen anzustecken. Hierbei handelt es sich, wie ich bereits berichtete, nicht um eine Benzin- oder Butangasheizung, sondern um einen regelrechten Kohleofen. Die anderen lassen sich wohl leichter anzünden, aber wenn sie gut heizen, erzeugen sie auch viel Kondenswasser. Diesen Ofen anzuzünden erfordert Zeit und Fingerspitzengefühl. Entsprechend der Gebrauchsanweisung nehme ich einen in Alkohol getauchten Wattebausch, um die Holzkohle zum Anbrennen zu bringen, aber die Kohle fängt nur langsam Feuer. Trotzdem beginnt sich die Luft in kürzester Zeit zu erwärmen, obgleich ich den Lukendeckel über dem Niedergang offengelassen habe, um Erstickungsgefahren zu verhüten. Ich nutze dieses bißchen Wärme zum Trocknen einiger durchnäßter Kleidungsstücke aus.

Unter den Umständen kann ich eigentlich sagen, daß alles ganz gut läuft. Seit dem Gewittersturm hat sich, was die Segel angeht, nichts Beunruhigendes oder Unangenehmes ereignet. Das Schiff hält sich wacker; ich habe warmes Essen und Zeit zum Schlafen. Immerhin, ich befinde mich nicht auf einer Vergnügungsreise, und dicht an den wärmenden Ofen gedrängt, überdenke ich meine augenblickliche Lage.

Seit gestern abend segele ich in südwestlicher Richtung, statt rein nach Westen. Infolge des bedeckten Himmels und der unruhigen See habe ich während der letzten drei Tage keine astronomischen Beobachtungen vornehmen können, und ich fange an, mir über meinen Schiffsort ernsthafte Gedanken zu machen. Bei solchem Wetter wird die Koppelrechnung immer ungenauer. Was mich am meisten beunruhigt, ist der Golfstrom. Dieser verfluchte Strom hat die Gewohnheiten eines Vagabunden. Er nimmt seinen Weg, wie die Winde, die Depressionen und die häufig unerwarteten Verlagerungen des Labradorstroms es gebieten. Da er trotz seiner Breite schwer auszumachen ist, fällt es ebenso schwer, zu wissen, ob man sich an seinem Rand oder in der Mitte befindet. Um so schwerer, wenn man, wie in meinem Fall, ohne jede Gewißheit über den wahren Schiffsort ist. Ich bedauere schon lebhaft, während der letzten Tage so weit nach Süden abgelaufen zu sein.

Im Laufe des Abends schwächt sich der Wind ab, und ich kann mein Großsegel wieder setzen und bei immer noch nördlichen Winden auf Westkurs zurückgehen.

Der Wind ist eisig. Er bläst geradewegs von Labrador herüber. Obgleich ich mich auf der Neufundlandbank befinde, habe ich noch kein einziges Fischerboot gesichtet, wahrscheinlich liegt es daran, daß ich mehrere Meilen südlich der Fangplätze stehe. Das ist aus Sicherheitsgründen vielleicht auch besser, denn wäre ich mitten in eine Fischerflotte beim Fang geraten, hätte ich die ganze Nacht am Ruder stehen müssen. Noch glücklicher bin ich, daß ich bisher keinen Nebel angetroffen habe. Mit dieser Ausnahme machen die Bänke ihrem Namen alle Ehre. Rauhes Wetter, Kälte und Nässe. Es stimmt wohl, daß man nicht gleichzeitig viel Wind und starken Nebel haben kann; die kürzlich abgewetterten Sturmböen haben mir den Nebel erspart. Ich finde das auch ganz gerecht, denn als ich in der Nacht Klüver und Besan setze, ist die Kälte schon schneidend genug, so daß ich rasch ganz steif werde. Die Temperatur ist bestimmt nicht weit vom Nullpunkt entfernt. Das Wasser kann man nur als eisig bezeichnen. Immerhin hat der Wind den Nebel verscheucht, der in dieser Gegend, wo die feuchte Warmluft des Golfstroms auf die kalte Labradorströmung trifft, häufig auftritt und Kondensation erzeugt.

Als ich wieder an Deck steige, entdecke ich einen kleinen toten Fisch. Das ist um so merkwürdiger, als es in diesen Breiten bestimmt keine fliegenden Fische gibt. Er muß von einer Welle an Bord getragen worden sein. War er schon tot, oder lebte er noch? Er sieht noch ziemlich frisch aus, ist aber viel zu klein zum Essen. Außerdem wäre es umständlich, ihn zuzubereiten. So wandert er zurück ins Meer.

Montag, 8. Juni

Unglaublich, wie schnell das Wetter umschlägt. Um 8 Uhr morgens haben wir einen strahlenden Himmel. Seit dem Start habe ich nicht zwei Tage nacheinander die gleichen Wetterbedingungen angetroffen. Mit einem Schlag mildert die Sonne die Temperatur, und der Wind

wird fast lauwarm. Ich setze alles Zeug einschließlich des Besanstagsegels, und wir gleiten mit halbem Wind behaglich, aber immerhin mit fünf Knoten Fahrt durchs Wasser.

Seit Plymouth ist dies die zweite Schönwetterfahrt.

Für mich bedeutet die Sonne, die ich seit vier Tagen nicht mehr gesehen habe, mehr als nur die Annehmlichkeiten warmen Wetters, die Möglichkeit nämlich, astronomische Beobachtungen zu machen, die mir meinen genauen Schiffsort liefern sollen. Nicht ohne bange Vorahnung bewaffne ich mich mit dem Sextanten, und tatsächlich bin ich bestürzt über die schließlich errechnete Mittagsbreite. Ich stehe noch weiter südlich, als ich befürchtet hatte. Die mehrfach nachgeprüfte Rechnung bestätigt meine Unruhe und übersteigt meine pessimistischsten Vermutungen. Wenn die Sonne mir jetzt auf Rücken und Schultern brennt und das Wetter schön und warm ist, so leider nur, weil ich mitten im Golfstrom segele. Dieser verdammte Strom läuft mit etwa 0,9 Meilen Geschwindigkeit pro Stunde nach Osten, und ich befinde mich noch achthundert Seemeilen von Nantucket entfernt.

Wenn ich so weitersegele, mache ich alle vierundzwanzig Stunden 0,9 x 24 = 21,6 Seemeilen – weniger gut als vorgesehen. Bei einer Durchschnittsfahrt von fünf Knoten außerhalb des Golfstroms brauchte ich bis Nantucket Feuerschiff sechs Tage, gegen den Strom aber acht bis neun. Das wäre ein beträchtlicher Zeitverlust. Ich muß daher unter allen Umständen und so schnell wie möglich den Strom verlassen, also nach Norden ablaufen und in den Labradorstrom gelangen, der für mich günstig ist. Zuerst muß ich mir aber ausrechnen, welchen Zeitverlust dieser Umweg mich kosten würde. Auf meinem gegenwärtigen Kurs zu verharren würde bedeuten, daß ich innerhalb einer Woche etwa 180 Seemeilen umsonst versegelt habe. Das wäre genau so, als wenn ich gegen einen rollenden Teppich anliefe. Nachdem ich beide Möglichkeiten abgewogen habe, komme ich zu dem Entschluß, nördlich in Richtung von Sable Island zu laufen, ein Umweg zwar, der aber keine 180 Seemeilen beträgt. Östlich und westlich dieser Insel erstrecken sich Untiefen, die bei Ebbe trockenfallen und auf jeder Seite zwölf Meilen hinausreichen. Leuchtfeuer im Osten und Westen der Insel kennzeichnen das Hindernis, vorausgesetzt, daß gute Sicht herrscht. Die Gefahr von Sable Island hat mit der Lage dieser Insel im Labradorstrom zu tun, über den man genausowenig weiß wie über den Golfstrom. Dieser hat mir in den vergangenen Tagen vor und während des Sturms bestimmt einen bösen Streich gespielt und mich viel weiter nach Süden versetzt, als ich wollte. Gerade diese Art von Fehlschätzungen bei der Bestimmung des Schiffsortes hat aus Sable Island einen riesigen Schiffsfriedhof gemacht.

Mein in schräg nördlicher Richtung verlaufender Kurs muß mich eben südlich von Sable Island vorbeiführen. Auf diese Weise verliere ich zwar gegenüber dem direkten Kurs an die 40 Meilen, gewinne aber bereits einige Stunden später, wenn ich den Golfstrom verlassen habe, täglich 20 Meilen. Etwas weiter wird sich noch die Labradorströmung bemerkbar machen, die mich in der gewünschten Richtung voranschiebt. Diese Route heißt es also einzuschlagen.

Nach den *Pilot Charts* zu urteilen, bin ich jetzt in eine Zone mit vorherrschenden südwestlichen Winden gelangt, die mir helfen sollten, aus dem Golfstrom herauszukommen. Nach einer kurzen Windstille mitten am Nachmittag springt der Wind wirklich um 180 Grad herum. Wir halsen und segeln mit raumem Wind auf Westnordwest-Kurs weiter. Der von Süden wehende Wind ist unglaublich warm. Noch in der vergangenen Nacht herrschte eine polare Kälte, während ich jetzt fast ersticke.

Nachts brist es auf, und ich muß den Yankee bergen. Unter meinem Ölzeug trage ich nur noch einen Jersey Sweater. Das überkommende Wasser ist lauwarm. Abgesehen von der Zeit, die ich verliere, hat die Fahrt im Golfstrom durchaus ihre Vorteile. Jedenfalls erstarrt man nicht mehr wie sonst in der Kälte des fliegenden Gischtwassers, sondern könnte fast meinen, man wäre im Passat.

Dienstag, 9. Juni

Im Laufe des Vormittags flaut der Wind ab, und ich setze wieder an Segeln, was ich habe. Die Luft ist gewitterschwanger und der Himmel von großen schwarzen Wolken verhangen, die Wind und Regenböen versprechen und damit die üblichen Leibesübungen, wenn es heißt, die Segel zu bergen, und anschließend, wenn das Schlimmste vorbei ist, sie wieder zu setzen. Indessen, das Wetter hält sich.

An Sonnenbeobachtungen ist nicht zu denken, und ich muß daher meinen Koppelkurs genau überwachen. Zufällig nehme ich die Consolfunksignale von Nantucket auf und kann so meine Breite bestimmen. Endlich ist der Wind gut, und das ist die Hauptsache, denn im Augenblick bin ich nur daran interessiert, so schnell wie möglich den Golfstrom zu verlassen. Wo mögen die Gegner stehen? Seit dem Start bin ich ohne Nachrichten geblieben, einfach, weil ich keine Radiostation abhöre. Unmittelbar von meinen Konkurrenten kann ich keine Nachrichten empfangen, weil ich ihre Wellenlänge nicht kenne. Ich selbst stehe unter dem Eindruck, hier und da viel Zeit verloren zu haben, wagte aber bisher nicht, die Stunden zu registrieren und zusammenzuzählen, weil ich mich davor fürchte, daß die negative Auswirkung einer solchen Rechnung mir den Mut zum Weitermachen nimmt. Bliebe der Wind nur in seiner Stärke stetiger, wäre ich beruhigt, denn dann könnte ich mich auf mein Steuersystem mit Hilfe von Schot und Gummistropp verlassen. Leider aber wechselt er ohne Unterlaß, und dauernd werde ich vom Schlagen der Lieken oder von den regellosen Bewegungen des Schiffes aus dem Schlaf gerissen, sobald es infolge einer Wende oder einer unzeitigen Halse im Wind liegt. Es ist einfach infernalisch.

Der einzige Trost ist die milde Temperatur, die das Leben an Bord besser erträglich und leichter macht. Solange die Kälte herrschte, mußte ich mich bei jedem Anlaß warm anziehen und in das durchnäßte Ölzeug und in die Stiefel klettern, da es an Deck nie ohne Regen oder Sprühwasser, meistens sogar nie ohne beides zusammen abging. Jetzt schlüpfe ich lediglich in meinen Jersey und gehe mit bloßen Füßen und in Pyjamahosen an Deck. Die beste Lösung wäre gewesen, angezogen zu schlafen, aber in Kleidern schlafe ich zu schlecht. Der kleine dadurch zu erzielende Zeitgewinn hätte die größere Müdigkeit nicht aufwiegen können.

Mittwoch, 10. Juni

Noch immer verbirgt sich die Sonne hinter dem Gewölk. Der Wind hat wieder zugelegt, und vor achterlichem Wind läuft die *Pen Duick* große Fahrt. Auch der von achtern auflaufende Seegang ist beträchtlich, und es läßt sich nicht vermeiden, daß die *Pen Duick* häufig aus dem Kurs schert. Wie ein Gleitboot reitet sie auf den großen überkämmenden Wellenbergen, von denen sie aber einige infolge unzeitiger Ausschläge der Pinne verpaßt. Daran ist das Schot-Gummistropp-Verfahren schuld, das die Steuerung übernommen hat. Ich selbst kann nicht die ganze Zeit am Ruder stehen, und von Gummistropps darf man nichts Unmögliches erwarten.

Bei diesem Seegang dreht sich der Logpropeller die halbe Zeit außerhalb des Wassers. Da das Zählwerk nur die Drehzahlen der Schraube im Wasser registriert, muß das Log eine bestimmte Anzahl von Meilen nicht miterfaßt haben. Die Ungewißheit über die tatsächlich zurückgelegte Distanz, die durch das Gieren und die Stromversetzung bedingte Ungenauigkeit des Kurses – das alles macht meine Koppelrechnung reichlich vage. Bei zuverlässigem Besteck hätte ich in Verbindung mit den Consolfunkpeilungen von Nantucket einen mehr oder minder genauen Schiffsort erhalten können, aber die Funkpeilungen allein genügen nicht. Sie ergeben wohl eine Standlinie, aber keine Gewißheit, wo ich darauf stehe. Ich schwimme also mit meinem gegißten Besteck, ohne schätzen zu können, wie groß der Fehler meiner Schätzung sein mag ... Nun, so schlimm ist das auch wieder nicht; immerhin habe ich meine Breite, und das ist das wichtigste.

Abends flaut der Wind ab. Das ist jetzt weniger wichtig, als wenn mich der Wind gestern im Stich gelassen hätte. Nun darf ich annehmen, den Golfstrom so gut wie hinter mir gelassen zu haben. Und in der Tat, das Wasser kommt mir schon kälter vor als heute morgen. Nachdem der Tag in seiner Gesamtheit gnädig, wenn auch bewegt verlaufen ist, kann ich mich jetzt mit ruhigem Gewissen schlafenlegen.

Mitten in der Nacht werde ich von einem schrecklichen Lärm aus dem tiefsten Schlaf gerissen, ohne zu wissen, was geschehen ist. Ich hatte lediglich den Eindruck, alles um mich herum bräche zusammen. Ich stürze, immer noch in Panik ob dieses unerwarteten Getöses, die Treppe hinauf an Deck. Draußen kann ich vom Cockpit und Achterschiff aus nichts Ungewöhnliches entdecken. Die Nacht ringsum ist sehr dunkel, und wir gleiten, von leichtem Wind getrieben, geräuschlos dahin. Ich steige nach vorn, und erst, als meine Augen sich an die Finsternis gewöhnt haben, sehe ich, daß der große Yankeeklüver halb von oben gekommen ist und sein Unterliek im Wasser schleifen läßt. Die Nacht war so dunkel, daß ich den Schaden von achtern nicht hatte wahrnehmen können. Meine erste Vermutung war die, daß sich entweder der Schäkel am Fall geöffnet hatte oder das Fall selbst gebrochen war, beides Dinge, die überraschend gewesen wären. Als ich das Segel ganz herunterhole, entdecke ich aber, daß es sich um den Block handelt, der sich vom Masttopp gelöst hat. Dieser Block war am Mast mit einem Nirostaschäkel befestigt, der mit Hilfe einer Schraubenmutter geschlossen wird. Diese Schraubenmutter muß sich gelöst haben, worauf sich der Schäkel öffnete und der Block herunterfiel. Dabei kann ich mich genau erinnern, selbst die Schraubenmutter angezogen zu haben. Der große Lärm, von dem ich aufwachte, war von den Stagreitern verursacht worden, als sie plötzlich auf dem Vorstag herunterrutschten.

In der Dunkelheit bleibt mir nichts anderes übrig, als den Yankee abzuschlagen und wieder schlafenzugehen. Jedenfalls bin ich über die Feststellung beruhigt, daß es sich lediglich um einen »Zwischenfall« und nicht um einen »Unglücksfall« handelt, wie der schreckliche Lärm mich hatte fürchten lassen. Immerhin ist die Vorstellung, morgen auf den Mast klettern zu müssen, um den Block wieder anzubringen, nicht sonderlich erheiternd.

Ich schlafe ein – um wenige Augenblicke später vom Schlagen der Segel und Klappern der Mastrutscher wieder aufzuwachen. Ich stecke die Nase nach draußen. Ich habe mich doch nicht getäuscht, es weht kein Lufthauch mehr. Dagegen ist es kalt. Eben habe ich den Klüver noch im Adamskostüm abgeschlagen, und jetzt kann ich nicht mehr daran denken, mich ohne Kleider nach draußen zu wagen. Aufkommender Nebel bestätigt meine Vermutung, daß ich die kalten Gewässer wieder erreicht habe. Eine Wasserprobe ergibt eiskalte Temperatur. Dieses Mal habe ich also den Golfstrom endgültig verlassen.

Donnerstag, 11. Juni

Heute morgen weht eine leichte südöstliche Brise, und die Dünung ist sanft. Bei genau achterlichem Wind läuft die *Pen Duick* verhältnismäßig ruhig, und ich halte es für möglich, daß man den Mast hinaufklettern kann. Wenn ich vorankommen will, kann ich unter keinen Umständen auf den Block verzichten, denn der Yankee ist mein größtes Segel. Natürlich kann ich auch mit der Fock allein segeln, aber sie erzielt niemals die gleiche Leistung, die sie mit einem zweiten Vorsegel gemeinsam aufbringt.

Um klettern und oben so gesichert wie möglich arbeiten zu können, muß zunächst der Bootsmannsstuhl hochgeheißt werden. Sitze ich erst einmal auf dem Brett, dann habe ich (theoretisch) zwei Hände frei, um meinen Block wieder festzuschäkeln. Ich heiße also am Spinnakerfall Bootsmannsstuhl, Block, Schäkel und Fall in den Masttopp mitsamt einem starken, doppelten Ende, das mir als Klettertau dienen soll. Dieses ganze Material pendelt da oben leise hin und her und läßt mich ahnen, was mich erwartet.

»›Oberbramsegel bergen!‹, schrie der Bootsmann – und die Matrosen der Steuerbordwache enterten die Wanten hinauf.« Dieser Passus findet sich in allen Seeromanen, in denen große Segelschiffe vorkommen, und in allen Seeräuberfilmen wird das Aufentern als Bravourleistung gezeigt.

Auf der *Pen Duick* tragen die Wanten keine bequemen Webeleinen, und es gibt keinen Mars mit Soldatenloch. Gewiß ist mein Großmast nicht so hoch wie der einer Fregatte, aber immerhin doch so, daß er einem alles andere als Mut einflößt. Um hinaufzuklettern, ergreife ich mit der einen Hand das doppelt genommene Klettertau und mit der anderen bald ein Want, bald ein Stag und bald eine Saling, denn das Klettertau bleibt, obgleich über die Winsch steif gesetzt, elastisch genug und droht mich, je nachdem wie das Schiff rollt, bald links, bald rechts hinauszuschleudern. Meine Füße suchen derweil Halt am Mast oder an einer der Wanten.

Je höher ich hinaufklettere, um so schlimmer wird das Schaukeln, um so heftiger der Rückschwung. Ich fühle mich wie das Bleigewicht, das oben auf dem Pendel eines Metronoms sitzt. Als ich nach 10 Metern den Obermast erreicht habe, haben die Schlingerbewegungen so zugenommen, daß ich jeden Augenblick fürchten muß, wie mit einem Katapult in den leeren Raum hinausgeschossen zu werden. Ich fürchte, es wird mir niemals gelingen, meine Beine durch den Bootsmannsstuhl zu stecken. Inzwischen hat der Wind nachgelassen, und der Gummistropp hat das Schiff zum Anluven gebracht, so daß es jetzt quer zur Dünung liegt. Daher auch diese wilde Schlingerei, ohne daß der Wind das Boot stützt. Einen Augenblick lang hole ich, fest an den Mast geklammert, Atem und hoffe gegen alle Vernunft, daß die *Pen Duick* von selbst auf ihren Vorwindkurs zurückfällt. Natürlich geschieht nichts dergleichen, und ich bin gezwungen, wieder abzusteigen.

Nachdem ich das Boot auf Kurs zurückgebracht und mich ein wenig ausgeruht habe, beginne ich meinen Aufstieg von neuem. Dieses Mal gelange ich bis zum Masttopp. Bootsmannsstuhl, Spinnakerfall, Flaggenleine, Block und Klettertau, die alle miteinander eine Stunde lang da oben hin und her pendelten, haben sich zu einem wüsten Knoten verschlungen. Es dauert einige Zeit, bis es mir gelungen ist, alles zu entwirren. Ich habe mich nun glücklich in den Stuhl hineingezwängt, aber die Schwingungen des Mastes sind immer noch so heftig, daß ich mich mit aller Macht anklammern muß, um nicht herausgeworfen oder gegen den Mast oder die Wanten geschleudert zu werden. Vier, fünf Mal muß ich ansetzen, um die einfachste Handlung vorzunehmen. Gott sei Dank habe ich das Glück, weder Schäkel noch Bolzen zu verlieren. Endlich bringe ich Ordnung in das verschlungene Tauwerk und kann nun den Block richtig befestigen. Jetzt brauche ich mich nur noch herunterzulassen und den Bootsmannsstuhl einzuholen.

Als der Stuhl, das doppelte Klettertau und was sonst noch dazugehört, auf Deck landen, blicke ich nach oben, um mein Werk zu betrachten. Zu meinem Schrecken entdecke ich, daß sich Spinnaker- und Klüverfall mit dem anderen Part des Klüverfalls vertörnt haben! Das Ganze hat sich oberhalb der oberen Saling abgespielt, denn das Fall läuft am Mast durch Ringe herunter, die an der Unterkante der Salinge angeschweißt sind. Ich habe keine Wahl, ich muß mich zum drittenmal auf die Kletterpartie begeben. Es gelingt mir auch ohne zu große Mühe, das Fall zu klarieren. Jetzt ist alles in Ordnung, und ich kann endlich den Yankeeklüver wieder setzen.

Dieser Spaß hat von Tagesanbruch an bis zur Mitte des Vormittags gedauert. Die Sonne hinter dem Nebel spendet, so unglaublich es klingen mag, eine solche Wärme, daß ich mir erlauben kann, mein Frühstück mit nacktem Oberkörper an Deck zu verzehren. Ein reichlich spätes Frühstück, und ich sterbe schon vor Hunger. Das einzige, was mich stört, ist die Unmöglichkeit, Sonnenbeobachtungen zu machen, da der Nebel den Horizont verhüllt.

Die Mittagsmahlzeit nehme ich gleichfalls an Deck zu mir. Bei aller Ungeduld, deren Ursache das Gefühl ist, mangels Wind nicht rasch genug voranzukommen, genieße ich es doch, langsam in der Wärme dahinzugleiten. Die Sonne ist wirklich ein Gottesgeschenk. Alle Stunde lese ich die Meilenzahl am Log ab. Wir machen gerade zwei Knoten – die Geschwindigkeit eines Lastkahns.

Abends frischt der Wind ein wenig auf, und die Ablesung an der Loguhr stimmt mich wieder etwas zuversichtlicher.

Freitag, 12. Juni

Nach gegißtem Besteck in Verbindung mit den Consolstandlinien von Nantucket stelle ich fest, daß ich die richtige Breite wieder erreicht haben muß. Der beste Weg zur Bestimmung eines annähernd genauen Schiffsortes wäre der, das Funkfeuer von Sable Island anzupeilen. Der Schnittpunkt dieser Funkpeilung mit der Standlinie des gleichzeitig angepeilten Consolfunkfeuers von Nantucket muß meinen Schiffsort ergeben. Vielleicht nicht ganz genau, da Sable Island noch sehr entfernt und der Sender schwer zu hören ist. Meine Breite ist aber auf jeden Fall zuverlässig.

Das Wetter ist grau, es nieselt, und gewiß bekomme ich heute mittag keine Meridianhöhe. Der Wind schralt, so daß wir eine Zeitlang Nordwest anliegen müssen. Später wird er wieder günstiger, und ich kann die Schoten fieren. Gegen Mittag, als ich schon die Hoffnung aufgegeben hatte, tritt die Sonne für kurze Zeit aus den Wolken hervor. Das ist *die* Gelegenheit für eine Beobachtung; ich habe gerade noch Zeit genug, nach unten zu stürzen und meinen Sextanten zu greifen. Noch bevor die Sonne wieder verschwunden ist, bin ich mit dem Instrument an

Deck und erhalte endlich eine einwandfreie astronomische Breite. Ein wahrer Glücksfall, denn für den Rest des Tages läßt sich die Sonne nicht wieder blicken.

Meine Mittagsbreite stimmt genau mit meiner Radiostandlinie von heute vormittag überein. Nachmittags schralt der Wind von neuem, und wir laufen am Wind weiter. Der Wind schralt in den nachfolgenden Stunden noch mehr, so daß wir die ganze Nacht Nordwestkurs in Richtung Sable Island halten. Die Temperatur fällt über Nacht ständig ab, bis es wieder eisigkalt wird. Gleichzeitig nimmt der Wind unaufhörlich zu.

Samstag, 13. Juni

Gegen 3 Uhr morgens muß ich den Besan bergen, und ich frage mich, ob ich nicht gleich auch den Yankeeklüver herunterholen sollte. Lange dauert meine Unschlüssigkeit nicht, denn plötzlich sehe ich einen senkrechten Riß im Klüver. Ich gehe nach vorn und hole das Segel herunter. Glücklicherweise ist der Schaden geringer, als ich befürchtet hatte. Nicht das Tuch selbst ist zerrissen, sondern nur eine Naht ist aufgegangen, die sich am Vorstag schamfilt hat. Auch eine Folge der Windstillen, in denen sich das Tuch unablässig an den Wanten scheuert. An und für sich nehme ich aus Gründen der Schonung die Vorsegel stets herunter, wenn der Wind aufhört, aber solange nur eine kleine Brise fächelt, lasse ich die Vorsegel stehen. In einem Rennen kann man es sich nicht leisten, so und so viele Meilen zu verschenken. Daher sind Schäden dieser Art nie ganz zu vermeiden.

Man kann nicht sagen, daß die Temperatur im Monat Juni, 10 bis 20 Seemeilen südlich von Sable Island, gerade an die Côte d'Azur erinnerte. Nach jedem Manöver sind meine Hände steif gefroren. Ich reibe sie trocken und ziehe meine Winterhandschuhe an, das heißt:

Wollhandschuhe mit einem wasserdichten Überzug. Das ist das beste Mittel, das ich bisher gefunden habe, um die Finger warm zu halten.

So ausgerüstet, setze ich den Klüver I und wechsele die Genuafock aus. Danach gehe ich durch den Wind und liege nun Südwestkurs an.

Damit haben wir das Ende der dritten Woche erreicht. Ich stehe auf Höhe von Sable Island und kenne meinen Schiffsort, demzufolge ich mich etwa 60 Meilen südlich dieses elenden Schiffsfriedhofes befinde. Ich laufe also keine Gefahr mehr, daß unerwartet hereinbrechendes schweres Wetter, fehlerhafte Navigation oder irgendein anderes Mißgeschick die *Pen Duick* dazu verurteilt, das 205. Wrack von Sable Island zu werden, und ich mich im besten Fall als Zwangsgast beim ansässigen Leuchtturmwärter einquartieren muß.

Vom Standpunkt der Wettfahrt aus betrachtet, übersteigt es meine kühnsten Hoffnungen, in nur 21 Tagen schon bis hierher gelangt zu sein. Wenn ich aber an all die Zeit denke, die ich mit unzähligen Wenden und Halsen verloren habe, wenn ich mir die halb durchgescheuerten Segel ansehe und überschlage, wie oft und wie lange ich mehr oder minder Phantasiekurse gelaufen bin – dann kann ich mich des Gedankens nicht erwehren, daß ich meinem Ziel schon viel näher hätte sein können. Ich frage mich, ob Chichester wohl schon kurz davor steht. Bestimmt sind auch die Katamarane und der Trimaran weiterhin von den langandauernden Perioden raumer Winde begünstigt worden. *Folâtre* und *Misty Miller* können bei Backstagswinden ganz beträchtliche Geschwindigkeiten entwickeln. Um sich aber von ihren Chancen ein Bild machen zu können, müßte man ihre Route und das Wetter kennen, das sie unterwegs angetroffen haben. In beiden Punkten können die Verhältnisse anders gelagert gewesen sein als bei mir.

Noch habe ich 500 Seemeilen vor mir. Ein Blick auf die Loguhr genügt, um auszurechnen, daß ich bei der gegenwärtigen Durchschnittsgeschwindigkeit weniger als eine Woche für die Bewältigung dieser Strecke benötige. Ich habe also Aussichten, das Ziel zu erreichen, noch bevor ich einen ganzen Monat auf See verbracht habe.

6 NANTUCKET FEUERSCHIFF

Die vierte Woche

Diese vierte Woche der Ozeanwettfahrt müßte eigentlich die letzte werden. Sie läßt sich recht ruhig an. Der Wind hat abgeflaut, und ich habe im Laufe des Vormittags weitere Segel setzen müssen. Nach und nach stehen fast alle Plünnen. Ich gehe wieder auf den anderen Bug. Bliebe ich weiter auf Südwestkurs, liefe ich Gefahr, von neuem in den Golfstrom zu geraten, der mein Fortkommen hemmt. Dabei sehne ich mich bei der Kälte hier nach seiner milden Temperatur.

Die Sonne scheint nur matt, und ich befürchte ernsthaft, daß sie mittags, wenn ich meine Meridianhöhe nehmen möchte, ganz verschwunden ist. Tatsächlich verbirgt sie sich im entscheidenden Augenblick, kommt aber bald darauf wieder durch, und ich stürze mich auf den Sextanten, um eine Nebenmeridianbreite zu schießen. Die Beobachtung ist bei dem ruppigen Seegang schwierig. Kaum habe ich die Sonne ein paar Sekunden im Spiegel, als sie auch schon wieder verschwunden ist. Die errechnete Breite kann daher auch nur annähernd genau sein.

Nachmittags verläuft die Fahrt ohne Zwischenfälle. Gegen Abend raumt der Wind; zum erstenmal kann ich meinen Kurs unmittelbar auf Nantucket Feuerschiff absetzen.

Es folgt eine sehr schöne Nacht. Der Mond scheint hell, und der Himmel flimmert von Sternen. Später, als der neue Tag – es ist der 14. Juni – anbricht, verschlechtert sich das Wetter. Der ganze Himmel bezieht sich mit Wolken, es brist unter Regengüssen auf, und das Barometer fällt. Kein Zweifel, stürmisches Wetter ist im Anzug. Leider kann ich auf keine zuverlässige Funkortung hoffen, da ich mich schon zu weit von Sable Island entfernt habe und nur noch Nantucket Feuerschiff anpeilen kann.

Zunächst raumt der Wind, und ich kann die Schoten auffieren. Später dreht er zurück und wird gleichzeitig frischer. Nunmehr hoch am Wind liegend, hole ich den Besan herunter. Der Kurs lautet jetzt West. Eine Stunde später kann ich wiederum das Feuerschiff anliegen. Dann flaut der Wind ab, und der Besan wird wieder gesetzt. Der Regen läßt nach, aber dafür senkt sich ein dichter Nebel herab. Diese plötzlichen Wetterveränderungen können einen wirklich aus der Fassung bringen!

Als ich nach dem Mittagessen an Deck komme, bemerke ich, daß mitten im Großsegel eine Naht von 50 Zentimeter Länge aufgegangen ist. Das ist eine Folge des Verschleißes während der windstillen Perioden und des Schamfilens an Backstagen und Wanten bei achterlichem Wind. Das Großsegel wird geborgen und die Naht ausgebessert. In dieser Zeit bleibt das Schiff unter Vorsegel und Besan recht gut auf Kurs liegen. Sobald das Segel wieder gesetzt und dicht geholt ist, und es nichts Dringendes mehr zu erledigen gibt, benutze ich die Muße, um auch gleich den Yankeeklüver zu reparieren.

Der Nebel dauert den ganzen Tag an und beschränkt die Sicht auf kaum mehr als 50 Meter. Nebel drückt immer auf die Stimmung, aber seit gestern abend habe ich den Trost, mit meinem kleinen Transistor-Radio Musik empfangen zu können. Wo sie herkommt, aus Kanada oder den Vereinigten Staaten, weiß ich nicht. Einerlei, man spürt wieder die Nähe des Landes.

Das Wasser ist ungewöhnlich kabbelig und läuft in kurzen, steilen Wellen durcheinander. Das Boot kämpft sich brav durch diesen Hexenkessel, nicht ohne manchmal tüchtig zu bolzen und Fontänen von Gischt in die Luft zu schleudern. Die See sieht genauso aus wie die Gezeitenkabbelungen bei uns zu Hause, wenn Wind gegen Strom steht. Ich möchte annehmen, daß die Erscheinung hier auf den Wind zurückgeht, der gegen den Labradorstrom anweht. Vielleicht befinde ich mich auch gerade in einem Sektor, wo sich dieses Gegeneinander stärker auswirkt als anderswo. Diese Annahme hat sogar viel für sich, denn der kalte

Labradorstrom, genau wie der warme Golfstrom, verläuft sehr unregelmäßig, und man trifft diese Kabbelungen nur in bestimmten Zonen an. Schon letzte Nacht muß ich ein ähnliches Gebiet durchlaufen haben, denn ich habe schlecht geschlafen und chaotisch geträumt. Jedesmal, wenn das Schiff mit abwärts geneigtem Bug in ein tiefes Wellental stieß, rutschte ich bei dem Anprall in meiner Koje nach vorn, bis ich schließlich mit dem Kopf an der Schottwand lag. Heute abend muß ich daran denken, meine Kojenlage zu verbessern und vor allem meinen Kopf höher lagern. Wahrscheinlich genügt es schon, in Kopfkissenhöhe ein Bündel Kleider unter die Schaumgummimatratze zu schieben.

Eben kommt der Wind wieder vorlicher, und unser Kurs wird immer nördlicher. Das Barometer steigt wieder. Der Wind hat offenbar die

Tendenz, auf Westen oder Nordwesten herumzugehen. Ich werde aufpassen müssen, daß ich mich im richtigen Augenblick auf den anderen Bug lege. Um vier Uhr morgens ist es soweit. Bald nach der Wende begünstigt der Wind den neuen Schlag, und ich halte wieder Kurs auf Nantucket.

Dieser 15. Juni bricht strahlend an. Die Luft ist zwar noch immer frisch, aber die Sonne sendet warme Strahlen aus einem azurblauen Himmel. Den ganzen Vormittag machen wir bei raumem Wind flotte Fahrt. Aber schon am frühen Nachmittag läßt der Wind nach und dreht entgegen.

Meine Ungeduld wächst. Zu gern möchte ich die Fahrt beschleunigen. Bei Einbruch der Nacht sieht es aber immer noch so aus, als dauerte die Windstille an, und ich bin weniger zuversichtlich als heute morgen.

Es sind jetzt vierundzwanzig Tage her, seit wir Plymouth verlassen haben. Einige Stunden noch, und dann ist auch der 16. Juni vorbei. Ein trauriges Wetter. Ich habe die Vorsegel geborgen, Großsegel und Besan dicht geschotet und warte – seit zwei Stunden –, daß sich ein Lüftchen regt, um mich wieder in Fahrt zu bringen. Die Niedergangsluke bleibt offen, Yankeeklüver und Fock, die ich mangels Wind eben niedergeholt habe, liegen noch angeschlagen an Deck. Ich hoffe immer noch, sie wieder setzen zu können, bevor ich schlafengehe. Die Küche ist aufgeräumt, der leere Wassertank wieder aufgefüllt. Nun liefert die kleine Pumpe wieder Wasser in die Spüle, wie es sich gehört. Nach dem Nebel der vergangenen Tage riecht alles unter Deck ein wenig feucht. Eine aus Westen rollende Dünung verursacht heftige Bewegungen. Ich werfe einen Blick nach oben, aber seit ich die Vorsegel heruntergeholt habe, scheint die Besegelung nicht mehr zu leiden. Ich verschwinde wieder im Niedergang. Inzwischen ist die Dunkelheit hereingebrochen, und das in der Decke eingelassene Plexiglas läßt nur noch einen schwachen Schimmer durch. Unter der Kuppel sieht man kaum etwas. Die Vorderkajüte und das Vorschiff gähnen vor Leere. Bei diesen großen Räumen braucht es seine Zeit, bis sie eingerichtet sind. Und was soll es, wo ich doch allein segele! ... Außerdem bleibe ich bei diesem Wetter und wegen des Ruders, das seine automatische Steuerung verloren hat, sowieso fast die ganze Zeit auf Deck.

Ich löse die Schraubenmutter, die den Tisch auf der Achse festhält, um die er sich gleichzeitig mit dem mir als Sitz dienenden Sattel dreht. Gestern noch hatte ich die Neigung der Schräglage entsprechend neu eingestellt; aber jetzt, wo überhaupt kein Wind mehr weht, ist die Neigung beträchtlich geringer geworden. Ich rolle die große Übersegelkarte über die ganze Breite der Kajüte aus. Darunter muß ich einen Band der Nautischen Handbücher: »Vereinigte Staaten, Ostküste« liegengelassen haben. Auch mein Zirkel muß da sein, denn die Karte bleibt auf der einen Seite haften. Die Kursänderungen auf dem eingetragenen Reiseweg bilden merkwürdig unregelmäßige Zacken, die je nach Dauer der Schläge lang oder schräg verlaufen. Im Grunde ist das gesamte Logbuch in diesen kleinen Abschnitten enthalten, die jetzt von einem Ende zum anderen den größten Teil des Nordatlantik bedecken. Die Linie geht von Plymouth aus, verläuft unterhalb von Kap Lizard (dort habe ich gewendet und bin auf NNW-Kurs weitergesegelt). Sie zieht sich dann südlich von Landsend entlang, wo sie bald darauf einen Haken macht, um in nördlicher Richtung zwischen den Scilly-Inseln und dem Longship-Leuchtturm anzusteigen. Es gibt aber noch andere Richtungsänderungen, die akzentuierter und umfassender sind: Jenseits der großen Neufundlandbank nähern sich die Etmale mehr und mehr der südlichen Richtung. Und da befinden wir uns auch schon mitten im Golfstrom mit seinem Gegenstrom von 0,9 Knoten. Danach steigt die Kurve wieder an und nähert sich Sable Island, bis ich heute morgen mein neues Besteck gemacht habe. Danach müßten wir uns mittags nordöstlich der George-Bank befinden, 100 Meilen nordöstlich von Nantucket. Neun Zehntel der Gesamtstrecke sind demnach bereits bewältigt.

Das Land nähert sich oder, richtiger gesagt, die dem Lande vorgelagerten Untiefen. In dieser Gegend zeigt der Meeresgrund plötzliche und beträchtliche Tiefenunterschiede, vor allem an den Rändern des unterseeischen Plateaus, das sich vor den Küsten Kanadas und Neuschottlands bis zum Kap Cod erstreckt, diesem merkwürdig schmalen Kap, das sich auf der Seeseite wie ein Angelhaken erweitert und sich dann vor die südliche Einfahrt nach Boston legt. Die George-Bank bildet den südlichsten Teil dieses Plateaus, dessen Rand auf der atlantischen Seite in einen Graben von 2000–4000 Meter Tiefe abfällt. Die ganze Ostküste Nordamerikas ist auf diese Weise sozusagen girlandenartig von bogenförmig vorgelagerten Untiefen gesäumt, die sich in tiefer Staffelung von Neufundland bis in die Nähe von New York erstrecken. Auf meiner Route entlang der großen Wassertiefen lösten sich von Osten nach Westen eine Bank nach der anderen ab: die Große Neufundlandbank, Sable Island und die George-Bank, an die sich die Bank von Nantucket anschließt. Diese oft sandigen Bänke erheben sich manchmal bis auf nur wenige Meter unter dem Meeresspiegel. (In der Mitte der George-Bank beträgt die Tiefe laut Handbuch kaum 4 Meter.) Hier und da ragen sie auch in Form flacher, wie auf einer Schnur aufgereihter Inseln aus dem Wasser hervor und stehen in diesem oft wild bewegten Meer wegen ihrer schlechten Sichtbarkeit in einem denkbar schlechten Ruf.

Sable Island, ein winziger, haarfeiner Strich auf der Karte, ist bei einer Länge von über 21 Meilen weniger als 2 Meilen breit und bildet einen der größten Schiffsfriedhöfe der Welt. Die Insel ist wie mit einem dichten Kranz von etwa zweihundert Wracks umgeben, und diese Zahl umfaßt nur solche, die einwandfrei identifiziert worden sind. Schiffe aller Größen haben hier in den letzten hundert Jahren ihr Ende gefunden, Opfer der Strömungen und des Nebels.

Auf der einen wie auf der anderen Seite dieses schmalen Sandstreifens haben sich die Schiffe in zwei langen, einander gegenüberliegenden Reihen zu ihrer letzten Ruhe im Sand gebettet, wie wenn die

Insel aus der Tiefe aufgestiegen wäre, um im letzten Augenblick zwei Armada-Flotten vor dem Angriff zu trennen. Die Nantucket-Bank, die ich ohne diese Windstille heute abend erreicht hätte, wurde von Chichester und Lewis auf der ersten Ozeanregatta 1960 überquert. Der eine tat es im Süden, der andere im Norden; beide scheinen keine besonders gute Erinnerung daran zurückbehalten zu haben. Selbst für kleine Segler besteht dort Strandungsgefahr, und es ist klüger, sich nicht auf die Navigation in diesem Labyrinth wandernder Sände außer Sichtweite von Feuern und Baken einzulassen.

Diese Überlegungen waren ernst genug, mich vorsichtig zu machen und notfalls davon abzuhalten, darauflos zu segeln und mich einem Optimismus hinzugeben, vor dem zu gleicher Stunde – wie ich natürlich erst viel später erfuhr – der Redakteur des *Guardian* warnte.

Seit England, das heißt, seitdem ich Longships an der äußersten Südwestspitze von Cornwall passierte, habe ich kein Land mehr gesehen. Weder Neufundland noch die Insel Sable, die ich vor einer Woche ansegelte. Elf Tage lang, vom 4. bis zum 15. Juni, also bis gestern, bin ich keinem einzigen Schiff begegnet. Man könnte fast glauben, daß die Neufundländer die Lust am Fischfang verloren haben. (Allerdings habe ich die große Bank sehr weit südlich gekreuzt.)

Erst gestern habe ich zum erstenmal einen Fischkutter getroffen, der mir auf Gegenkurs begegnete. Er schien die George-Bank in Richtung des Tiefwassergrabens umfahren zu wollen, der diese Untiefen von den Brown-Bänken trennt. Alle diese Bänke liegen in dem Grenzbezirk zwischen Labrador- und Golfstrom, genauso wie die Bänke vor Neufundland. Der Fischfang findet hier das ganze Jahr hindurch statt. Auch gestern bin ich zu wiederholten Malen von Flugzeugen der kanadischen Marine überflogen worden. Heute morgen ist es eine viermotorige Argusmaschine, die mich mehrfach in niedriger Höhe passiert. Um 15.30 Uhr erscheint eine zweimotorige Gruman, und eine Stunde später fliegt uns eine zweite Argus sechsmal hintereinander an, stets dicht über der Wasseroberfläche. Diese Insistenz macht mich offen gesagt neugierig. Wenn diese Flugzeuge nicht die Aufgabe haben, den Verlauf der Wettfahrt zu überwachen, frage ich mich, warum sie sich so für mich interessieren. Wenn aber meine Annahme richtig ist, und wenn mein Erscheinen genügt, so viele Flugzeuge in Bewegung zu setzen, kann ich mich meiner Ansicht nach in einer gar nicht so schlechten Position befinden. Auf jeden Fall kann ich mit Bestimmtheit darauf rechnen, daß meine Eltern nun Nachricht von mir erhalten, und habe die Gewißheit, daß ich mich jetzt meinem Ziel nähere.

Auf Grund meiner eigenen Lage vermag ich keine Vergleiche zu ziehen und kann nur vermuten, wie es um die anderen bestellt ist. Bestimmt hat keiner von ihnen so viel Verdruß gehabt wie ich. Und ich fürchte, mehr Zeit verloren zu haben als irgendeiner meiner Gegner. Meine eigene Bilanz sieht, wie ich zugeben muß, recht beunruhigend aus: Nach den Flauten der ersten Wochen verlor ich viele Seemeilen im Golfstrom, meine automatische Steuerung versagte, zwei Logleinen zerrissen, und mein Wecker ging kaputt. Wenn ich nach dem ersten Drittel der Wettfahrt nicht aufgegeben und davon Abstand genommen habe, lieber eine Kreuzfahrt nach Neufundland zu unternehmen, so ist der Grund, daß ich mich – so merkwürdig das unter den Umständen klingen mag – nie allein und verlassen gefühlt habe. Ich mußte vielmehr all der vielen Menschen gedenken, die mir halfen, all der Freunde, die auf mich zählten und ihre Hoffnung in mich gesetzt hatten. Sollte mir wirklich jemals der Gedanke gekommen sein, aufzugeben, so hat dieser Gedanke doch keine zehn Sekunden gedauert. Er bewirkte lediglich, daß ich seitdem keine falschen Hoffnungen mehr über meine Erfolgsaussichten hegte. So hart ich auch segelte – und ich habe das Schiff wirklich vom ersten Tage an geprügelt –, so schwer war es, die Zeitverluste wieder einzuholen. Außerdem rechne ich damit, daß die in den beiden ersten Wochen vorherrschenden raumen Winde (während ich doch Gegen- oder vorliche Winde erwartete) meinen gefährlichsten Gegnern und ihren heutzutage so populär gewordenen Mehrrumpfschiffen einen Vorsprung verschafft haben müssen. Bei den achterlichen und seitlichen

Winden, die bei diesem Rennen vorherrschten, waren diese Konkurrenten bestimmt begünstigt. Wenn sie dieses Mal nicht gewinnen, werden sie wohl nie gewinnen. Was Chichester und Howells anbetrifft, habe ich keine Veranlassung anzunehmen, daß sie ähnlichen Kummer erlebt haben wie ich. Jedenfalls möchte ich es ihnen nicht wünschen. Die »Miranda«, Chichesters berühmte Selbststeueranlage (die er in seinen Berichten mit so viel Humor und Respekt als zweiten Mann personifizierte, der seine Einsamkeit teilte), ist eine Vorrichtung, die sich bereits auf zwei vorhergehenden Ozeanüberquerungen bewährt hatte.

Trotzdem habe ich noch nicht alle Hoffnungen aufgegeben. Schließlich bin ich noch nicht so weit hinter meinem Zeitplan zurückgeblieben, wie ich gefürchtet hatte. Im Gegenteil, ich habe jetzt alle Aussichten, in weniger als 30 Tagen Newport zu erreichen, das heißt schneller als die Zeit, in der Chichester sich dieses Mal vorgenommen hatte, die Strecke zu schaffen.

Aber das will nicht viel besagen; in Wirklichkeit hängt alles von den Wetterverhältnissen ab, die jeder unterwegs angetroffen hat, und wenn diese für mich günstig waren, werden sie es genauso auch für die anderen gewesen sein.

Seit gestern bewegen sich meine Gedanken im Kreise. Aber gestern sagte ich mir auch, daß es nun nicht mehr lange dauern könnte, bis ich Gewißheit erlangte. Schon seit mehreren Tagen erfasse ich mit meinem kleinen Transistorgerät das Consolfunkfeuer von Nantucket: eine Reihe von Punkten und tönenden Strichen, getrennt durch ein Doppelsignal, das einem Dauerstrich ähnelt; das Ganze zweimal wiederholt. Jeder Serie von zwei Wiederholungen folgt das Morsekennzeichen der Station. An Hand der Consolkarte erlangt man auf diese Weise höchst bequem die Richtung des Funkfeuers; außerdem kann ich mit dem Funkpeiler andere Standlinien erhalten, die sich mit der Consolstandlinie schneiden.

Dank eines Sonnenblicks konnte ich eine Meridianbreite nehmen (wobei ich übrigens während der Beobachtung einen bösen Wasserguß abbekam, leider auch mein Sextant, was recht ärgerlich war). Auch Musik kann ich jetzt hören. Den ganzen Nachmittag passierten Fischerboote die *Pen Duick* auf allen Seiten. Im Grunde fühlte ich mich während der elf Tage, als ich überhaupt kein Schiff zu Gesicht bekam, ruhiger. Keine Kollisionsgefahren. Wäre ich dieser Fischerflottille nachts begegnet, hätte ich kein Auge zumachen können.

Mit der Annäherung an die Küste vervielfachen sich die Gefahren, und von jetzt ab wird es schwierig werden, Schlaf zu finden. Wenn ich Nantucket erst einmal passiert habe, segele ich in einem Abstand von 20 Meilen an der Küste entlang, und wenn ich dann einmal müde werden sollte, genügte ein dreistündiger Dauerschlaf, um das Schiff auf die Salzmarschen von Marthas Vineyard oder die Kieselküsten von No Man's Land zu setzen. Dabei hat man sogar dieses Mal versucht, die Risiken zu beschränken, indem die neue Wettfahrtregel die Teilnehmer verpflichtet, Nantucket Feuerschiff an Steuerbord zu lassen. Man darf also nicht mehr abschneiden und den kürzesten Weg durch die Sunde wählen.

Eben schien es mir so, als ob etwas mehr Bewegung in die Luft käme. Tatsächlich zeigen sich einige Brisenstriche. Endlich! – Es ist jetzt ungefähr eine halbe Stunde nach Mitternacht, und der Übergang zum neuen Tag hätte sich in keiner größeren Windstille abspielen können. Heute schreiben wir den 17. Juni. Ich setze Yankeeklüver und Fock und nehme auf Backbordhalsen die Fahrt hoch am Wind wieder auf. Kurs West, um den Seegang von vorn zu nehmen, denn die Segel stehen noch nicht voll genug, um das Schiff zu stützen. In solchem Fall hat man den Seegang lieber gegenan als von der Seite. Die bisher strichweise Brise beginnt jedoch, sich auszubreiten; solange der Wind noch recht unregelmäßig kommt, bleibe ich lieber an Deck, um die Pinne zu führen und die Schoten zu bedienen. Der Wind ist kühl. Nur Wollhemd und Sweater trage ich unter dem Ölzeug, bin also nicht gerade warm angezogen. Ich binde die Pinne fest und gehe unter Deck, diesmal in die Koje ... Die ganze Nacht lang wird der Wind aber stärker, und ich muß mehrere Male aufstehen, um die Pinne neu einzustellen und die Segel zu trimmen. Vom Feuerschiff ist noch kein Lichtschein auszumachen.

Nach dem gestrigen Schiffsort, den ich an Hand einer mit dem Sextanten beobachteten Meridianbreite in Verbindung mit Funk- und Consolpeilungen bestimmt hatte, stehe ich etwa 120 Seemeilen nordnordöstlich von Nantucket Feuerschiff. Wird der Wind noch stärker, droht der Seegang auf diesen unebenen Gründen ziemlich ruppig zu werden. Jenseits der George-Bank segeln wir über Untiefen, die von plötzlich abfallenden Tiefwassergräben durchzogen sind und wo das Wasser bei den in diesem Gebiet stark laufenden Strömungen auch bei vollständiger Windstille niemals ganz ruhig wird. Das Boot stampft und rollt zur gleichen Zeit. Unter Deck herrscht ein Heidenlärm, und auf Deck ist man ständig auf dem Sprung, die schlagenden Segel zu bedienen. Dazu das Kreischen der Beschläge, der Lärm der knallenden Schoten und das Schlagen von Fallen und Blöcken gegen den Mast.

Heute morgen gegen 7 Uhr mußte ich das Großsegel bergen und finde, daß wir unter Vorsegel und Besan besser laufen. Diese Methode der Segelverkürzung ist sehr praktisch (kein Bergen, Abschlagen, wieder Anschlagen und Setzen der Fock und Vorsegel); nichts ist ermüdender als dauernde Vorsegelmanöver.

Es gibt aber einen Umstand, der mich beunruhigt. Es will mir nicht gelingen, den Texas-Turm 2 auszumachen, den ich heute morgen auf der George-Bank hätte an Steuerbord wahrnehmen müssen. Nach meinen Funkpeilungen, die ich um so häufiger vornehme, je mehr ich mich dem Ende der Reise nähere, hätte mein Kurs in einem Abstand von etwa 5 Meilen an diesem Bauwerk vorbeiführen müssen. Ich hatte meinen Schlag sogar absichtlich ausgedehnt, um den Turm zu Gesicht zu bekommen und Gewißheit zu erlangen, daß meine Besteckrechnung richtig ist. Und doch habe ich den Eindruck, daß meine astronomische Navigation mit dem Ergebnis der Funkpeilungen übereinstimmt. Dieser Turm gehört zu einer Reihe von Anlagen, die um die Zeit des

Kalten Krieges errichtet wurden, um eventuelle Angreifer rechtzeitig zu entdecken. Jeder Turm trägt eine Nummer, die ihn von den anderen unterscheidet. Es handelt sich um große, dreieckige, auf drei Pfählen ruhende Plattformen. Die Pfähle stehen auf den Untiefen, die dem Kontinent vorgelagert sind. Turm Nr. 2 befindet sich auf der flachsten Stelle der George-Bank, etwa 1000 Meilen nördlich von Nantucket. Die Abwesenheit des Turms überrascht mich, und ich kann nicht verstehen, wo der Irrtum liegt – wenn es ein Irrtum ist. Die Tatsache bleibt jedoch bestehen, daß der Turm nicht auszumachen ist, obgleich das Wetter heute klar und die Sicht ausgezeichnet ist. Allerdings ist es stürmisch, und die See ist unter strahlendem Himmel mit leuchtendweißen Schaumkronen bedeckt. Liegt es daran, daß ich nichts sehen kann? Jedenfalls ist es höchst unwahrscheinlich und eigentlich unmöglich, daß ich den Turm noch nicht passiert haben sollte, und ich erwarte mit Ungeduld die nächste Ansteuerungsmarke am Horizont, Nantucket Feuerschiff.

Um 8 Uhr gebe ich die Suche auf. Ich habe inzwischen genug an westlicher Höhe gewonnen und kann jetzt wenden und auf Südkurs weitersegeln. Das bedeutet zwar bei südöstlichem Wind, daß ich gegenanbolzen muß. Es weht mit zunehmender Heftigkeit, bis sich der Wind bei etwa Beaufort 7 einspielt. Das Log registriert Stunde auf Stunde bei dichtgeholten Schoten 6,5 bis 7 Knoten. Eine solche Geschwindigkeit in diesem Seegang ist eine wirklich beeindruckende Leistung. Die Wellenhöhen erreichen 4–5 Meter, und vom Cockpit aus sehe ich die Wellenrücken über Relingshöhe heranrollen. Ringsherum brechen sich die Wellenkämme; wenn einer von ihnen mit einem Schock, der das ganze Schiff erzittern läßt, in Luv gegen den Bug brandet, fegt eine Wolke blendendweißen Gischtes über Deck und hüllt mich ein. Das Schiff passiert die Wellentäler so gut es kann. Fast nimmt es einen Absprung vom Wellenkamm, bevor es sich in das nächste Tal hineinstürzt. Meist ist ein heftiger Aufprall die Folge, manchmal spielt es aber auch Unterseeboot, und dann ergießen sich Ströme von Wasser von vorne nach hinten über das Deck und branden gegen Dingi und Aufbauten. Alles zusammen ein großartiges Schauspiel; wie gern sähe ich mein Schiff jetzt von außen. Die meiste Zeit stehe ich selbst am Ruder, um zu verhindern, daß das Schiff zu stark arbeitet und die im Seegang abgedeckten Segel anfangen zu schlagen, wie es manchmal bei festgelegtem Ruder vorkommt. Auch segele ich so etwas mehr Geschwindigkeit heraus. Unnötig hinzuzufügen, daß ich genauso durchnäßt bin wie mein Schiff. Aber diese Sonne wärmt und trocknet schnell, und ich bin nicht mehr ungehalten, wenn ich eine neue Dusche herankommen sehe, zumal das Wasser viel weniger kalt ist als noch vor einigen Tagen.

Diese ganze wilde Segelei sieht schon ein wenig nach Endspurt aus. Nach den denkbar unterschiedlichsten Wetterverhältnissen während der vergangenen drei Wochen mit ihren brüsken Wechseln vom Sturm zur Flaute kann ich heute wirklich sagen, daß das Schiff in hervorragender Weise gehalten hat, was es versprach. Dank des Spinnakers oder, wenn der Wind zu stark war, dank des Yankeeklüvers, habe ich zu wiederholten Malen die relative Langsamkeit des Schiffes vor achterlichen Winden oder im Flautenwetter ausgleichen können. Bei bewegter See bewies die *Pen Duick* eine beträchtliche Stabilität, und ihr oberhalb des Kiels flach ansteigender Boden erlaubt ihr, mit ihren 13,60 Metern fast so gut zu gleiten wie ein Hydroplan. Wenn wir wie heute hoch am Winde segeln und es dabei wirklich stark weht, benimmt sich das Schiff tatsächlich ganz ausgezeichnet. Steht der Wind durch, kann ich das Feuerschiff morgen früh gegen vier Uhr passiert haben. Vorausgesetzt allerdings, daß er durchsteht ...

Um 21 Uhr gehe ich, bevor das Feuerschiff querab liegt, auf den anderen Bug, denn ich lege für den Fall, daß der Wind sich drehen sollte, keinen Wert auf Umwege. Wird er drehen, oder wird er sich halten? Noch heute nachmittag sagte ich mir, in Erinnerung an die wechselnden Wetterverhältnisse der letzten Tage, daß es heute abend bestimmt wieder flau werden würde. Leider hatte ich nur zu gut geraten. Eine Stunde nach der Wende schwächt der Wind mehr und mehr ab, und wenn auch keine vollkommene Windstille eintritt, so fehlt doch nicht viel daran. Außerdem hat der Wind um 45 Grad gedreht, so daß er jetzt genau gegenan steht. Angesichts dieses schwachen und veränderlichen Windes bin ich wieder einmal gezwungen, an der Pinne auszuharren. Schlimm genug, aber man muß auch das in Kauf nehmen. Heute stand ich von zwölf Stunden neun am Ruder. Gestern einen Teil der Nacht. Ob ich heute abend mehr Glück haben werde?

Dieses Mal verbleibt glücklicherweise noch genug Wind, um die Segel zu füllen, so daß wir trotz allem langsam vorankommen. Die Nacht ist kalt, und ich muß mich warm anziehen. Am klaren Nachthimmel steigt der Mond empor. Ich warte, daß das Feuer von Nantucket herauskommt.

Trotz der Kälte spüre ich keine Ermüdung. Ich kann nicht behaupten, daß ich von einer schlaflosen Nacht 150 Meilen vor dem Ziel gerade begeistert bin, um so weniger, als mir angesichts der Landnähe zweifellos noch eine zweite schlaflose Nacht bevorsteht, bevor ich ankomme. Die Gedanken an das nahe Ziel und die Ungeduld, endlich zu wissen, an welcher Stelle ich liege (vielleicht erhalte ich am Feuerschiff Informationen), und vor allem diese Warterei auf das Feuer, das nicht in Sicht kommen will – das alles ist nicht dazu angetan, mich in Schlaf zu wiegen. Dazu habe ich seit Ausfall meiner automatischen Steueranlage kaum jemals länger als fünf bis sechs Stunden von vierundzwanzig geschlafen. Ein wenig tröstet mich die Überlegung, daß mir das automatische Ruder heute abend, wo sich kein Lüftchen regt, auch kaum genützt hätte. (Übrigens habe ich schon vor der Havarie festgestellt, daß sowohl das gebrochene Ruder wie auch die Windfahne zu klein waren und vergrößert werden müssen.) Das Ruder festzubinden, so etwas kommt ohne Wind oder bei schwachen umlaufenden Winden (das Beste, was ich zur Zeit erwarten kann) nicht in Frage, um so weniger, als der Wind eben wieder umgesprungen ist. In Erwartung weiteren Schralens bin ich zu dauernden Schlägen gezwungen, wenn ich auf dem richtigen Bug vorankommen will. Die ganze Zeit lauere ich indessen auf das Erscheinen des Feuers. Mitternacht geht vorüber, und ich habe noch immer nichts entdeckt. Mir fällt plötzlich ein, daß ich bei dem Mondlicht und seinen Reflexen auf dem Wasser, Gefahr laufe, den Lichtschein über dem Horizont überhaupt nicht wahrzunehmen. So weit ich auch die Augen aufsperre – kein Lichtschimmer fegt am Horizont über den Himmel.

Langsam habe ich das Gefühl, überhaupt nicht mehr voranzukommen. Oder doch nur entsetzlich langsam! Glücklicherweise halten mich alle diese Wenden mit ihren Manövern weiterhin wach. Statt nach dem Feuer zu spähen, beobachte ich jetzt den Wind. Sobald sich das Besansegel über mir nur ein wenig bläht, falle ich gleich ab, um die Segel besser ziehen zu lassen. In ganz kleinen Schlägen kreuze ich hin und her, um aus dem jeweils günstigsten Schlag das Beste herauszuholen.

Ich darf wohl für mich in Anspruch nehmen, daß ich dem Schiff von Anfang an das Äußerste abgefordert habe – oder jedenfalls versucht habe, es zu tun. Seit dem Start habe ich es hart herangenommen und ständig vorangeprügelt, bis ich nicht mehr anders konnte, als es, ohne Rücksicht auf Verluste, bis zum Schluß weiterzuprügeln.

Ein Uhr morgens: Soeben habe ich das Feuer gesichtet. Ein Blitzfeuer, dessen Kennung nicht schwer auszumachen ist. Manchmal wird es abgedeckt, und ich verliere es einen Augenblick aus den Augen. Dann erscheint es eben über den Wellenkämmen wieder, und ich kann hinter den Lichtreflexen auf dem Wasser deutlich sein Blitzen erkennen.

Ich freue mich regelrecht über die Feststellung, daß das Feuer in genau der erwarteten Richtung aufgetaucht ist. Wenn ich mir überlege, wie langsam ich vorangekommen bin, so ist es sogar früher erschienen, als ich erwarten durfte. Darüber bin ich besonders glücklich. Leider ist es zu früh, mit dem Sextanten die Distanz bis zum Feuerschiff zu messen, da es zur Zeit noch in der Kimm liegt. Nach dem Leuchtfeuerverzeichnis kann ich mir ausrechnen, daß ich etwa drei Meilen westlicher stehe als ich dachte. Meine Navigation stimmt daher; um so

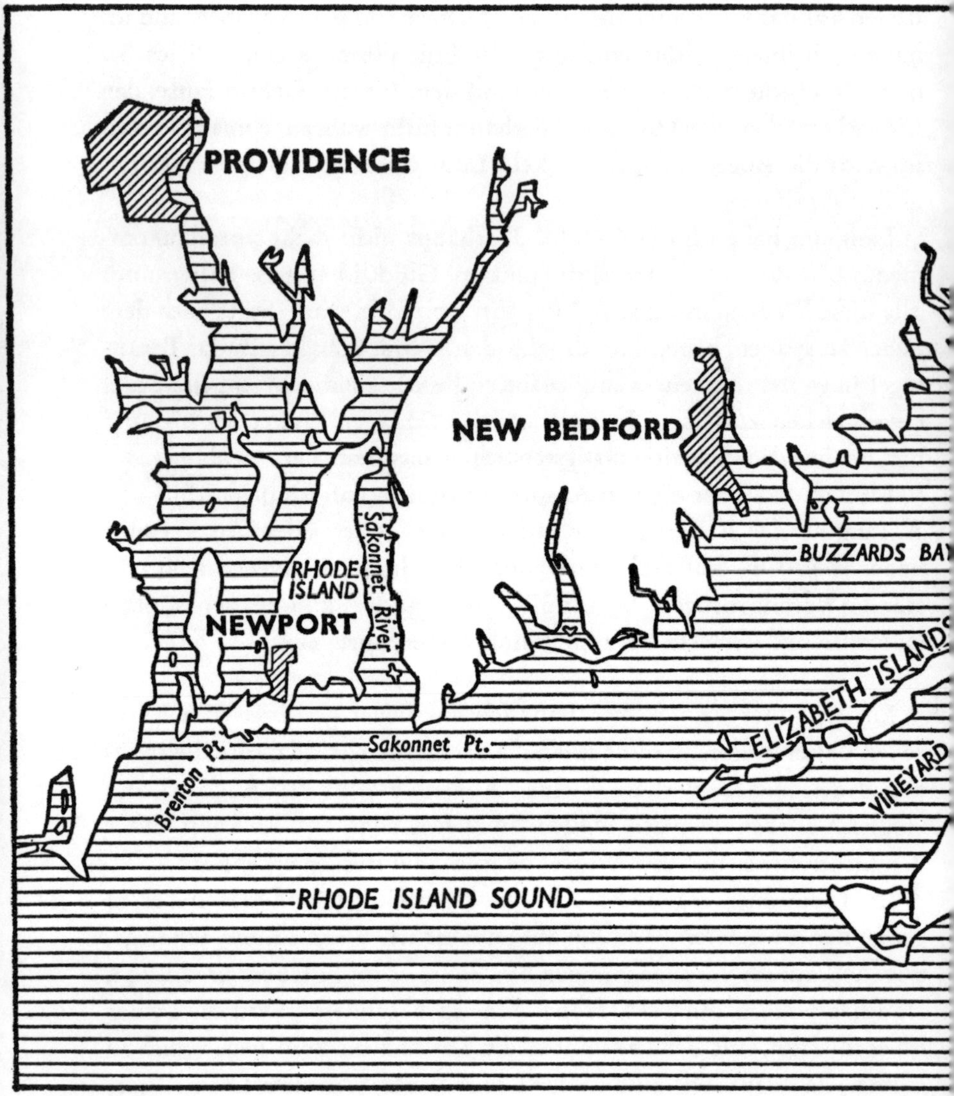

9. Ansteuerung von Newport

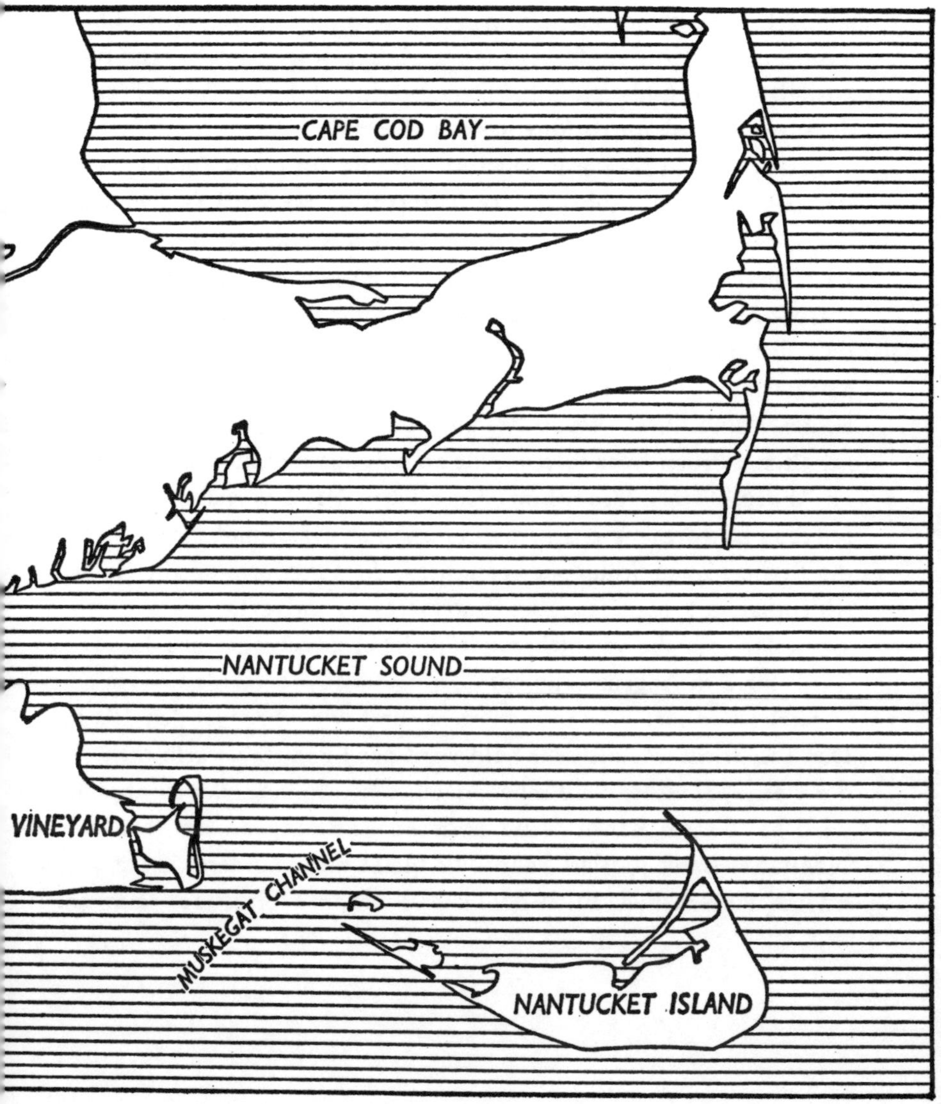
CAPE COD BAY
NANTUCKET SOUND
VINEYARD
MUSKEGAT CHANNEL
NANTUCKET ISLAND

weniger kann ich begreifen, was sich gestern morgen abgespielt hat. Ich kann meinen Kurs noch so genau zurückverfolgen und Vermutungen anstellen – ich finde keine Erklärung dafür, daß der Turm Texas auf der George-Bank durch Abwesenheit glänzte.

Erst später, in Newport, stieß ich zufällig auf einen Zeitungsartikel, der sich mit dem Abbruch der Texastürme beschäftigte. Da las ich dann, daß Texas 2 bereits abgebaut worden ist, ohne daß mein Leuchtfeuerverzeichnis – alle diese Türme waren gleichzeitig Leuchttürme – entsprechend berichtigt worden war. Dieselbe Zeitung berichtete ferner, daß der Turm Texas 4 im Sommer 1961 von einem Sturm fortgeschwemmt worden und daß 28 Menschen dabei ums Leben gekommen sind. Nach diesem Ereignis, und weil die Türme für überholt gehalten wurden, verkaufte sie die amerikanische Luftwaffe Ende 1962 an Abbruchfirmen, die sich zunächst Turm Nr. 2 vornahmen. Sie füllten die Plattform mit einer schwimmfähigen Masse und sprengten dann die Pfeiler. Zwei Schlepper versuchten, die Plattform an die Küste zu schleppen; sie kenterte aber unterwegs. Totalverlust, wenn ich so sagen darf, für die Schrotthändler, die aber unverzagt kurz darauf den Turm Nr. 3 in Angriff nahmen.

Jetzt ist es fast vier Uhr morgens, und wir schreiben den 18. Juni. Der Tag bricht an, und sehr bald wird das Leuchtfeuer erlöschen. Wieder werde ich nichts mehr sehen, dazu stehe ich noch zu weit ab, und es wird bei diesem flauen Wind noch eine Zeitlang dauern, bis ich die Nantucket-Bank passiert habe. Mir bleibt nichts anderes übrig, als zu warten, bis sich die Umrisse des Feuerschiffs am Horizont abzeichnen.

7 NEWPORT

Wie ich später erfuhr, hatte man in Newport ziemlich regelmäßig Nachrichten von Chichester, Lewis und Howells empfangen. Der *Guardian* berichtete täglich; er veröffentlichte mit den letzten Informationen eine kleine Karte des Atlantischen Ozeans mit der jeweiligen Position der Favoriten. Schon vor meiner Abreise hatte ich von Wetten gehört, die auf den Ausgang der Wettfahrt abgeschlossen wurden. In der ersten Woche war die Quote von Lewis jäh angestiegen. Sein Katamaran erzielte, so erzählte man sich, vor dem achterlichen Wind phantastische Zeiten. Trotzdem war es Chichester, der nach allgemeiner Überzeugung die besten Chancen hatte, und das entsprach im übrigen auch meiner Meinung. Ich selbst hatte am 28. Mai versucht, Le Conquet anzufunken, aber nachdem es mir nicht gelungen war, eine Verbindung herzustellen, hatte ich von da ab meine Sendungen eingestellt. Die letzte Meldung über meine Position stammte von einem Frachtschiff, das mich am 4. Mai bei Einbruch der Nacht überholt hatte.

Kurz darauf bricht der Sturm aus.

Am darauffolgenden Morgen nehmen Chichester und Lewis ihre Sendungen wieder auf. Von mir hört man nichts mehr. Chichester liegt auf Karten des *Guardian* von jetzt ab an der Spitze. Und wer kommt dann? Man weiß es nicht.

Am 12. meldet ein Flugzeug der Kanadischen Marine, daß Chichester

630 Meilen östlich von Halifax steht. Man fragt über Radio bei ihm an, aber Chichester ist der Ansicht, daß ich vor ihm liegen müsse. Kein Mensch weiß, worauf dieser alte Seemann seine Vermutung gründet. Am 15. entdeckt mich eine Argus endlich hundert Seemeilen südlich von Halifax, also näher am Ziel als mein Rivale, und ein zweites Flugzeug macht photographische Aufnahmen, auf denen – nach Ansicht der Flugzeugbesatzung – der Sieger des Rennens zu sehen ist. Am folgenden Tage erscheine ich wieder auf der Karte des *Guardian.* Aber nicht anders, als ich selber es später beim Feuerschiff Nantucket tat, schließt die Zeitung die Möglichkeit nicht aus, daß andere Gegner mir zuvorgekommen sind.

Trotzdem schlägt die Nachricht wie eine Bombe ein, nicht nur in England, sondern auch in Paris, wo Chichester auf Grund der englischen Berichterstattung bereits als Sieger galt. Erst jetzt entschließt sich meine Tante Mony, nach Newport zu kommen.

In Newport liegen an die 150 Segelyachten, die sich auf den Start zu dem berühmten Bermudarennen vorbereiten. Diese riesige Schau von Schiffen und Segeln hält die ganze Stadt in Atem, die zu dieser Jahreszeit wirklich zum Weltzentrum des Segelsports wird. Alle ihre Einwohner interessieren sich leidenschaftlich für den Wettsegelsport, und ein Teil von ihnen betätigt sich aktiv daran. Mitten in diese Aufregung hinein platzt die Nachricht von meiner bevorstehenden Ankunft. Was soll man tun? Man kann sich nicht um zwei Wettrennen gleichzeitig kümmern. Ganz Newport ist auf den Beinen und mit dem Start nach Bermuda beschäftigt. Unsere Ankunft wird erst später erwartet. »Ich wäre glücklich«, hatte Chichester erklärt, »wenn es mir gelänge, meinen Rekord um drei Tage zu unterbieten.« Dreißig Tage, so glaubt man, ist die Mindestdauer einer solchen Wettfahrt.

Auch ich muß am heutigen Tage an die Bermudaregatta denken. Ich weiß, daß auch eine französische Yacht, die *Brigantine,* dabei ist. Hätte ich mehr Zeit gehabt und wäre der zeitliche Abstand zwischen den beiden Rennen nur ein wenig größer gewesen, nur zu gern hätte ich an der Seite meiner Landsleute an dem Rennen nach Bermuda teilgenommen. Seit unserem Start in Plymouth hielt ich es aber nicht einen Augenblick für möglich, daß mein Traum der Verwirklichung so nahe kommen würde.

In Newport erregt dieses Rennen gegen das Rennen plötzlich leidenschaftliche Aufmerksamkeit: Werde ich rechtzeitig genug eintreffen, um dem Start zum anderen Rennen beiwohnen zu können, deren Teilnehmer sich anschicken, die gleiche Linie, die ich schnellstmöglich zu erreichen suche, entgegengesetzt zu kreuzen?

Am 18. Juni, 10.45 Uhr (sechs Stunden später als beabsichtigt), passiere ich das Feuerschiff. Die Besatzung, die mich hat ankommen sehen, hat ein Motorboot zu Wasser gelassen. Ich beobachte, wie es unter den riesigen, auf die rote Bordwand gemalten Buchstaben NANTUCKET absetzt. Im weiten Bogen umkreist das Boot die *Pen Duick*, und ich sehe einen Mann der Besatzung meine Segelnummer aufschreiben. Sehr gesprächig scheinen die Männer nicht zu sein. Ich warte, bis sie sich so weit genähert haben, daß ich ihnen die eine Frage zurufen kann, die mir auf den Lippen brennt: Wie viele Schiffe sind schon da? Das Motorboot kommt jetzt auf und nähert sich bis auf wenige Meter Entfernung. Ich wiederhole meine Frage. Nach drei Wochen Schweigsamkeit habe ich nicht daran gedacht, daß ich meine ersten Worte hätte auf Englisch sagen müssen, und ich habe den Eindruck, daß man meine Frage nicht verstanden hat.

»You – are – the – first«, ruft mir der Mann mit dem Notizbuch zu.

Offenbar hält er das, was er mir soeben zugerufen hat, für nicht besonders wichtig, ja, er scheint nicht einmal zu ahnen, was diese Nachricht für mich bedeutet. Wenig überzeugt, klettere ich auf die Reling und bitte ihn, einen Arm um die Wanten gelegt, seine Antwort zu bestätigen. Er wiederholt, daß ich wirklich der Erste bin. Aber das ist offensichtlich gar nicht das, was ihn eigentlich interessiert.

»Wo kommen Sie her?«

»Wieso? Von Plymouth!«

Er wiederholt und notiert: Plymouth.

»Wo wollen Sie hin?«

»Newport.«

»Sind Sie allein an Bord?«

»Ja.«

Ein wenig erstaunt betrachte ich ihn. Er hat die erhaltenen Auskünfte so sorgsam zu Papier gebracht, als fülle er einen Fragebogen aus, aber wer kann ihm den mitgegeben haben?

Nach erledigter Mission schwenkt das Motorboot ab und fährt zum Feuerschiff zurück.

Plötzlich frage ich mich, ob er mich überhaupt verstanden hat. Bestimmt ist er über den Verlauf der Wettfahrt gar nicht informiert. Könnte es nicht genausogut sein, daß andere Schiffe nachts oder außer Sichtweite des Feuerschiffs vorbeigelaufen sind, ohne daß eine Meldung erfolgte? Trotz aller Bedenken beginne ich wieder Hoffnung zu schöpfen. Bevor ich mich aber endgültig freue, will ich noch eine Bestätigung abwarten, die jetzt nicht mehr lange ausbleiben kann.

Es ist strahlendes Wetter. Für die Zeit meiner Ankunft in Newport hatte man mir Hundstagshitze vorausgesagt. Bei der Kälte, die noch in der letzten Nacht auf See herrschte, hätte ich es für unwahrscheinlich gehalten, daß sich diese Prophezeiung verwirklichen würde. Indes fange ich jetzt an, daran zu glauben. Kaum kräuselt der schwache Wind das Wasser. Gegen Mittag laufe ich schon wieder mit 4–5 Knoten und halte nunmehr, nachdem der Wind, der eben noch gegenanstand, wieder gedreht hat, mit dichtgeholten Segeln unmittelbar auf die Ziellinie zu.

Mittags: Ein kleines Reiseflugzeug dreht in niedriger Höhe über mir seine Kreise. Vielleicht hat das Feuerschiff meinen Durchgang über Radio gemeldet. Auf jeden Fall steht fest, daß man sich für mich interessiert. Ich habe jemanden durch das Glas der Flugzeugkanzel photographieren oder filmen sehen.

Drei Uhr nachmittags: Der Wind raumt und frischt etwas auf, und ich fiere die Schoten, um die Segel besser ziehen zu lassen. Ein zweites Flugzeug überfliegt mich, dann ein drittes, diesmal sind es zweimotorige Maschinen. Auch sie umkreisen die *Pen Duick*. Dieses Karussell dauert wohl eine gute halbe Stunde. Dann entfernen sich die Flugzeuge, aber bald schon löst sie ein viertes ab. Ich fange ernsthaft an zu glauben, daß ich nicht schlecht plaziert sein kann. Wäre ich der letzte, hätte man bestimmt nicht so viel Benzin für mich verschwendet.

Erst später erfuhr ich, daß eines der Flugzeuge von *Paris-Match* gechartert war, und daß meine Tante, die den Abend vorher in New York eingetroffen war, sich mit den Korrespondenten der französischen Zeitschrift an Bord befand. Ich stand in diesem Augenblick etwas über 70 Meilen vor Newport und bewahre noch heute ein wertvolles Zeugnis, das mich an diese erste stumme Begegnung mit den Abgesandten des Festlandes erinnert: ein durch das ovale Bullauge des Flugzeuges geschossenes Photo, das eine als Luftbildaufnahme fremdartig anmutende *Pen Duick* mit perspektivisch verlängerten Segeln zeigt.

Wenn ich wirklich an der Spitze liege, frage ich mich nur, wie es den anderen wohl ergangen sein mag, insbesondere den Katamaranen und dem Trimaran. Bei den Winden, die unterwegs vorherrschten, müßten sie meiner Meinung nach schon längst da sein. Es ist natürlich möglich, daß sie eine ganz andere Route gewählt und nicht dieselben Wetterverhältnisse angetroffen haben wie ich.

Bis zum Ende dieses Tages bleibt das Wetter herrlich. Stunde auf Stunde laufe ich in spiegelglattem Wasser und mit leichtem halbem Wind meine fünf Knoten. Ich benutze die Gelegenheit, um Kleider, Segelsäcke usw. auf Deck zum Trocknen auszubreiten. Alle feucht gewordenen Brotreste werfe ich über Bord. Allerdings war die Feuchtigkeit noch nicht durchgedrungen, so daß es während der letzten Tage genügte, die Rinde zu entfernen, um das Brot essen zu können. Die Fußbretter aus der Kajüte, die ebenfalls verschimmelt sind, schaffe ich an Deck, schrubbe sie mit Meerwasser und lasse sie in der Sonne trocknen, bevor ich sie wieder einpasse. Auch das Dingi, das über dem Oberlicht aus Plexiglas liegt, wird zur Seite gerückt, und mit einem Male dringen die warmen Sonnenstrahlen auch nach unten. Eine wunderbare Gelegenheit, die ganze Feuchtigkeit zu vertreiben!

Mit Einbruch der Dunkelheit sehe ich ein Feuer nach dem anderen hervortreten. Wenn der Wind mich nicht in Stich läßt, muß ich bald das Leuchtfeuer von Kap Gay auf Martha's Vineyard ausmachen können. Es wird mitten in der Nacht sichtbar, verschwindet eine Zeitlang hinter einer der Landspitzen und taucht kurz vor der Morgendämmerung wieder auf. Aus Angst, von meiner Müdigkeit übermannt zu werden, bleibe ich die ganze Nacht an Deck. Schließlich habe ich seit 36 Stunden kein Auge mehr zugetan. Wenn ich jetzt einnicke, laufe ich nach Verlust meines Weckers Gefahr, zu spät wieder aufzuwachen, und ich habe keine Lust, bei einer dieser Inseln auf Grund zu geraten, wenn der Wind nur ein wenig dreht. Diese Gewässer sind als gefährlich genug bekannt, und ich habe weder die Warnungen des *Guardian* noch das Mißgeschick vergessen, das Lewis im Vineyard Sund widerfuhr. Bei Morgengrauen passiere ich an Backbord die Klippen von No Man's Land. Dem Namen nach zu urteilen sollte man annehmen, daß diese kleine Insel kaum bebaut ist, aber das Gegenteil ist der Fall, denn hinter den Kieselstränden hat man zahlreiche Häuser errichtet. Etwas später überquere ich die Einfahrt zum Vineyard Sund, wo ich aber das erwartete Feuerschiff nicht entdecken kann. Dagegen sehe ich einen Turm, der es vielleicht ersetzt hat.

Noch fünfzehn Meilen bis zum Ziel. Das Salz fängt an, mir in den Augen zu brennen – oder sind die langen Wachen daran schuld? Ich sehe nach der Zeit: 8 Uhr. Die Luft ist wärmer geworden, ich habe mich meines Ölzeugs entledigt und trage nur noch den Sweater. Als ich wieder ans Ruder gehe, sehe ich unter der Fock hindurch, wie von vorn ein Motorboot heranprescht. Große Überraschung: meine Tante befindet sich an Bord. Von New York herübergekommen und in Begleitung der Vertreter von *France-Soir,* will sie mich begrüßen. Nur noch wenige Meter sind wir voneinander entfernt. Ich beeile mich, von ihr die ersehnte Bestätigung zu erhalten. Sie ruft: »Du bist der Erste!« Endlich, kein Zweifel mehr – und mir wird im gleichen Augenblick klar, daß ich jetzt das erste Interview über mich ergehen lassen muß.

Zwei andere Barkassen warten, bis sie an die Reihe kommen. Auf der einen befindet sich der Korrespondent der Agentur *France-Presse,* auf der anderen die englischen Journalisten. Das bedeutet schon drei Interviews, bevor ich noch das Ziel passiert habe. Nachdem ich die Pinne festgelegt habe, beantworte ich – an die Wanten gelehnt – alle Fragen, so gut ich kann. Die Journalisten haben es eilig; sie denken jetzt nur daran, so schnell wie möglich wieder an Land zu kommen, um die erhaltenen Informationen rechtzeitig für die Abendausgabe durchtelefonieren zu können. A. de Segonzac und J. P. Aymond von *France-Soir* bringen tatsächlich das Kunststück fertig, mein erstes Interview zu fast dem gleichen Zeitpunkt zu veröffentlichen, an dem ich die Ziellinie kreuze.

Ein anderes Motorboot mit Vertretern von *Paris-Match* an Bord sorgt für Ablösung. Da diese für eine Wochenzeitschrift arbeiten, haben sie es nicht so eilig und geben mir bis zum Hafen das Geleit. So haben sie Gelegenheit, die *Pen Duick* beim Einlaufen zwischen Brenton Tonne und Leuchtturm zu photographieren.

Zwischen der von diesen beiden Markierungen begrenzten Ziellinie und der Startlinie liegen 27 Tage, in denen ich keine anderen Gesetze gekannt habe als die der See. Nach ihnen regelte sich alles. Die Ziellinie zu passieren, das ist nur noch eine Formalität. So jedenfalls haben sich die Dinge für mich bis zu dieser Stunde abgespielt. Man nimmt selbst die Uhrzeit, kritzelt sie auf ein Merkblatt mit den Wettfahrtregeln, das man uns vor dem Start ausgehändigt hat und auf dem man jetzt unterschriftlich bestätigt, diese Regeln die ganze Zeit über beachtet zu haben.

So bin ich nicht überrascht, daß ich diese Ziellinie ganz allein, so wie es sich gehört, passiere. Tatsächlich erfuhr ich kurz darauf, daß man mich erst eine Stunde später erwartet hatte. Da der Wind achterlich geworden war, hatte ich nämlich den Spinnaker gesetzt, damit während der letzten Seemeilen Zeit gewonnen und so die Zeitrechnung der Coast Guard über den Haufen geworfen. Aber mir ging nichts verloren dadurch, daß ich warten mußte.

Seit den frühen Morgenstunden benachrichtigt, haben sich nach und nach Hunderte von Seglern und Neugierigen auf den Kais versammelt. Man befragt die Franzosen an Bord der *Brigantine,* wohl in der Meinung, daß diese einige Tips geben könnten, die den Amerikanern noch unbekannt sind. Die Yachtbesatzungen kommen und gehen von einer Marina zur anderen und scheinen sich miteinander zu beraten. Was für Vorbereitungen werden da getroffen? Nun, wir werden ja sehen.

Für mich selbst besteht in diesem Augenblick kein Zweifel mehr, daß diese Ansammlung abzeichengeschmückter Segler beabsichtigt, mir einen ebenso herzlichen wie begeisterten Empfang zu bereiten.

Inzwischen berge ich den Spinnaker und halse. Das Wasser ist vollkommen ruhig, kaum eine Welle kräuselt sich. An Backbord tritt ein Leuchtturm – er steht mit seinen Nebengebäuden auf einer Landzunge – hervor, diese Landzunge ragt einige Meter in die Bucht hinein. Auch von der anderen Seite schiebt sich das Land heran. Noch bin ich nicht in Newport selbst, sondern erst im Eingang zu dem engen Fahrwasser, das im Westen der Insel vorbeiführt, wo die Stadt liegt. Ein anderer Meeresarm mit dem seltsam klingenden Namen Sakonnet River bespült die Insel von der Ostseite. Um zum Yachthafen zu gelangen, muß man erst einen langen Schlauch passieren, der ein wenig an Brest erinnert, nur daß die Küste hier niedriger und weniger hügelig ist.

Von irgendwoher setzt ein Querschwell ein, der die von den Segeln kaum noch gestützte *Pen Duick* zum Rollen bringt. Da ich nach der Halse die Bullentalje nicht wieder gesetzt habe, schlägt der Baum heftig hin und her, aber die in Schmetterlingsform stehenden Vorsegel ziehen.

Noch habe ich die enge Einfahrt nicht erreicht, als ein Rudel Motorboote mir entgegenbraust. Vorläufig ist noch genug Raum für die Boote, um große Kreise um die *Pen Duick* zu beschreiben, die in dem aufgewühlten, von allen Seiten gegen den schwarzen Rumpf klatschenden Schraubenwasser unstetig weitersegelt. Auf einem der Boote befinden sich der französische Konsul in Boston und der Marine-Attaché in Washington, Kapitän zur See Chatel. Sie sind eigens zu meinem Empfang gekommen und wollen mir die Nachricht überbringen, daß der Präsident der Republik mich zum Ritter der Ehrenlegion ernannt hat. Die Neuigkeit wird mir lautstark durch ein Sprachrohr verkündet. Leider habe ich selbst kein solches Instrument, um ihnen für ihre Aufmerksamkeit zu danken, die mich ebenso erfreut, wie die Auszeichnung mich bewegt. Alle Motorboote lassen ihre Sirenen zur Begrüßung ertönen, während die Insassen mir begeistert zuwinken. Auch ein Feuerwehrboot kommt heran. Seine Spritzen senden Wasserfontänen in die Luft. Man könnte denken, die *France* liefe auf ihrer Jungfernfahrt in den Hafen von New York ein.

Ich bin jetzt in dem Schlauch der Einfahrt zwischen grünen Ufern und Hängen, die von prächtigen Landhäusern beherrscht werden. Aber ich habe keine Zeit, mich in ihren Anblick zu vertiefen. Kaum entfaltet sich nach Durchlaufen der Enge vor mir der Anblick von 150 Yachten, die, dicht im Hafen zusammengedrängt, den morgigen Start zum Bermudarennen erwarten, als ich auch schon von einem ohrenzerreißenden Konzert aus allen Nebelsirenen begrüßt werde. Die ganzen Besatzungen stehen auf der Brücke und beobachten meine Ankunft. Obgleich mit den Vorbereitungen zum Anlegemanöver beschäftigt, bin ich tief beeindruckt von diesem Maß an Anteilnahme, das mir die Elite der Yachtmannschaften eines Landes entgegenbringt, in dem der Rennsegelsport auf dem Ozean das vielleicht höchste Niveau auf der ganzen Welt erreicht hat.

Zunächst lasse ich das Großsegel, dann den Yankeeklüver fallen. Etwas später kommen Besan und Fock an die Reihe. Mit dem letzten

Schuß erreiche ich den für mich an einer Brücke reservierten Liegeplatz. Die Brücke ist schwarz von Menschen. Glücklicherweise verläuft alles glatt; es hätte mich doch gewurmt, wäre mir mein letztes Manöver unter den Augen so zahlreicher Zuschauer mißlungen. Einige Yachtsegler behaupteten sogar später, daß es bei den Fachleuten Anerkennung gefunden hätte. Kaum waren die Leinen fest, als sich schon ein Strom von offiziellen Persönlichkeiten und Reportern an Bord ergießt. Mein Deck scheint mehr aushalten zu können, als ich für möglich gehalten hätte, denn es bricht nicht unter der Last der Besucher zusammen, obgleich das Heck fast bis zum Spiegel im Wasser versinkt.

Der Bürgermeister von Newport, Mr. Charles A. Hambly, bahnt sich einen Weg zu mir und überreicht mir die Siegel der Stadt Newport, zu deren Ehrenbürger ich ernannt werde. Von allen Seiten werde ich mit Fragen in englischer und französischer Sprache bestürmt, ja bombardiert. Unter den Reportern fällt mir ein unbekannter Photograph besonders auf. Später erfuhr ich, daß es Paul Slade vom *Paris-Match* war. Mit mindestens sechs Photoapparaten behangen, deren er sich, ohne auch nur eine Sekunde zu zögern, nacheinander bedient, zeigt er eine ungewöhnliche Gewandtheit. Innerhalb weniger Minuten werde ich häufiger geknipst als in meinem ganzen Leben vorher. Auch das französische Fernsehen ist zur Stelle, filmt und läßt mich vor der Kamera sprechen. Einige Fragen muß ich auf Englisch beantworten, was mir einige Mühe bereitet. Die häufigsten Fragen betreffen die Eisberge, die Stürme und die Ernährung. Ich habe immer noch meinen Seemannssweater auf dem Leibe und fange langsam an, warm zu werden; auch wenn es hundert Meilen weiter draußen noch kalt ist – hier herrscht wahrhaftig eine Hundstagshitze.

Nach einer Weile läßt man mir gerade so viel Zeit, daß ich saubere Hosen und ein frisches Hemd anziehen kann, bevor ich, ohne meine Segel eingepackt zu haben, an Land gezogen werde. Sobald ich auf der Brücke stehe, drängt sich eine Horde kleiner Amerikaner heran, die mir die Hand schütteln wollen. Zwei Polizisten bahnen mir einen Weg,

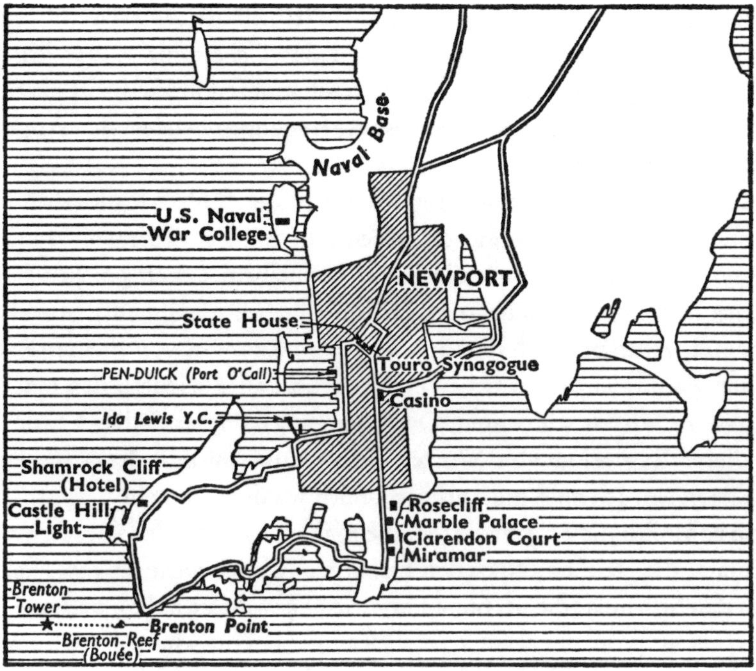

10. Plan von Newport

und ab geht es im Wagen zum Ida Lewis Yacht Club. In diesem sehr hübschen Club, der auf einem Felsen erbaut und durch eine lange Brücke mit dem Lande verbunden ist, überreicht mir der Präsident eine prächtige Silberschale, und dann muß ich den Journalisten wieder Rede und Antwort stehen. Anschließend findet in der Stadt ein Empfang durch den Bürgermeister statt, dann noch eine Pressekonferenz und ein Interview vor dem amerikanischen Fernsehen. Endlich trifft um 16 Uhr der französische Konsul in Boston ein und geleitet mich in Begleitung einiger sehr sympathischer Persönlichkeiten zu Newports bestem Club, wo uns ein Frühstück erwartet. In diesem unmittelbar am Wasser liegenden Speisesaal, von wo aus man die überaus reizvolle Küste überblicken kann, wird mir ein riesiges, märchenhaft zubereitetes Steak serviert – nur die Amerikaner kennen das Geheimnis –, das ich mit Genuß begrüße. Seit dem Frühstück heute morgen um sechs ist eine arg lange Zeit verstrichen, und alle diese Aufregungen beleben den Appetit. Endlich etwas Ruhe ...

Aber nach meiner Unterbringung im Hotel fühle ich plötzlich alle Erinnerungen dieses Tages von neuem auf mich einstürmen. Hunderten von Menschen, die ich nie zuvor in meinem Leben gesehen habe, bin ich begegnet, ich habe zum Teil ausführlich mit ihnen gesprochen, zehnmal, zwanzigmal habe ich völlig Unbekannten von meiner Reise, meiner Familie, meinem Leben erzählen und alles wiederholen müssen, was sie zu wissen wünschten. Der Übergang von der Stille des Meeres zu dieser Explosion von Worten ist zu unvermittelt. Jetzt setzt die Reaktion ein. Ich muß mich erholen, mich wieder sammeln.

So zahlreich die Fragen waren, die man mir stellte, im Grunde waren es immer die gleichen: Nach den Eisbergen (die ich nicht gesichtet habe), nach den Stürmen (die ich ohne Havarie abgewettert habe), nach meiner Einsamkeit (von der man natürlich eine romantische Schilderung zu erhalten wünschte). Man fragte so vieles, daß ich die eigentlichen Schwierigkeiten zu erwähnen vergaß, also alles das, was ich in Wirklichkeit durchgemacht und was ich in diesem Bericht lebendig zu machen versucht habe.

Unter anderem hat man mich auch gefragt, ob ich nach dem Start Angst verspürt hätte, als ich, ganz allein an Bord, meine Gegner einen nach dem anderen aus den Augen verlor und das Land achteraus verschwand. Um der Wahrheit die Ehre zu geben, muß ich noch einmal wiederholen: Nein. Außerdem war es ja nicht das erste Mal, daß ich außer Sichtweite der Küste segelte. Von Kindesbeinen an bin ich mit dieser Situation vertraut und daran gewöhnt. Es fiele mir sogar schwer, zu sagen, ob sich meine allererste Erinnerung auf das Land oder das Meer bezieht. Auf jeden Fall hat der Gedanke, allein auf See zu sein, nichts Beängstigendes für mich. Auf dem Meer sein heißt sich an Bord eines Schiffes befinden, und sobald ich auf einem Schiff bin, fühle ich mich zu Hause. Für mich war die Beobachtung viel beeindruckender, wie schnell Schiffe sich nach einem Gruppenstart verstreuen und einander außer Sicht laufen. Das Meer in seiner Weite hat eine erstaunliche Fähigkeit, Dinge aufzusaugen. Schon nach kurzer Zeit, als wir noch an der Küste von Cornwall entlangliefen, fand jeder sich selbst überlassen, allein an Bord und allein auf See. Einige Yachten blieben in den nachfolgenden Tagen noch eine Weile in Sichtweite voneinander, aber die meisten beendeten die Wettfahrt über den Ozean, ohne einen einzigen ihrer Gegner wiedergesehen zu haben.

Ich müßte also lügen, wenn ich behaupten wollte, beim Verlassen des alten Kontinents große Gefühle gehegt zu haben. Ich war mir bewußt, daß ich mich Tag für Tag mehr von ihm entfernte, ohne mich schon dem neuen Kontinent zu nähern, aber ich möchte noch einmal wiederholen, daß die Unendlichkeit des Meeres für uns Seeleute ein vertrauter Anblick ist, wenn auch vielleicht weniger eindrucksvoll als der Blick in die Tiefe, die sich unter den Füßen der Alpinisten auftut. Eine echte innere Bewegung habe ich nur verspürt, als meine Mutter, die meinen Vater und mich bis La Trinité begleitet hatte, allein auf dem Kai zurückblieb. Ich wußte, daß sie der *Pen Duick* nachschauen würde, bis die langsam kleiner werdende Silhouette am Horizont ihren Blicken entschwand, und ich dachte an die ruhelosen Stunden ihrer Sorge um mich. Sonst war ich nur von einem anderen Gedanken erfüllt: Unter keinen Umständen wollte ich die Menschen enttäuschen, die ihr Vertrauen in mich gesetzt hatten, die mir bei der Planung, beim Bau und bei der Ausrüstung des Schiffes ihre Hilfe hatten zuteil werden lassen und denen es zu danken war, daß mein Traum innerhalb weniger Monate Wirklichkeit wurde. Nur darum und um nichts anderes kreisten meine Hauptsorgen, denn während der ganzen Dauer der Wettfahrt war ich viel zu beschäftigt, um anderen Gedanken nachzuhängen, mir über andere Dinge den Kopf zu zerbrechen oder großartige Gefühle zu hegen. In dieser Art Wettkampf kann sich der Wille nur auf ein einziges Ziel richten: den Sieg. Und will man eine Ozeanwettfahrt gewinnen, gibt es auf einem Schiff weiß Gott genug zu tun. Das Wetter verändert sich nämlich auf See sehr viel häufiger und schneller als auf dem festen Lande. Handelst du dann nicht sofort, handelt der Wind für dich, ohne einen Moment zu zögern, und er tut es nicht immer so, wie du es möchtest. Im Gegenteil ...

Ich hatte also mehr als genug zu arbeiten. Trotzdem kann ich bei allen Schwierigkeiten, die es außerhalb der normalen Bordroutine zu bewältigen galt, für mich in Anspruch nehmen, daß die Wettfahrt selbst keine Prüfung für mich bedeutet hat. Sie entsprach genau dem Leben, das ich am sehnlichsten zu führen wünschte. Sowohl körperlich als auch seelisch hätte ich – davon bin ich überzeugt – diese Lebensform noch weit über den Tag meiner Ankunft hinaus weiterführen können.

8 DIE ERSTEN RIVALEN TREFFEN EIN

Für meinen Aufenthalt in Newport waren zwei Wochen, vom 19. Juni bis zum 2. Juli 1964, eingeplant. Innerhalb dieser Zeit unternahm ich eine kurze Reise nach Washington und eine noch kürzere nach New York, wohin ich später, schon auf der Heimreise begriffen, mit der *Pen Duick II* zurückkehren wollte.

Im Vergleich mit diesen beiden Großstädten ist Newport nur ein Dorf, aber ohne Zweifel derjenige Ort, der sich meiner Erinnerung am lebhaftesten eingeprägt hat. Zunächst einmal, weil sich während der 27 Tage einsamer Seefahrt alle meine Gedanken, alle meine Bemühungen darauf gerichtet hatten, dieses Ziel zu erreichen; zweitens, weil ich während meines Aufenthalts in Newport Gelegenheit hatte, alle Arten von Menschen kennenzulernen oder Freunde wiederzutreffen, mit denen ich mich durch unsere gemeinsame Liebe zur See verbunden fühle. Darunter ganz besonders diejenigen, denen mein stärkstes Interesse galt – meine Rivalen nämlich.

Von Washington, das mit seinen schönen Villen und Gebäuden, seinen breiten Avenuen und weiten Grünflächen einen so anziehenden und beruhigenden Eindruck macht, bewahre ich vor allem anderen die Erinnerung an den bewegenden Empfang, den seine Exzellenz der Botschafter von Frankreich, M. Hervé Alphand, und seine Gattin für mich veranstalteten. Nachdem ich aus den Händen des Botschafters die

Insignien der Ehrenlegion entgegengenommen hatte, die mir auf besondere Anweisung des Präsidenten der Republik verliehen worden waren, gab man mir Gelegenheit, Kapitän Woodville, einen der maßgeblichen Männer des *New York Yacht Club*, kennenzulernen. Kapitän Woodville erklärte sich liebenswürdigerweise bereit, mich in seinen Club einzuführen, und ihm habe ich es zu verdanken, daß ich vor meiner Abreise noch an der majestätischen Parade der großen Segelschulschiffe teilnehmen konnte. Auch hatte ich die Ehre, mich mit dem Kommandeur der Coast Guard, seinem Adjutanten sowie mit zahlreichen anderen Offizieren der US-Marine zu unterhalten. Wir unterhielten uns über Gott und die Welt, und ich mußte eine große Anzahl von Fragen beantworten: über meine Fahrt, die Bedeutung, die man in Frankreich dem Wassersport einräumt, über die Ausbildung des Nachwuchses in der harten Schule der Rahschiffe und vieles mehr. In diesem Zusammenhang sprachen wir auch von der letzten Schulschiffregatta, die von Plymouth nach Lissabon und von Lissabon nach Bermuda führte, und natürlich diskutierten wir auch die Wettkämpfe um den America's Cup, der im September in Newport ausgesegelt werden sollte.

Irgend jemand hatte mir erzählt, daß es in Newport ein Haus von Washington gäbe. Wie viele Häuser von Washington gibt es eigentlich wirklich in den Vereinigten Staaten? – In Washington selbst stößt man mit dieser Scherzfrage auf keinerlei Verständnis. Erkundigungen ergaben, daß das Haus, das in Newport auf den Paradeplatz blickt, gar nicht Washington gehört hat, sondern daß es sich dabei um das *State House* handelt. Es ist wohl richtig, daß man Washington dort empfangen hat, genauso wie später Monroe und andere Präsidenten. Mit um so größerer Ehrfurcht werde ich daher an den Ufern des Potomac, 50 Kilometer von der Hauptstadt entfernt, das einzige und richtige Haus besuchen, das Washington besaß und in dem er den größten Teil seines Lebens verbrachte. Dieser großzügig auf quadratischem Grundriß angelegte, in weißen Farben gehaltene Wohnsitz mit seiner vorgelagerten Säulenhalle unter einem Giebeldach vereinigt alle Merkmale des Kolonialstils. Die Besucher – darunter zu dieser Zeit, wo Schulferien sind, viele junge Leute – defilierten durch die mit dem Mobiliar der Epoche eingerichteten Räume, um dann unermüdlich den Rundgang durch die Nebengebäude, durch Küche, Ställe, Waschhaus und Vorratskammern fortzusetzen.

Aber kehren wir nach Newport zurück. Das ist meine Stadt. Wohnsitze obiger Art gibt es auch hier. *Vernon House* zum Beispiel, in unmittelbarer Nachbarschaft des zwanzig Jahre älteren *State House* gelegen, wo Rochambeau zur Zeit des Unabhängigkeitskrieges Quartier nahm. Mit seinen Mahagoni-Balustraden und seinen Delfter Kachelöfen war es in der damaligen Zeit eine höchst luxuriöse Wohnstätte.

Seitdem ich zum Ehrenbürger ernannt worden bin, hat mich eine lebhafte Neugierde auf die Vergangenheit meiner Stadt erfaßt. Anläßlich meines ersten kurzen Besuchs in New York machte ich die Bekanntschaft von Jacques Habert, einem der sympathischsten Gelehrten, die ich jemals getroffen habe. An ihn mußte ich denken, als ich heute mein Zimmer im Shamrock-Cliff-Hotel wieder betrat, dieses märchenhafte Observatorium, von dem aus ich das Kommen und Gehen aller Schiffe in der engen Einfahrt verfolgen kann. Die Besitzer, Mr. und Mrs. Dean, die dieses schöne Landhaus zu einem der reizvollsten Hotels umgebaut haben, hatten mich liebenswürdigerweise dorthin eingeladen. Angeregt von J. Haberts Erzählungen stelle ich mir im Geiste vor, wie Verrazano hier vor 440 Jahren einlief. Seine Karavellen waren die ersten europäischen Segelschiffe, die die Bucht von Narraganset heraufsegelten, diese tiefe, mit Inseln durchsetzte Bucht, die sich in verschiedene Meeresarme teilt, von denen einer sich direkt unter meinem Fenster entlangzieht.

Zu Anfang des Winters von Dieppe ausgelaufen, kreuzte er im Februar vor der Küste, an der später Newport entstehen sollte, nachdem er einen Monat zuvor die Hudsonmündung und Manhattan-Insel ausgekundschaftet hatte. Ende des Sommers übersandte dann der im

Auftrag und auf Rechnung des französischen Königs reisende Florentiner diesem, Franz I., die erste uns bekannte Schilderung von den Ostküsten der Vereinigten Staaten.

»Seine Unternehmung«, sagte Jacques Habert lächelnd, »ist in diesem Lande weniger berühmt geworden als die Ozeanwettfahrt, an der Sie soeben teilgenommen haben ...« Nun, mit dem ihnen eigenen Respekt vor großen Männern der Vergangenheit werden die Amerikaner die neue Brücke über den Hudson nach Verrazano benennen. Diese Brücke ist zur Zeit im Bau und wird selbstverständlich die größte Brücke der Welt.*

Die Milliardäre, die Verrazano folgten, errichteten ihre Landhäuser am Gestade des Meeres. Doch »Landhäuser« dürfte wohl kaum die richtige Bezeichnung sein. Häufig handelt es sich um wahrhafte Paläste. Die schönsten scheinen sich hinter den Gittern und Mauern zu verbergen, die sich zwischen Kasino und See an der Bellevue-Avenue entlangziehen. Meine Vorliebe gilt aber den anderen Häusern, die auf den Hügeln mit dem unmittelbaren Blick auf die See erbaut wurden. Dazu gehört Gott sei Dank auch Shamrock-Cliff, denn die Artikel, die ich für die Presse revidieren muß, halten mich einen großen Teil der verfügbaren Zeit am Schreibtisch fest ...

In der Stadt ist mein Inkognito längst gefallen. Mit einem 27 Tage alten Bart angekommen, war es mir am nächsten Tag nach sorgsamer Rasur noch gelungen, mich völlig unerkannt in den Straßen zu bewegen. Aber als die Einladungen sich häuften, als ein Empfang den anderen jagte, war mein neues Gesicht schnell bekanntgeworden. Seitdem habe ich meine liebe Not, durch die kleinen Hafenstraßen zu laufen oder die benachbarten Klubs zu besuchen, ohne von Autogrammjägern oder Schwätzern abgefangen zu werden. Alle Welt möchte von mir wissen, was ich von Chichester und Lewis und ihren

* Seit Drucklegung dieses Buches wurde die Verrazano-Brücke fertiggestellt und im November 1964 dem Verkehr übergeben.

Aussichten halte, vor Howells oder Rose anzukommen. Das sind genau die Fragen, auf die ich selbst eine Antwort suche, wenn ich mich mit meinen Freunden vom Ida Lewis Yacht Club oder von anderen Vereinen unterhalte, nachdem ich die letzten Informationen in der Zeitung von Providence gelesen habe.

Seit dem Tage meiner Ankunft plagt mich die ungeduldige Neugierde, doch endlich zu erfahren, wie sich die Wettfahrt bei meinen Rivalen abgespielt hat. Alles, was ich bisher in Newport berichten konnte, betraf immer nur mich selbst. Ich besaß jetzt einen klaren Überblick über meine eigenen Erfahrungen und wußte, was wir, mein Schiff und ich, geleistet hatten. Aber was sollte ich über die anderen sagen? Vergeblich fragte ich mich, wie es ihnen ginge und wo sie sich wohl an diesem oder jenem Tag befunden hatten, als ich mich selbst dieser oder jener Schwierigkeit gegenübersah. Sehr überrascht war ich doch, daß die Katamarane und der Trimaran bei den raumen Winden der ersten Tage nicht besser abgeschnitten hatten. Was wußte man von Hasler, der so sehr auf die nördliche Route versessen gewesen war? Oder von Howells, der das Pech hatte, gleich nach dem Start von einem Motorboot gerammt zu werden? Oder von Jean Lacombe, der das Rennen auf dem kleinsten Boot mitsegelte? Soeben trifft mein Freund Yan de Cat, ein junger belgischer Maler, in Newport ein, nachdem auch er den Atlantik einhand bezwungen hat (ich sah ihn am ersten Morgen nach meiner Ankunft unter meinem Fenster vorbeisegeln und erkannte sofort sein Boot, die *Ombrine,* ein altes norwegisches Fahrzeug, das von der *Pen Duick I* den alten Klüverbaum geerbt hatte). Er war am 1. April in La Rochelle gestartet und hatte in Portugal und auf den Bermudainseln Zwischenstation gemacht. Da wir ähnliche Erfahrungen teilten (obgleich seine Überquerung keinen Wettfahrcharakter trug), tauschten wir unsere Ansichten und Eindrücke aus.

Nachstehend versuche ich die letzten Nachrichten zusammenzufassen:

Heute schreiben wir Samstag, den 21. Juni.

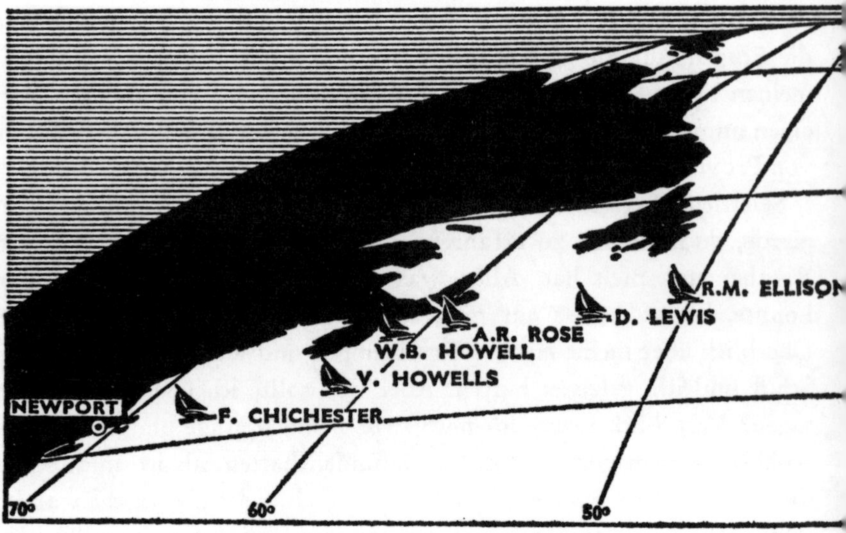

11. Position der einzelnen Konkurrenten am 19. Juni, dem Ankunftstag von Eric Tabarly

Am Freitag, dem 19. Juni, dem Tag meiner Ankunft, meldet Chichester über Radio, daß er (mittags) 270 Meilen hinter mir läge und hoffe, die Ziellinie noch vor Ablauf des dreißigsten Tages, das wäre also vor Montagmorgen, zu passieren. Gestern, Sonnabend, scheint er mit einer Durchschnittsgeschwindigkeit von etwa vier Knoten nur langsam vorangekommen zu sein. Heute, Sonntag, herrscht draußen auf See – wovon ich mich vormittags überzeugen konnte – bewegungslose Ruhe. Bei dem schwachen, an totale Flaute grenzenden Wind kann die *Gipsy Moth* kaum viel Fahrt machen. Auf jeden Fall besitzt Chichester genügend Vorsprung vor den anderen, um den zweiten Platz sicher zu haben.

Wer wird Dritter? Howells, der am 19. Juni 180 Meilen hinter Chichester stand, scheint im Augenblick am besten plaziert zu sein. Am gleichen Tage hatte der Katamaran von Lewis noch 700 Meilen und

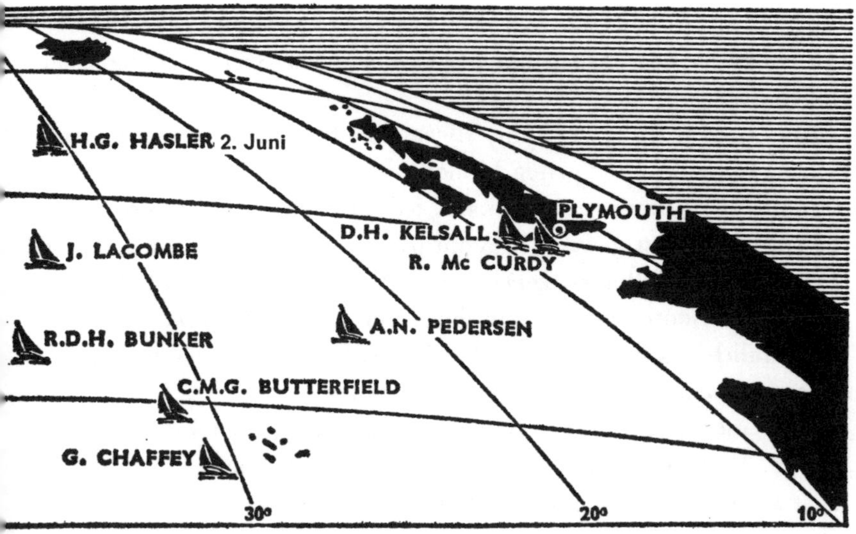

Ellison mit seinem Schoner noch 900 Meilen bis zum Ziel. Howells, der durch Havarien mehrere Tage verloren hat, scheint in den nachfolgenden Tagen Etmale von 170 Seemeilen (ungefähr 300 Kilometer oder 12,5 Kilometer in der Stunde) erreicht zu haben. Vielleicht hält aber Hasler, der aus dem Rennen 1960 fast als Sieger hervorgegangen wäre, eine Überraschung für uns bereit. Seit dem 2. Juni hat man keine Nachrichten mehr von ihm empfangen, aber er lag damals, genau wie Rose, mit an der Spitze. Bill Howell: keine Nachrichten seit dem letzten Dienstag, 16. Juni; Lacombe: keine Nachrichten, seit er Longships passierte; und von Pedersen überhaupt keine seit dem Start. Es sieht so aus als ob Chaffey und Butterfield (der geheimnisvolle Skipper der *Misty Miller*) sich am Tage meiner Ankunft in Newport noch auf den Azoren aufgehalten haben. Und dabei hatte ich Butterfields Katamaran für einen meiner gefährlichsten Gegner gehalten! Es wird bestimmt außerordentlich lehrreich sein zu erfahren, von welchen Überlegungen sich einige Skipper haben leiten lassen und was ihren Schiffen zugestoßen ist.

Aber noch wäre es verfrüht, allgemeingültige Schlußfolgerungen zu ziehen. Ich habe schon genug Mühe, Vorhersagen für die unmittelbare Zukunft zu formulieren. Ich kann jedoch nicht dem Versuch widerstehen, schon jetzt gewisse Erkenntnisse zu überdenken, zu denen die Wettfahrt zweifellos zu gegebener Zeit Anlaß geben wird. Die teilnehmenden Boote und das von ihnen verwendete Material zeichneten sich nämlich – weitgehend wohl auf Anregung des Obersten Hasler – durch eine bemerkenswerte Verschiedenheit aus.

Von einer Stunde zur anderen erwarten wir jetzt Chichesters Eintreffen. Aber der Abend vergeht, ohne daß eine Meldung von der Coast Guard erfolgt. Morgen verbleibt ihm nur noch wenig Zeit, wenn er seinen Schwur, die Überfahrt dieses Mal in 30 Tagen zu schaffen, einlösen will.

Die auf der Bucht lastende Windstille hat die Abhaltung der für heute angesagten Wettfahrten nicht begünstigt. Nur einige Frachtdampfer und Tanker passieren die Enge in Richtung Providence. Die Liegeplätze des Yachthafens haben sich nach dem gestrigen Start von den 143 Teilnehmern an der Bermudaregatta einigermaßen gelichtet. Kaum ist eine Regatta beendet, zieht schon die nächste die allgemeine Aufmerksamkeit auf sich. Diese außerordentliche Aktivität legt Zeugnis ab für die Bedeutung Newports als Zentrum des Segelsports. Gestern hörte ich, daß mehrere 12-Meter-Rennyachten der J-Klasse Ausscheidungsrennen für die Verteidigung des Amerika-Pokals veranstalten, das berühmteste Ereignis unter den großen, auf alte Tradition zurückgehenden Segelwettkämpfen. Alles das ist sehr aufregend und spannend. So ungeduldig ich auf den Moment warte, wo ich meine noch unsichtbaren Rivalen »interviewen« kann (jetzt ist es mein Törn, den Interviewer zu spielen), kann ich doch während dieser Wartezeit nicht widerstehen, mir das Schauspiel aus der Nähe anzusehen.

Zufällig werde ich am folgenden Morgen, am Montag, dem 22. Juni, frühzeitig wach. Als ich um 6 Uhr aus dem Fenster blicke, sehe ich zu meiner Überraschung Chichester einlaufen. Ich erfahre, daß er die Ziellinie um 5.37 Uhr (Ortszeit), also drei Minuten vor Ablauf des 30. Tages, passiert hat. Spätvormittags besuche ich ihn an Bord seiner *Gipsy Moth III*. Es liegt mir am Herzen, ihm zu gratulieren und ihm vor allem für die sportliche Geste zu danken, mit der er die Nachricht von meinem Sieg quittiert hat. Über Radio von meinem Eintreffen unterrichtet, ließ er mir wenige Stunden nach meiner Ankunft (übrigens im Verein mit Howells und Lewis) eine Botschaft zukommen, die mich tief bewegte. Ich treffe ihn genauso munter und heiter an wie in Plymouth. Wir tauschen unsere Eindrücke aus. Er muß in den Flauten der letzten Tage entsetzlich viel Zeit verloren haben. Seine Frau ist zu seinem Empfang erschienen, und beide erwarten nun ihren Sohn, um gemeinsam nach den Bahamas zu segeln.

Wer wird Dritter? Hasler? Lewis? Rose? Howells? Lewis, der noch vor einigen Tagen gut zu liegen schien, ist durch Havarien aufgehalten worden. Er hat den Baum gebrochen und dazu ein Vorsegel verloren, richtiger gesagt *das* Vorsegel, denn er hatte keines in Reserve. Von Hasler liegt immer noch keine Nachricht vor, aber viele Leute scheinen, ohne eigentlich zu wissen warum, davon überzeugt zu sein, daß er jeden Augenblick die Linie kreuzen müsse. Werden wir Zeugen eines harten Endkampfes über die letzten paar Meilen werden? Bei dieser hartnäckigen Flaute halte ich es für gar nicht ausgeschlossen, daß sich die ganze Gesellschaft vor Newport zusammenfindet und sich dann zur Punktgleichheit verurteilt sieht...

Am 25. Juni erfahre ich nach meiner Rückkehr von Washington, daß Valentine Howells den dritten Platz errungen hat. Er ist am Vorabend kurz vor Mitternacht angekommen. So ist es ihm also doch gelungen, die verlorengegangenen Tage einzuholen. Erst die Kollision in Plymouth, dann der Bruch des Großfallblocks südwestlich von Kap Clear – das Pech hatte sich wirklich vom Start weg an seine Fersen geheftet. Es gehörte schon ein ungewöhnlicher Schneid und unerschütterlicher Optimismus dazu, da nicht aufzugeben. Aber während die anderen hinter ihm in Flauten herumtrieben, bristen die anfänglich fehlenden Winde südlich Irlands auf und erlaubten ihm, seine Verspätung aufzuholen. Dies ist ein typisches Beispiel für die entscheidende Rolle, die das Wetter oder, genauer gesagt, die Wetterunterschiede in einem solchen Rennen spielen können. Valentine Howells, der seinen 38. Geburtstag in dichtem Nebel gefeiert hat, erweckt den Eindruck, als wäre er der glücklichste Mann auf der Welt. Man muß ihn inmitten schallenden Gelächters – seines und seiner Zuhörer – von seinem Schwabenstreich in Irland nach seiner Havarie erzählen hören; von seiner Landung in Baltimore, seiner nächtlichen Suche in der ganzen Stadt nach einem Mechaniker; von den Leuten, die in Pyjamas und Nachthemden in den Türen erschienen; und von der erbosten Stimme eines endlich entdeckten Retters, der sich aber weigerte, bei nachtschlafender Zeit aufzustehen, nur um für einen Irren den Mastbeschlag seines Schiffes zu reparieren: »Morgen früh, wenn die Werkstatt aufmacht, wie für alle Kunden!« Als er in Newport bei strömendem Regen ankam und an Land stieg, sollen Howells' erste Worte gewesen sein: »Ein Glas Bier, bitte recht kalt. Und eine heiße Dusche.«

Howells ist ein ebenso prächtiger Gegner wie Kamerad. Schon in Plymouth hatte ich Gelegenheit, seine heitere Liebenswürdigkeit kennen und schätzen zu lernen. In Newport verbrachten wir manche Stunde zusammen, bald an Bord der *Akka*, bald auf der *Pen Duick*, wo er mich immer gern besuchte. Zu zweit machten wir verschiedene Tagestouren auf See. Was für ein flinker Bordkamerad, von welcher Kraft und ungewöhnlicher Zähigkeit! Im Verlauf eines unserer Segeltörns – ich glaube es war am 28. Juli, als Rose eintraf – sahen wir uns die Trimmfahrten der Zwölfmeter-Klasse aus der Nähe an.

Genau in den Tagen unseres Aufenthaltes in Newport sind die Amerikaner nämlich dabei, sich aktiv auf die Ausscheidungsregatten vorzubereiten, nach deren Ergebnis der Verteidiger des berühmten

Pokals bestimmt wird, der sich im Besitz des Yacht Clubs von Newport und New York befindet. Bekanntlich wird das Rennen um den Amerika-Pokal jedesmal wiederholt, wenn irgendein Land die Amerikaner nach ihrem letzten Sieg dazu herausfordert. Seit 1851, als sie mit ihrer »America« zum erstenmal nach England kamen (daher der Name des Pokals), haben die Amerikaner in jeder Wettfahrt gesiegt. In diesem Jahr sind die Engländer die Herausforderer. Sie haben speziell für diese Wettfahrt zwei Rennmaschinen gebaut, die *Sovereign* und *Kurrewa V*, in denen all ihre Wünsche im Verein mit den fortschrittlichsten Ideen auf dem Gebiet des Yachtbaus Gestalt angenommen haben. Diese beiden prächtigen Yachten werden sich unter den unnachsichtigen Augen der Fachleute des Royal Themse Yacht Clubs schlagen, und im September wird sich der Sieger der Ausscheidung mit dem Sieger der amerikanischen Verteidiger messen. Bei den auf amerikanischer Seite in Aussicht genommenen Verteidigern handelt es sich zunächst um drei alte, aber modernisierte und auf den letzten Stand der Perfektion gebrachte Yachten, nämlich die *Columbia*, die den Pokal 1958 gegen die englische *Sceptre* gewann, die *Easterner* und die *Nefertiti*, beides ebenfalls alte Pokalverteidiger. Ferner um zwei ganz neue Yachten, die *American Eagle* und die *Constellation*. Eine sechste Yacht, die *Nereus*, läuft außer Konkurrenz. Sie dient als Trainingspartner der *Constellation*, deren älteres Schwesterschiff sie ist. Sie führt den gleichen Mast aus Titanium und fast die gleiche Besegelung.

Diese Yachten in Aktion zu sehen, ist ein ungewöhnlich spannendes Schauspiel, aber infolge ihrer Geschwindigkeit und wegen des Tempos ihrer Manöver ist es schwierig, auf nahe Distanz an sie heranzukommen. Wir sahen sie fünf oder sechs Halsen hintereinander durchführen, und zwar halsten sie mit einem einzigen Spinnakerbaum, meist ohne daß der Spinnaker aufhörte zu ziehen.

Aus meinem Fenster im Shamrock Cliff Hotel beobachtete ich täglich, wie sie Schlag auf Schlag hinauskreuzten und unter Spinnaker, wie immer der Wind stand, zurückkehrten. Oft schlenderte ich morgens an ihrem Liegeplatz vorbei in der geheimen Hoffnung, einmal mitgenommen zu werden. Ich wagte nicht, darum zu bitten, ich wartete einfach auf das Wunder. Eines Tages ereignete es sich. Auf der *Nereus* war ein Mann ausgefallen, und man schlug mir vor, an seine Stelle zu treten. Ich ließ mich nicht zweimal bitten; in solchen Fällen sind meine Fortschritte im Verstehen fremder Sprachen bemerkenswert. Man brachte mir einige Ausdrücke bei, die ich kennen mußte, um die Befehle zu verstehen. Gewöhnlich fiel mir die Bedienung der Großschot zu. Offenbar bewährte ich mich, denn nach unserem ersten Schlag in See wurde ich aufgefordert, so oft mitzukommen, wie ich nur wollte. Was soviel bedeutete, daß ich bis zu meinem Abschied von Newport täglich mitsegelte. Diese Trimmfahrten sind mir unvergeßlich in Erinnerung geblieben. Zunächst war es für mich an sich schon hochinteressant, auf so schönen und schnellen Schiffen zu segeln, auf denen es eine Unmasse von Segeln zu bedienen gibt und die mit den letzten Raffinessen der Technik ausgerüstet sind. So war es mir beispielsweise zum erstenmal in meinem Leben vergönnt, einen biegsamen Mast solcher Größe in Betrieb zu sehen. Das war recht beeindruckend, und ich bezweifle nicht seine Wirksamkeit und seinen Einfluß auf die Geschwindigkeit der Yacht in jeder Gangart. Ferner habe ich aus der Zusammenarbeit mit einer so hochqualifizierten Mannschaft manches gelernt. Alle Segelmanöver wurden mit gleichbleibender Präzision ausgeführt, und man merkte sofort, daß man es mit Spezialisten zu tun hatte. Auch ist es, glaube ich, nicht uninteressant zu erwähnen, daß sich die Besatzung der *Constellation* ausschließlich aus jungen Seglern zusammensetzte, die aber alle über Erfahrungen auf zahlreichen Hochseeregatten verfügten. Alle diese jungen Männer zeichneten sich durch vollkommene Ruhe und Gelassenheit aus, was keineswegs bedeuten soll, daß die Manöver nicht rasch vonstatten gingen oder daß sich die Kurbeln der Winschen und »Kaffeemühlen« nicht in fieberhafter Eile drehten. Die Kommandos wurden aber alle in dem gleichen ruhigen Tonfall gegeben. Ein Teil des Trainings bestand darin, einen guten Start zu machen. In den Kämpfen zu zweien, wie beim Amerika-Pokal, kann der Start eine entscheidende Rolle spielen, und die Besatzung der *Constellation* ließ sich diese durch die Anwesenheit der *Nereus* als Trimmpartner gebotene Übungsgelegenheit nicht nehmen. Einer der beiden Steuerleute der *Constellation,* Bob Bavier (der später, in den eigentlichen Pokalwettkämpfen, der Hauptsteuermann des Verteidigers wurde), ließ sich an Bord eines Motorbootes auf die *Nereus* übersetzen. Das Motorboot kehrte dann zurück, legte sich in Linie mit den beiden Yachten und gab das Startsignal. Ich war tief beeindruckt von Bob Baviers Gelassenheit während der nachfolgenden Manöver, die gespannteste Aufmerksamkeit erfordern, wenn man seinen Vorteil gegenüber dem Gegner wahrnehmen will. Obgleich ich selbst alle Hände voll zu tun hatte, um die Großschot zu fieren – gleich darauf mußte ich sie wieder einholen und mit Hilfe der Winsch dichtsetzen und dann wieder ausfieren und so fort – beobachtete ich ihn aus den Augenwinkeln. Die Pfeife im Mund, doch darum nicht weniger aufmersam, überwachte er gleichzeitig seine Stoppuhr, die Entfernung zur Startlinie, die *Constellation* und das eigene Boot. Die Wahl der zu unternehmenden Manöver schien ihm in keinem Augenblick Kopfschmerzen zu bereiten. Die Ruderausschläge erfolgten ohne jedes Zögern und mit Entschiedenheit. Alle Kommandos wurden ruhig und ohne jede Hast gegeben, und sieben von zehn Malen gelang uns der bessere Start*.

Trotz all dieser Erlebnisse ließ mein Interesse für das Schicksal meiner Rivalen in keiner Weise nach. Kurz nach Rückkehr von dem am 28. Juli gemeinsam unternommenen Törn auf der *Pen Duick* hörten Howells und ich, daß Patrouillenflugzeuge am vorhergehenden Abend Hasler geortet hatten. Er stand noch etwa 200 Meilen vor Newport und 90 Meilen vor Lewis. Um so erstaunter waren wir am nächsten Morgen über die Nachricht, daß Rose ihm den vierten Platz weg-

* Am 15. September 1964 schlug *Constellation* die *Sovereign* und gewann den Pokal.

geschnappt hatte. Rose hatte die Ziellinie am Abend vorher um 23.30 Uhr passiert, aber die ganze Nacht unter Brenton Leuchtturm verbracht und sich am nächsten Morgen von einem Lotsenkutter einschleppen lassen. Er hatte drei Tage gebraucht, um eine Strecke von 105 Seemeilen zu bewältigen. Unterwegs, erklärte er, habe er die *Stardrift* von Bill Howell gesichtet – ein ganz ungewöhnlicher Zufall, denn eigentlich ist die Chance zweier Yachten, sich nach Tagen und Wochen getrennter Reise mitten auf dem Ozean wiederzutreffen, gleich Null.

Am 30. Juni endlich, um drei Uhr morgens, traf Hasler als Fünfter ein. Sein Gesicht trug noch immer den gleichen Ausdruck: heiter und undurchdringlich. Anscheinend fand er, daß Rose ihm einen Streich gespielt hatte, nicht weil er vor ihm ankam, sondern weil er es fertiggebracht hatte, sich der Entdeckung durch die Flugzeuge zu entziehen, die ihn selbst aufgespürt hatten ... Auf der ganzen Überfahrt wollte er nichts gesehen und niemanden gesichtet haben. Immerhin gelang es schließlich, ihm das Geständnis zu entlocken, daß er einem Eisberg begegnet war. Der erste Reporter eilte sofort von dannen, um die Nachricht an seine Zeitung durchzugeben, während der zweite schon hinzufügen konnte, daß Hasler ihn auch photographiert hatte.

Kaum war Hasler eingetroffen, als die Coast Guard auch die Ankunft von Bill Howell meldete. Sofort entschlossen sich Valentine Howells und Rose, an Bord eines Lotsenkutters zu gehen und den Neuankömmlung draußen an der Ziellinie zu begrüßen.

Dieser eine Tag brachte etliche Ankünfte; um 17 Uhr war es Lewis, der sich zu uns gesellte.

An diesem letzten Junitag hatten also sechs von vierzehn Konkurrenten das Ziel erreicht. Vier von ihnen waren Veteranen der 1960er Wettfahrt. Nur ein einziges Mehrrumpfschiff, der Katamaran von Lewis, gehörte zu dieser ersten Gruppe. Nach und nach gab der Ozean die Wettfahrtteilnehmer her, und ich begann mir auf Grund meiner Gespräche mit diesen oder jenen Gegnern ein Bild über den Ablauf des ganzen Unternehmens zu machen.

So faszinierend diese vergleichende Gegenüberstellung auch war, ich mußte leider an die Rückreise denken. Die Compagnie Générale Transatlantique hatte mir großzügigerweise angeboten, die *Pen Duick* auf einem ihrer Frachtdampfer, der *Carbé,* nach Frankreich zurückzubringen. Die Verladung sollte am 8. Juli in New York am Pier 14 stattfinden. Das war der Termin, bis zu dem die *Pen Duick II,* wollte ich rechtzeitig eintreffen, nach New York überführt sein mußte.

9 AUF DER RÜCKREISE

Am 2. Juli nachmittags lege ich für die 140 Meilen lange Überführungsfahrt nach New York ab. Val Howells, Bill Howell und Rose begleiten mich mit einem Motorboot ein Stück hinaus, und dann sagen wir uns auf Wiedersehen. In der engen Ausfahrt begegne ich der *Nereus* und der *Constellation,* die unter Spinnaker heimkehren. *Nereus* passiert mich um Haaresbreite. Skipper und Besatzung bringen ein dreifaches Hipp, hipp, hurra auf die *Pen Duick* aus. Das war der letzte Abschiedsgruß von Newport, und ich bin ein wenig traurig, daß ich die neugewonnenen amerikanischen Freunde verlassen muß.

Der Wind ist schwach, und ich komme kaum voran. Bei Einbruch der Nacht passiere ich Judith Point, kaum neun Meilen von Newport. Wenn das so weitergeht, komme ich schwerlich zur rechten Zeit in New York an. Judith Point markiert die Grenze der Newporter Bucht. Weiter westlich beginnen die Sunde, die zuerst Block Island und später Long Island vom Festland trennen. Block Island ist die kleinste, Long Island die größte Insel, langgestreckt, wie ihr Name verrät. Die Größenordnung der Sunde sind entsprechend. Die Tidenströme machen sich stark bemerkbar, und die Winde wehen infolge der Küstennähe mit großer Unregelmäßigkeit. Hinzu kommt der teilweise recht lebhafte Verkehr. Gegen Mitternacht fühle ich die lebhafte Versuchung, den Hafen von Block Island anzulaufen und die Nacht dort zu verbringen. Ich habe eine besondere Vorliebe für Inseln, und gerade diese mit ihrer großen Lagune in der Mitte, die sie in zwei Teile schneidet, erweckt meine Neugier. Aber durch jeden Aufenthalt unterwegs gehe ich bei diesem schwachwindigen Wetter das Risiko ein, meinen Termin zu versäumen.

Die Nacht verbringe ich am Ruder. Bei Morgengrauen liegt die Enge von Block Island hinter mir, und ich laufe in den Long-Island-Sund ein. Der Strom ist stark, läuft aber mit. Die Küste ist mit ihren Hügeln und Waldungen ganz hübsch, aber irgendwie eintönig. Von allen Seiten höre ich Motorfahrzeuge brummen, eine unausstehliche Gesellschaft, der es auf diesem Stück Binnenmeer offenbar gut behagt.

Vor Jefferson, North Port Bay und etwas weiter vor Oyster Bay gewahre ich dichte Ansammlungen von Yachten. Ich nähere mich den großen Yachtzentren von Long Island, die sich dank ihrer Nähe zu New York großer Beliebtheit erfreuen. An diesem zweiten Reisetag habe ich 75 Meilen gut gemacht, und bis zum East River sind es nur noch 30 Meilen. Ich entschließe mich daher, in Oyster Bay vor Anker zu gehen und mich lieber frühzeitig am nächsten Morgen auf den Weg zu machen, denn die Durchfahrt durch den East River, mitten durch das Zentrum von New York, mit seinen Brücken, Inseln, Strömungen, plötzlichen Krümmungen und dem gewaltigen Verkehr im engen Fahrwasser ist bestimmt alles andere als eine Erholung.

Am nächsten Morgen um 7 Uhr war es noch still, und ich hatte Mühe, aus der Bucht herauszukommen. Am Ende des Long-Island-Sundes nähern sich die beiden Ufer und treten eng zusammen. In Höhe der Little Neck Bay laufe ich in den East River ein; damit ist New York erreicht. Im Norden liegt die Bronx, im Süden Queens, der Westteil von Long Island. Es herrscht eine glühende Hitze. Da die Sonne fast senkrecht auf die Segel herabstrahlt, gibt es keinen Schatten.

Ich komme hundert Meter voran, treibe dann aber oft fünfzig Meter wieder zurück, je nachdem, ob ich einen Brisenstrich erwische oder nicht, bis es schließlich gelingt, den Fluß von Landzunge zu Landzunge, von

Brücke zu Brücke zu bezwingen. Je mehr ich mich der Stadt nähere, um so schmutziger wird das Wasser, um so dichter der Verkehr. Lange Schleppzüge, motorisierte Lastkähne, Fracht- und Passagierdampfer – alles drängt sich auf diesem Fluß zusammen. Hinter Little Neck wendet sich der Fluß im rechten Winkel nach Westen. Der bisher raume Wind kommt nun von vorn. Ich erreiche die erste Brücke, White Stone Bridge. Es läuft ein harter Strom, vor allem in Flußmitte. Aber ich kann noch so viele kleine Schläge da machen, wo Brisenstriche stehen und der Strom weniger stark läuft, ich komme bei aller Fahrt durchs Wasser nicht einen Meter voran. Neue Wende in südlicher Richtung; jetzt passiere ich langsam den Flugplatz von La Guardia, den ich in aller Ruhe betrachten kann. Der nächste Schlag führt nordwestlich in Richtung der Riker-Insel. Neue Wendung; diesmal südwestlich, und da kommt die zweite Brücke. Mehr und mehr verengt sich der East River, bis er sich bei der Welfare-Insel teilt. Hier ist die dritte Brücke. Endlich erreiche ich auch die vierte, Hellgate oder Höllentor. Schon der Name besagt, daß sich die Durchfahrt keines guten Rufes erfreut. Zwar habe ich halben Wind, bin aber fast ganz abgedeckt und bleibe minutenlang an ein und derselben Stelle hängen. Eine senkrecht zum Ufer hinunterführende Straße bietet ein gutes Peilobjekt, und genau in ihrer Verlängerung sehe ich mich auf der Stelle verharren. Die Uferbewohner sind es offensichtlich nicht gewöhnt, Segler in dieser Gegend zu sehen, denn ich scheine für sie eine große Attraktion zu sein.

Endlich erlaubt mir ein kleiner Windstoß vorbeizulaufen, im gleichen Augenblick, als ein japanischer Frachter mich, glücklicherweise in Lee, passiert.

Kurz darauf kentert der Strom, und jetzt bringen mich meine Schläge gut voran. Ich laufe an der Ostseite von Manhattan entlang. Die Wolkenkratzer zeichnen sich gegen den Horizont ab, an dem die Abendröte eben erlischt. Tausende von Fenstern sind hell erleuchtet und bieten einen zauberhaften Anblick. Als ich die zweite Gruppe von Wolkenkratzern – es sind die älteren Gebäude auf der Südspitze Man-

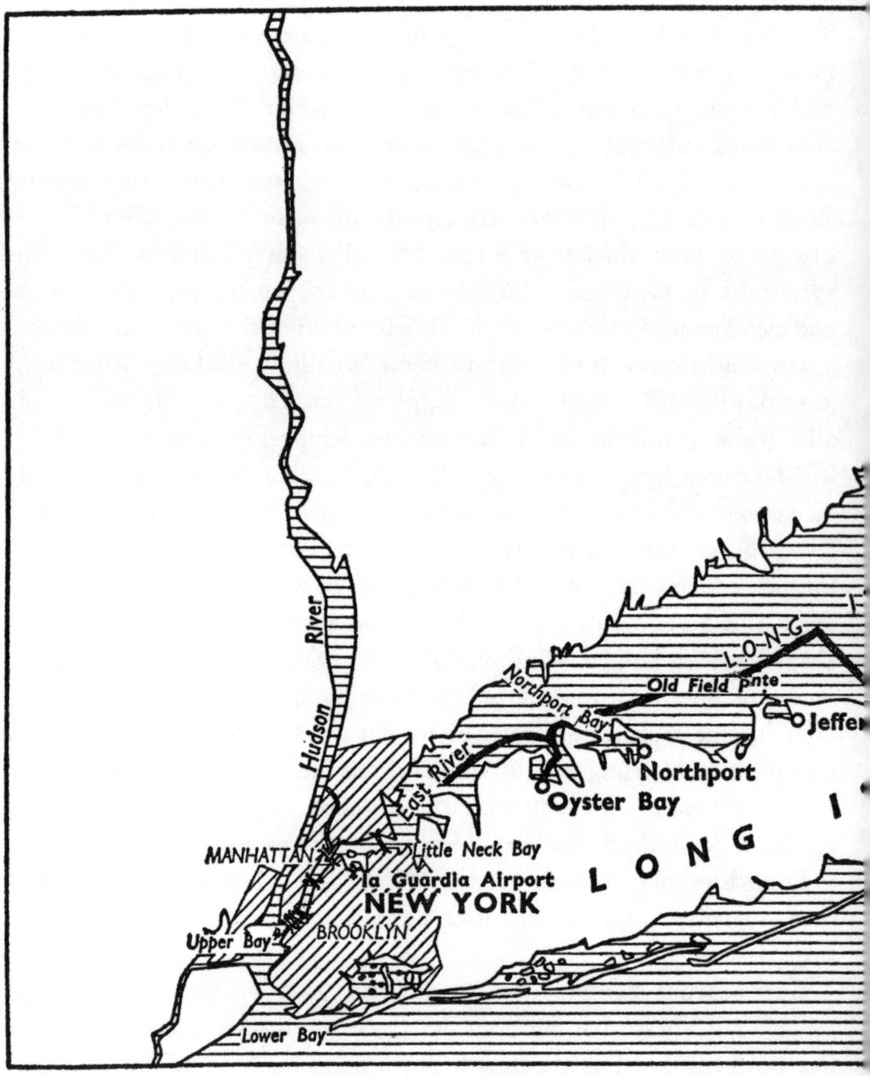

12. Von Newport nach New York

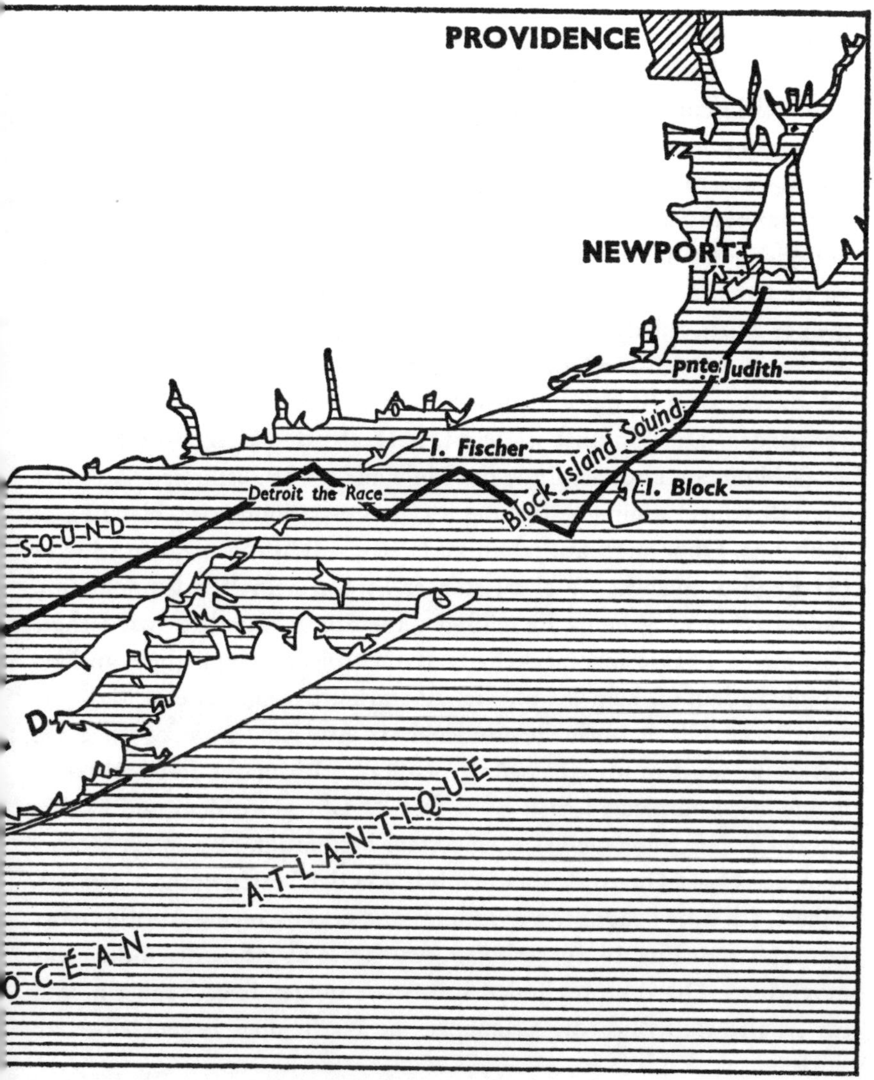
PROVIDENCE
NEWPORT
pnte Judith
Block Island Sound
I. Fischer
I. Block
Detroit the Race
SOUND
D
ATLANTIQUE
OCÉAN

hattans – passiere, ist es schon ganz dunkel geworden. Voller Bewunderung betrachte ich das phantastische Spiel der Lichter, die bis in den Himmel hinauf zu glühen scheinen. Unter der Brooklyn Bridge, der siebten und letzten Brücke über den East River, herrscht ein höllischer Lärm. Pausenlos flutet der riesige Verkehr über meinem Kopf hinweg. Von der nach Süden in die Upper Bay setzenden Strömung mitgerissen, laufe ich jetzt mit Pfeilgeschwindigkeit dahin. Den Pier 14 bei Nacht zu finden, wäre wohl ein allzu schwieriges Unterfangen. Da ich auf meiner Karte auf der Brooklyn-Seite ein von Molen umgebenes Bassin entdecke, das sich zur Upper Bay öffnet, entschließe ich mich, dort, im Schutz vor dem Strom und dem Schwell der Schlepper, die Nacht zu verbringen. Die Einfahrt ist leicht, aber als ich weiterfahre, höre ich einen Mann am anderen Ende der Mole mir etwas zuschreien. Aus dem Tonfall seiner Stimme entnehme ich, daß es verboten ist, hier liegenzubleiben. Ohne mich aufhalten zu lassen, rufe ich in meinem schlechten Englisch zurück: »Viel zu starker Strom, kein Wind, unmöglich, anderswohin zu gehen.« Er mäßigt seine Stimme, und ich wiederhole ihm meine Phrase in umgekehrter Reihenfolge: »Unmöglich, anderswohin zu laufen, kein Wind, viel zu starker Strom.« Dieses Mal verstummt er. Ob er mich verstanden hat? Am Kai entdecke ich einen Lastkahn, an dem ich längsseits gehen kann. Ich mache fest und packe meine Segel ein. Inzwischen ist es fast 23 Uhr geworden, und ich bin mit der Zubereitung meines Abendessens beschäftigt, als sich ein Motorboot der Coast Guard, wahrscheinlich von der Hafenwache alarmiert, nähert. Ich gebe bekannt, wer ich bin, und erkläre meine Absicht, morgen früh zum Pier 14 zu verholen, was heute abend leider nicht mehr möglich sei. Die Beamten holen sich Anweisungen über Funk ein, und ich erhalte schließlich die Erlaubnis, die Nacht über liegenbleiben zu dürfen.

Am nächsten Morgen telefoniere ich mit der »Transatlantique«, die mich bereits erwartet. Kaum habe ich abgelegt, als ich mich von neuem im Kampf gegen den Strom befinde. Die Freiheitsstatue kommt in

28. Der Abend senkt sich. Eric Tabarly steht an der Pinne.

29. »Die Nacht ist kalt, und ich hülle mich in warme Kleidung. Der Himmel ist klar, und der Mond ist aufgegangen. Am Ruder erwarte ich das Aufblitzen von Nantucket-Feuer. Ein Uhr morgens, soeben habe ich das Feuer gesichtet, ein Blitzfeuer, dessen Kennung nicht schwer auszumachen ist.«

30. »Zu wiederholten Malen wurde ich von kanadischen Marineflugzeugen überflogen. Ihre Beharrlichkeit macht mich offen gesagt neugierig...«

31. Am 18. Juni 10 Uhr 45 vormittags passiert Eric Tabarly das Nantucket-Feuerschiff. »Um 3 Uhr nachmittags raumt der Wind und frischt etwas auf. Mehrere Flugzeuge überfliegen mich. Später erfahre ich, daß in einem der Flugzeuge – von dem aus dieses Bild gemacht wurde – meine Tante saß. Sie hatte ihre Reise nach New York vorverlegt und war speziell zu meinem Empfang nach Newport herübergekommen.«

2. »Vertreter der France Soir und meine Tante, die mir im Motorboot zusammen entgegen-
amen, bestätigen mir, daß ich der Erste bin. Vor Newport nähert sich ein anderes Boot, auf
em sich M. Jean Savelli, der französische Konsul in Boston, und Kapitän z. S. Robert
hatel, Marineattaché in Washington, befinden. Durch ein Sprachrohr wird mir lautstark ver-
ündet: ›Der Präsident der Republik hat beschlossen, Sie zum Ritter der Ehrenlegion zu
achen.‹ Weitere Journalisten kommen auf anderen Schiffen heran; bevor ich noch einen Fuß
n Land gesetzt habe, bin ich schon mehrfach interviewt worden.«

14

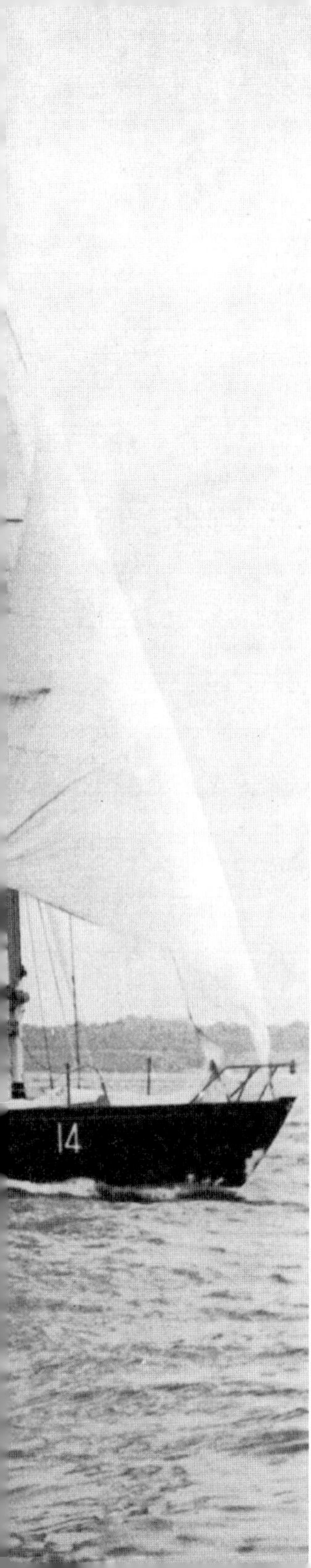

33. Das Rennen ist vorbei, die Ziellinie passiert. An Backbord sendet ein Feuerwehrboot an Stelle von Salutschüssen seine Wasserfontänen in die Luft. Wir nähern uns dem Hafen, und ich steuere auf die Landungsbrücke zu, die man mir anweist.

34. Kaum sind die Leinen fest, drängen sich die Reporter an Bord, bis das Heck unter dem Gewicht der Besucher in Wasser taucht. Man erkennt auf unserem Bild Eric Tabarly in der Mitte, umgeben von Adalbert de Segonzac, dem Leiter des USA-Büros von France Soir, und André Costa, dem Direktor der Nautisme-Cahiers du Yachting.

35. Vor dem kleinen Büro des Port O'Call, und immer noch auf der Brücke stehend, wird Eric Tabarly, der gerade noch Zeit hatte, einen frischen Sweater und eine saubere Hose anzuziehen, vom Kapitän z. S. Chatel empfangen. Zwei Polizisten bahnen den beiden einen Weg.

36. In Washington verleiht der französische Botschafter dem Leutnant z. S. Eric Tabarly im Namen des Präsidenten der Republik das Kreuz der Ehrenlegion in Anerkennung seiner »außerordentlichen Leistung«.

37. Am 24. November in London überreicht Lord Mountbatten, Chef des britischen Verteidigungsstabes, Eric Tabarly den Preis des Observer.

38. Bei der Ankunft in Le Havre empfängt M. Maurice Herzog, Secrétaire d'Etat à la Jeunesse et aux Sports, Eric Tabarly im Namen der französischen Regierung. Rechts von Eric Tabarly seine Mutter, Mme. Guy Tabarly. Hinter ihm seine Tante, Mme. Landry-Khan.

Sicht. Sie ist noch größer, als ich gedacht hatte. Ein mächtiger Flugzeugträger läuft im gleichen Augenblick an ihr vorbei, so daß ich die Abmessungen miteinander vergleichen kann. Obgleich ich mich selbst fast in Höhe des Wasserspiegels bewege, bleibt der obere Teil der Statue noch über dem Schiff sichtbar. Ich laufe die Upper Bay hinauf und drücke mich dabei dicht an den Kaianlagen entlang, um wenigstens dem stärksten Strom zu entgehen. Auf Höhe des East River angelangt, wird mir klar, daß ich es sehr schlau anstellen muß, wenn ich von hier noch weiterkommen will.

An der Stelle, wo die beiden Flüsse zusammentreffen, bleibe ich vollkommen stehen. Ich befinde mich eben unterhalb von Governors Island, einer Insel, die am Zusammenfluß von Hudson und East River liegt und den East River in zwei Arme teilt. Ich überquere den ersten Arm im Schutz der Insel und umsegele sie dann in nördlicher Richtung. Von Zeit zu Zeit gelingt es, den großen Klüver gegenüber dem Großsegel zum Stehen zu bringen, aber ich wage nicht, den Spinnaker zu setzen. Ein Schralen des Windes, wie es auf dem Fluß dauernd passiert, würde genügen, die Situation gefährlich zu komplizieren, und am Schluß verlöre ich mehr an Terrain, als ich gewonnen hätte. Will ich aus dem Strom bleiben, dann muß ich so dicht wie möglich unter Land halten, und ich kann daher das Ruder nicht einen Augenblick verlassen. Nach einer Weile erreiche ich die Nordspitze der Insel und laufe über den East-River-Arm zurück. Dank einer kleinen Brise werde ich nicht zu stark vom Strom abgetrieben. Dieser Teil des Südufers liegt innerhalb des Bogens, den die Strömung von der Brooklyn Bridge an beschreibt. Es ist einigermaßen geschützt, und wenn ich mich in Ufernähe an den Pierköpfen, die den Strom auch ein wenig zerteilen helfen, entlangdrücke, komme ich langsam aber sicher voran. Der Pier 14 liegt etwas weiter aufwärts auf der anderen Seite des Flusses. Ich kann ihn schon ausmachen, benutze aber den auf meiner Flußseite laufenden schwächeren Strom, um ein Stück weiter in Richtung Brooklyn Bridge zu laufen. Als ich schließlich hinüberhalten will, muß ich leider erkennen, daß der

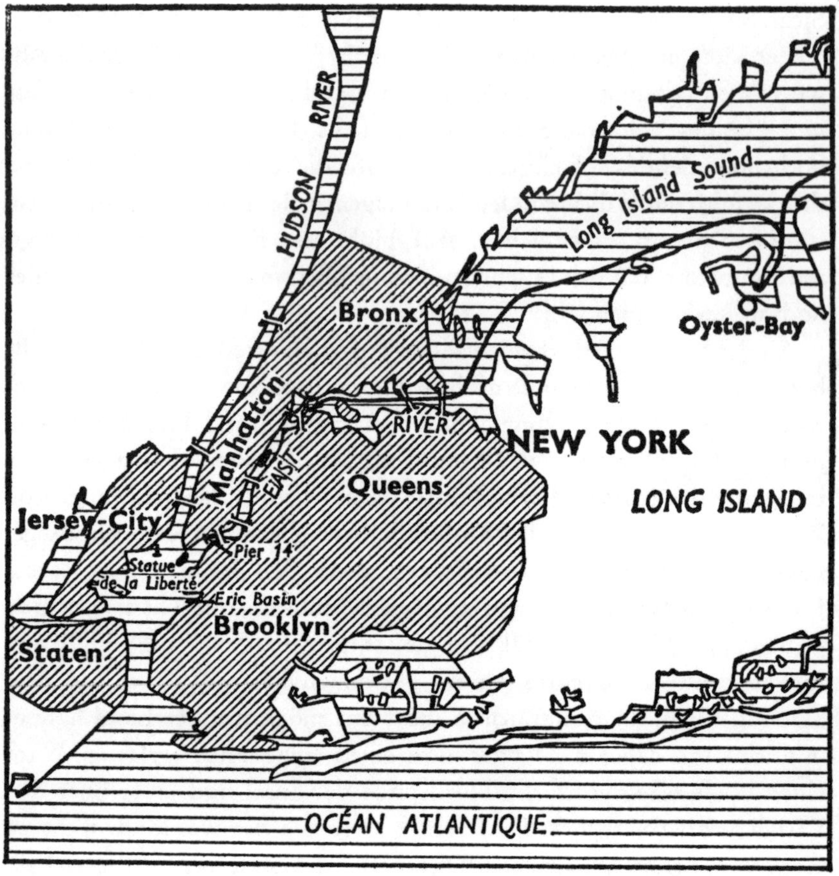

13. Plan von New York

Strom mich vorbeitragen wird. Ich muß daher noch weitersegeln, wenn ich das gegenüberliegende Ufer auf Höhe von Pier 14 zu fassen kriegen will. Kurz vor der Brücke glaube ich, genug an Höhe gewonnen zu haben. Irrtum, mitten im Strom ist die Abtrift wieder so stark, daß ich bei Pier 13 lande. Haarscharf verpaßt! Ich mache fest, berge die Segel, und mit Hilfe der Leute von der »Transatlantique«, die mir vom Kai aus beistehen, gelingt es mir, das Schiff um den Kopf der Landungsbrücke herumzuholen. Allerdings nur mit knapper Not, denn es setzt wirklich ein unerhört starker Strom. Endlich bin ich an Ort und Stelle angelangt. Die *Carbé* ist zwar noch nicht da, wird aber morgen erwartet. Am folgenden Tag, dem 6. Juli, werden die Masten mit Hilfe der Ladebäume der *Carbé* gelegt, und am 8. Juli nachmittags wird die *Pen Duick* von einem Kran an Deck des Frachters gesetzt. Zimmerleute bauen ein Gestell, und schon am gleichen Abend befindet sich die *Pen Duick* auf dem Weg nach Frankreich. Sie kommt noch vor mir an, da die nächste Abfahrt der *France* erst für den 22. Juli vorgesehen ist. Bis dahin habe ich Zeit, mir die Stadt anzusehen. Der New York Yacht Club stellt mir – das verdanke ich der Einführung durch Kapitän Woodville – ein Zimmer im Klubgebäude zur Verfügung, dessen Räume sich wie ein regelrechtes Yachtmuseum ausnehmen. Stundenlang verweile ich dort, im Anblick der Modelle versunken. In einem großen Saal sind alle Yachten, die um den Amerika-Pokal gekämpft haben, maßstabsgerecht ausgestellt. In ein und derselben Glasvitrine stehen sich Verteidiger und Herausforderer einer jeden Regatta gegenüber. Diese Ausstellung ist außerordentlich interessant, nicht nur wegen ihres geschichtlichen Wertes, sondern auch aus ästhetischen Gründen. Noch nie habe ich so bildschöne Yachtmodelle gesehen. Sie sind absolut naturgetreu und in allen Einzelheiten auf das genaueste ausgeführt. Ich hätte nur gewünscht, ihrem Studium mehr Zeit widmen zu können, als mir leider zur Verfügung stand. Der Club verpflichtet in seinen Statuten jedes Mitglied, das eine Yacht besitzt, zur Stiftung eines Halbmodells, wenn eben möglich sogar eines Ganzmodells. Da der New York Yacht Club nach Anzahl und Stellung seiner Mitglieder zweifellos der führende und einer der ältesten Clubs der Welt ist, repräsentiert seine Modellsammlung praktisch die ganze Geschichte des Yachtbaus. Schließlich hält der Club den Amerika-Pokal in Verwahrung, diesen vielbegehrten Schatz, den sich die New Yorker seit über einem Jahrhundert nicht haben entreißen lassen.

New York ist eine Stadt, die sich in vollem Umbruch befindet. Überall sieht man Baustellen. Ganze Viertel werden abgerissen, um Wolkenkratzern Platz zu machen. Die Bautätigkeit, die sich einige Jahre verlangsamt hatte, ist zur Zeit wieder in vollem Schwung. Die neuen Wolkenkratzer unterscheiden sich von den älteren Gebäuden durch die viel stärkere Verwendung von Stahl und Glas. Sie sehen attraktiver aus als ihre Vorfahren aus Beton, die man an der Manhattan-Spitze antrifft.

Als Gast der amerikanischen Marine nahm ich an Bord des Flugzeugträgers *Randolph* an der Parade der großen Segelschulschiffe auf dem Hudson teil. Ein selten gewordenes Schauspiel, von elf großen Drei- und Viermastern und einer Anzahl kleinerer Segelschiffe dargeboten. Obgleich kein Schulschiff, nahm auch der kanadische Schoner *Bluenose II* an der Parade teil. Sie ist eines der Schiffe, die mich am meisten interessieren. Wohlverstanden, es handelt sich hier nicht um die alte berühmte *Bluenose,* die Königin aller Schoner, sondern um einen genauen Nachbau. Ihre Geschichte, heute so gut wie vergessen, ist wert, festgehalten zu werden. Zu Anfang dieses Jahrhunderts fischten die Amerikaner aus Gloucester und die Kanadier aus Neuschottland den Kabeljau noch mit diesen Schonern. Die wie Yachten gebauten Fahrzeuge bewiesen eine bemerkenswerte Seetüchtigkeit zu jeder Jahreszeit. Sie waren ungewöhnlich steif und konnten große Geschwindigkeiten erreichen. Wir besitzen Logbucheintragungen, aus denen hervorgeht, daß auf bestimmten Routen 16 und 17 Knoten erzielt worden sind. Selten haben sich so viele gute Eigenschaften auf Schiffen dieser Größe vereinigt. Jahr für Jahr wählten die Kanadier und Amerikaner ihre besten Schoner aus und stellten die beiden siegreichen Segler einander im Wettkampf gegenüber. Stets hatten die Amerikaner gesiegt. Bis eines Tages die *Bluenose* erschien, die niemals mehr geschlagen wurde. Leider strandete sie 1946 vor Haiti an einem Felsen, aber die Kanadier haben ihr einen Platz im Herzen bewahrt.

Nach der Parade war es gestattet, die Schulschiffe zu besuchen. Ich entschied mich daher, an Bord der *Bluenose* zu gehen. Kein Glück, sie war das einzige Schiff, auf dem Besucher nicht erwünscht waren. Der Schoner lag in der Mitte des Hudsons verankert, aber zufällig bemerkte ich am Kai ein zum Schoner gehöriges Boot, mit dessen Besatzung ich mich nach Überwindung einiger Hemmungen bekannt machte. Sobald ich meinen Namen genannt hatte, waren die Leute sehr nett und brachten mich sofort an Bord. Ich durfte das ganze Schiff, das eine Länge von 43,6 Meter hat und 285 Tonnen verdrängt, besichtigen. Der Masttopp ragt 43 Meter über Deck empor, das Segelareal beträgt an die tausend Quadratmeter. Diese auf zwei Masten verteilte Fläche ist schon recht beeindruckend. Allein das Großsegel vermißt 382 Quadratmeter, der Großbaum hat eine Länge von 24 Metern und wiegt die Kleinigkeit von 3 Tonnen. (Ein schönes Stück Oregon-Pine.) Ich stieg in die Takelage. Der Eindruck ist noch stärker als von der Oberbram-Rah eines Dreimasters, weil dieser Mast so viel schlanker gebaut ist. Wie gern würde ich mit der *Bluenose* auf Reise gehen! Das müßte ein herrliches Erlebnis sein. Das fand ich auch in einer Unterhaltung bestätigt, die ich mit einem kanadischen Mitglied der Besatzung führte. Dieser Mann war drei Jahre lang an Bord der *Bounty* mitgesegelt, der neuen *Bounty*, die eigens für den Film über die berühmte Meuterei erbaut worden war und im Anschluß an die Aufnahmen eine Weltreise unternahm, um für den Film Propaganda zu machen. In dem Film spielte er die Rolle eines zum Kielholen verurteilten Matrosen. – Die *Bluenose II* habe ein kanadischer Bierbrauer in Auftrag gegeben.

An einem Sonntag luden mich Freunde nach West Port am Long Island Sund ein, mit ihnen einen Tag an Bord ihrer Yacht zu verbringen, einer sehr hübschen marconigetakelten Yawl von etwa 17 Meter Länge, die von Herreshoff entworfen worden war. Ich bin nur zu glücklich, endlich einmal das Werk eines der großen Männer der Yachtbaukunst in Wirklichkeit und nicht nur auf dem Papier bewundern zu können. 1927 gebaut, wenn ich mich recht erinnere, gewann sie in dem darauffolgenden Jahr die Bermudaregatta. Der Segelriß ist ein wenig überholt, aber der Rumpf verrät mit seinen schönen Linien die Handschrift des genialen Konstrukteurs.

Mit der Eisenbahn fuhr ich auch nach Mystic, Connecticut, und verbrachte einen ganzen Tag in diesem alten Walfanghafen, der genau am Ausgang des Long Island Sunds liegt. Die Amerikaner hatten die ausgezeichnete Idee, die gesamte Ortschaft in ein Museum zu verwandeln. Der kleine Hafen blieb in genau der gleichen Form erhalten, die er zu Anfang dieses Jahrhunderts besaß, mit seinen Häusern und Kaianlagen, mit Werften, der Segelmacherei und der Reepschlägerei. Darüber hinaus wird versucht, dort so viele alte Schiffe wie möglich zusammenzuführen und sie in gutem Zustand zu erhalten.

So sieht man da einen alten Kabeljauschoner, der in seinen Abmessungen der *Bluenose* ganz wesentlich nachsteht, ein merkwürdiges Fahrzeug von etwa fünfzehn Meter Länge. Mit Schiffen dieser Art wurde der Kabeljaufang betrieben, bevor die großen Schoner auf der Bildfläche erschienen. Ferner eine hochbetagte dänische Ketsch, die um 1860 im Islandhandel fuhr, Salz auf der Hinreise lud und mit Kabeljau zurückkehrte. Sie ging in den Besitz eines baltischen Reeders über und diente schließlich einer Gruppe von Flüchtlingen aus einem Land hinter dem Eisernen Vorhang zur Flucht nach Amerika. Weiter: ein altes kleines Dreimastschulschiff, ein für Polarexpeditionen konstruierter Schoner, dessen Planken in der Wasserlinie mit einem Gürtel aus Eisenholz verstärkt war, ein Scharrnetzfischer aus der Chesapeake Bay für den Austernfang und schließlich, Glanzstück der Sammlung, ein dreimastiger Walfänger, der letzte Segler, der noch auf Walfang gefahren war und aus dem großen amerikanischen Walfanghafen New Bedford stammte. Dieser Schiffstyp beschwört die Erinnerung an eine der größten Epochen in der Geschichte der Segelschiffahrt herauf.

Warum ist bei uns wohl niemand auf die Idee gekommen, einige unserer alten Hafenbecken auf diese Weise zu gestalten? Ich denke dabei zum Beispiel an Honfleur.

Inzwischen ist der 22. Juli herangekommen, und es wird Zeit, daß ich mich auf der *France* einschiffe. Nach einer sehr angenehmen Reise lande ich in Le Havre. Der Ring ist geschlossen.

*

Jetzt möchte ich wieder auf die Ozeanwettfahrt zurückkommen und versuchen, daraus einige Folgerungen abzuleiten.

TEIL II DIE OZEANREGATTA IN DER RÜCKSCHAU

1 PROBLEMSTELLUNGEN DER WETTFAHRT

Das Rennen von 1960

In seinem Buch »Allein über den Atlantik« berichtet Chichester, wie damals die Idee von der ersten Einhandregatta aufkam und in die Tat umgesetzt wurde.

»Hasler war es, der als erster den Gedanken an diese Transatlantikregatta faßte. Er erhoffte sich von einer solchen Bewährungsprobe Anregungen von den Teilnehmern, wie man sich von überholten Routinevorstellungen in der Segelschiffahrt zu lösen vermöchte. Mit Recht überlegte er sich, daß die Interessenten dadurch gezwungen würden, sich gemeinsam Gedanken über die Vereinfachung ihrer Ausrüstung und über taktische Probleme zu machen, und daß sie dabei möglicherweise zu ganz umstürzenden Lösungen gelangten. Es war Zufall, daß meine Aufmerksamkeit eines Tages, als ich die Anschlagtafel des ›Royal Ocean Racing Clubs‹ (R. O. R. C.) studierte, auf seinen Aufruf gelenkt wurde. Ich begann, ›Blondie‹ beim Organisieren dieser Sache zu helfen. (In Wirklichkeit hatte Hasler das Projekt schon 1956 der *Slocum Society* in New York vorgelegt. Nach Erklärung ihrer prinzipiellen Bereitschaft, die Schirmherrschaft der Regatta zu übernehmen, hatten die Amerikaner jedoch gezögert und schreckten offenbar vor den damit verbundenen Risiken zurück.) Wir versammelten uns in Plymouth zu einer Ausschußsitzung. Anwesend waren die Mitglieder des ›Royal Western Yacht Clubs‹, Blondie Hasler, meine Wenigkeit und Chris Brasher vom *Observer,* der später so viel zur Verwirklichung unserer Pläne beitrug. Die erste Frage war, ob der ›Royal Western Yacht Club‹ bereit wäre, verantwortlich einen Teil der Aufgabe zu übernehmen. Die Clubmitglieder zeigten großes Interesse für das Projekt, erhoben aber zahlreiche Einwände. Die Mehrzahl dieser prächtigen Hochseesegler, die gewohnt waren, ihre Ozeanrennen mit erfahrenen und zahlenmäßig starken Besatzungen zu segeln, hielten eine Einhandregatta für Wahnsinn; sie fürchteten negative Auswirkungen der öffentlichen Meinung, wenn sich ein Unglücksfall ereignen sollte. Darauf erhob ich mich und erklärte, daß wir, Blondie und ich, wenn niemand sonst auf unsere Pläne eingehen wolle, beide bereit wären, uns über den Atlantik zu wagen und um eine halbe Krone als Preis zu kämpfen. Die Amerikaner waren begeistert von dieser Herausforderung. Da sie aber nicht wußten, was eine halbe Krone war, änderten sie den Einsatz in fünf Schilling um.

Die Wettfahrtbedingungen lauteten wie folgt: ›Die Melampus Tonne ist an Steuerbord zu lassen (eine Tonne, die unmittelbar an der Startlinie in Plymouth liegt); von dort ab freie Kurswahl bis Ambrose Feuerschiff vor New York.‹*«

Fünf Konkurrenten reichten ihre Meldungen ein: vier Engländer – H. G. Hasler, Francis Chichester, David Lewis, Valentine Howells – und Jean Lacombe, ein Franzose. Die vier ersten kreuzten die Startlinie am 11. Juni 1960 um 11 Uhr vormittags; Lacombe hatte sich verspätet und konnte nicht mehr am gleichen Tag starten.

Francis Chichesters Boot, die *Gipsy Moth III,* war ein Kutter von 13 Tonnen, 1957 nach Plänen von Robert Clark bei John Tyrrell in Arklow (Irland) erbaut. Das gleiche Schiff nahm auch später an dem 1964er Rennen teil.

* Francis Chichester, *Seul en course,* französische Übersetzung von Wanda Vulliez und Kapitän Malgorn, Paris 1962, Librairie Maritime Le Yacht und Editions Arthaud.

Auch Haslers Boot, die *Jester* war bereits dasselbe Fahrzeug, mit dem sein Skipper 1964 wieder startete. Ein speziell für Einhandregatten umgebautes und ausgerüstetes Volksboot, das ein chinesisches Dschunkensegel als einzige Besegelung trug.

Lewis, damals noch nicht den Katamaranen verfallen, hatte sich für eine Sloop von etwa 7,60 Meter Länge entschieden: die *Cardinal Vertue,* einen Serienbau der »Vertue«-Klasse, deren Entwurf von Laurent Giles stammt und die durch Humphrey Barton bekannt geworden ist.

Valentine Howells segelte, wie Hasler, ein Volksboot, die *Eira,* aber mit konventioneller Sloopbesegelung. Ihre Länge von 7,60 Metern entsprach der der *Jester* und bis auf einige Zentimeter auch der Länge der *Cardinal Vertue.*

Chichester verfügte über das bei weitem größte Boot, während Jean Lacombe das kleinste hatte, die *Cap Horn,* mit 6,50 Meter Länge über Alles. Entsprechend war die Besegelung: Großsegel 12,50 Quadratmeter, Fock 1,9 Quadratmeter.

Chichester passierte das Ziel bei Ambrose Feuerschiff als erster am 21. Juli 1960, nach einer Reise von 40 Tagen, 12 Stunden und 30 Minuten (eine Zeit, die er bei einer zweiten Atlantiküberquerung im Jahre 1962 ohne Konkurrenz verbesserte). Zweiter wurde Hasler mit 48 Tagen, dritter Lewis mit 56 Tagen, vierter Howells mit 63 Tagen. Lacombe, der fünf Tage später gestartet war, erreichte New York nach gelungener Überquerung erst am 24. August. Für sein kleines Schiff hatte er die längste Route über die Azoren gewählt.

Automatische Steuerung

Alle an der Regatta 1960 teilnehmenden Schiffe waren mit Selbststeueranlagen ausgerüstet. Tatsächlich ist dieses Hilfsmittel auf einem Einhandrennen von 3000 Seemeilen über den Atlantik nicht zu entbehren.

Es gibt zur Zeit eine ganze Reihe verschiedener Systeme. Einige davon werden durch den Kompaß betätigt. Diese Systeme setzen aber Schiffe voraus, die über beträchtliche elektrische Kraftquellen verfügen, wie sie sich im allgemeinen auf kleinen Segelschiffen nicht anfinden. Außerdem sind solche Installationen ziemlich kostspielig. Ein auf diese Weise gesteuerter Segler kann nur einen ganz bestimmten Kurs einhalten, und man erkennt daraus sofort den Nachteil dieses Systems: hoch am Wind segelnd ist das Fahrzeug nicht imstande, sich den Veränderungen des Windes in Richtung und Stärke anzupassen. Es verliert auf diese Weise entweder an Kursbeständigkeit oder an Geschwindigkeit, manchmal sogar an beidem zusammen.

Im übrigen widersprechen elektrisch betätigte Selbststeuerungen den Wettfahrtbedingungen, die eine Verwendung mechanischer Kraft für die Bedienung der Segel und der Steuerung ausschließen. Auch hier ist man also auf den Wind angewiesen, der auch das Schiff vorantreibt.

Das klassische System der Selbststeuerung wurde vom Modellbau übernommen. Die erste Anwendung auf hoher See geht auf Marin-Marie zurück, der mit der *Arielle* den Atlantik 1936 unter Motor überquerte.

Allgemeines Prinzip der Arbeitsweise

Ein Schiff in Fahrt unterliegt einem relativen oder scheinbaren Wind Vr, der die Resultante aus dem wahren Wind V und dem Fahrtwind darstellt. Eine sich frei drehende Windfahne stellt sich daher nach dem scheinbaren Wind ein. Wir haben auf diese Weise einen Anhaltspunkt für die Windrichtung, die einen bestimmten Winkel mit dem Kurs des Schiffes bildet. Jetzt brauchen wir nur noch die Windfahne mit einem Ruder fest zu verbinden, um das Schiff so zu lenken, daß dieser Winkel unverändert bleibt. Nehmen wir nun an, daß das Schiff seinen Kurs

14.–21. Schematische Darstellung automatischer Steuersysteme

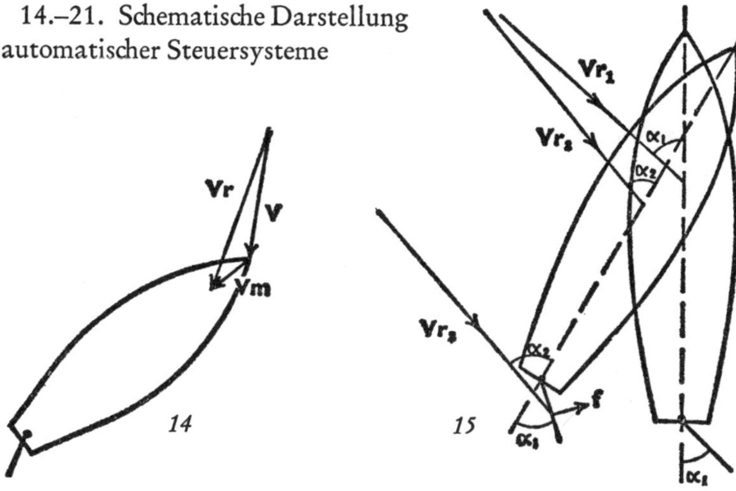

ändert. Es erhält dann den Wind aus einer anderen Richtung (wobei die Richtungsänderung des Windes nicht identisch ist mit dem Winkel der Kursänderung), und es ergibt sich ein Winddruck auf eine der Seiten der Windfahne. Diese Kraft, auf das Ruder übertragen, bringt das Fahrzeug auf seinen alten Kurs zurück. Die Windfahne stellt sich dann wieder nach dem ursprünglichen scheinbaren Wind ein, und das Ruder kehrt, da auf der Windfahne kein Druck mehr steht, in seine Ausgangslage zurück.

Um auch bei Schräglage funktionieren zu können, ist es offensichtlich, daß die Windfahne eines Gegengewichtes zum Ausgleich bedarf.

Schon jetzt können wir die Vor- und Nachteile dieses Systems herausstellen.

Nachteile:

1. Es ist leicht erkennbar, daß auch das Schiff seinen Kurs verändert, sobald sich der Wind in Richtung und Stärke ändert.

2. Bei Wind von achtern ist der scheinbare Wind schwach, und entsprechend schwach muß daher auch die Wirkung auf das Ruder sein, also gerade bei einer Segelführung, bei der die Schiffe durchweg eine energische Ruderführung verlangen. Darüber hinaus tritt ein Phänomen in Erscheinung, das die Reaktion der Windfahne verzögert. Beim

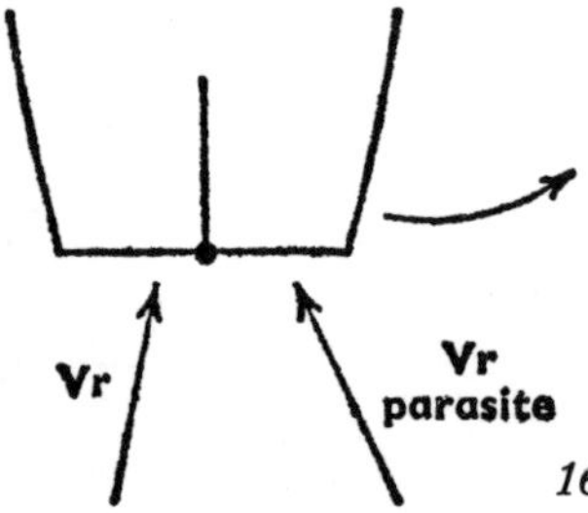

16

Gieren des Schiffes erzeugt die treibende Bewegung von achtern einen parasitären, scheinbaren Wind, der die Wirkung des eigentlichen scheinbaren Windes aufhebt. Entweder muß daher das Gieren aufhören, oder die Kursänderung muß groß genug sein, daß der eigentliche scheinbare Wind Kraft genug gewinnt, um die Windfahne zur Betätigung zubringen. Hoch am Wind ist die Wirkung umgekehrt, und das Gieren verstärkt nur die Wirkung auf die Windfahne. Besser wäre es daher, Vorsorge zu treffen, bei achterlichen Winden doppelte Vorsegel zu fahren, und ihre Schoten an die Pinne zu führen.

3. Ändert das Fahrzeug seine Geschwindigkeit, wechselt auch der

scheinbare Wind seine Richtung, und der Kurs des Schiffes weicht entsprechend ab. Das ist bei Schiffen konventioneller Bauart im allgemeinen unwesentlich, spielt aber eine Rolle bei den Katamaranen, deren Geschwindigkeit sehr unterschiedlich sein kann und die infolgedessen mit diesem System schwer zu steuern sind.

Vorteile:

Der zuerst genannte Nachteil verwandelt sich häufig auch zum Vorteil. Am Wind liegend, erlaubt er nämlich dem Schiff, den Veränderungen des Windes in Richtung und Stärke zu folgen. Fällt also eine Bö ein, raumt der scheinbare Wind, und das System bringt das Schiff zum Anluven.

Diese Art von Selbststeuerung eignet sich daher offenbar im besonderen Maße für die Fahrt hoch am Wind, wo der scheinbare Wind sowieso am stärksten ist.

Handhabung:

Wie man sieht, kann die Windfahne erst eingeschaltet werden, wenn das Schiff sich in Fahrt befindet. Das ist keineswegs unumgänglich; die Fahrt der Modellschiffe wird zum Beispiel mit Hilfe von Hemmvorrichtungen geregelt. In Wirklichkeit genügt es zu wissen, daß der scheinbare Wind, zum Beispiel an der Kreuz, einen Winkel von X Grad mit der Mittschiffslinie bildet. Man stellt dann die Windfahne mit Hilfe eines in Grade aufgeteilten Sektors in dem gewünschten Winkel fest. Auf diese Weise läßt sich das Schiff bei allen Segelstellungen einregulieren.

In dem uns interessierenden Fall ist es jedoch praktischer und auch präziser, das Fahrzeug mit richtig getrimmten Schoten auf den gewünschten Kurs zu legen. Eine Yacht möchte fast immer einen gewissen Druck auf dem Ruder spüren, den man versuchen soll zu bestimmen, einerlei ob die Windfahne auf die Pinne oder das Ruderblatt wirkt. Sobald man richtig anliegt, wird die Windfahne eingeschaltet. Dieser Vorgang setzt für den Alleinsegler das Vorhandensein einer Vorrichtung voraus, mit der sich das Einschalten der Windfahne aus der Entfernung bewerkstelligen läßt. Wenn nämlich der Rudergänger dafür erst seine Pinne verlassen muß, hat das Boot inzwischen Zeit gehabt, vom Kurs abzuweichen, und die Einregulierung wird mangelhaft.

Verschiedene erprobte Entwicklungen:

Die erste Methode, die einem einfällt, ist, die Windfahne direkt auf die Pinne wirken zu lassen. Dieses System hat Chichester auf seinen beiden Atlantiküberquerungen angewandt, das erstemal auf dem Ozeanrennen 1960, aus dem er als Sieger hervorging. Es hat also seine Bewährungsprobe bestanden, leidet aber unter einem bedeutenden

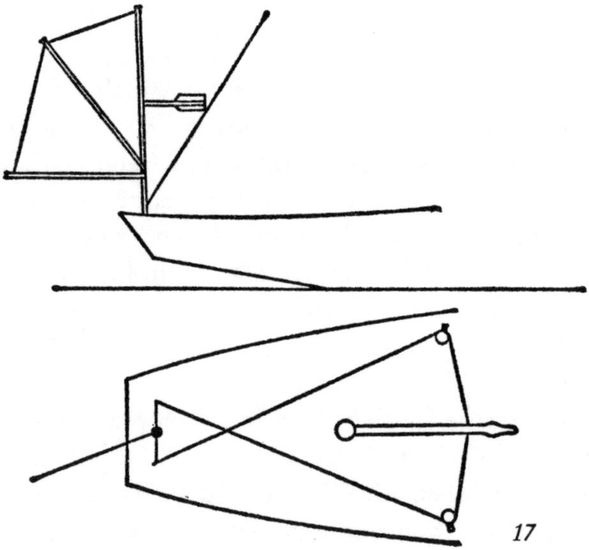

17

Nachteil. Zur automatischen Pinnenführung bedarf es eines großen Kraftaufwands (man überlege sich nur, wie anstrengend es an und für sich schon ist, eine Pinne zu handhaben). Man benötigt daher Windfahnen von großer Fläche. Chichester führte am Heck ein Gebilde, das schon fast so aussah wie ein Besansegel. Diese Lösung des Problems ist daher nicht sehr praktisch, und es scheint auch, als ob Chichester unterwegs mit seiner sogenannten »Miranda« Schwierigkeiten hatte, die bei schwerem Sturm beschädigt wurde. Außerdem macht diese Windfahne ihrer Größe wegen auf vielen Schiffen die Führung von Achterstagen unmöglich. Auch Chichester sah sich daher gezwungen, die Fläche seiner Windfahne zu verkleinern, indem er den unteren Teil verkürzte, und das ausgerechnet bei achterlichem Wind, bei dem es wünschenswert gewesen wäre, die größtmögliche Fläche zu führen. Nachdem er sein Großsegel für die zweite Reise verkleinert hatte, konnte er die Achterstagen vorrücken und so der »Miranda« Bewegungsfreiheit verschaffen.

Die Segelschiffsmodelle verwenden das gleiche System. Ihre Windfahnen sind zwar von beträchtlicher Größe, aber die oben beschriebenen Nachteile spielen hier keine wichtige Rolle.

Der Einbau solcher Windfahnen bereitet überhaupt keine Schwierigkeiten, am wenigsten auf Schiffen mit überfallendem Heck.

Zweite Methode: Man läßt die Windfahne auf ein kleines Ansatzruder wirken, das an der Achterkante des eigentlichen Ruders angesetzt

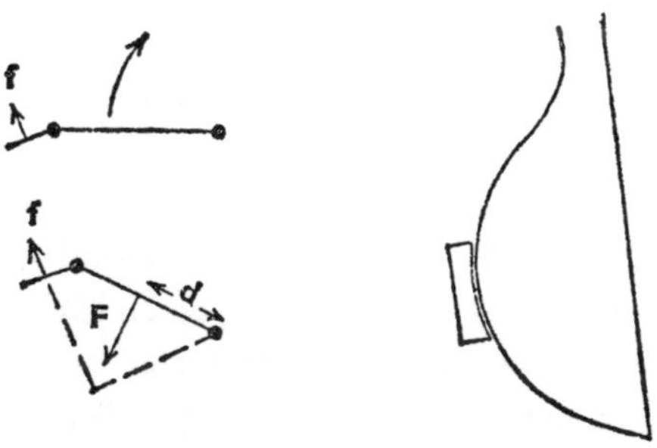

18

wird. Dabei handelt es sich um genau dasselbe Prinzip wie bei dem Flettner-Ruder oder den Ausgleichsflächen der Flugzeugsteuerung. Infolge seiner geringen Größe läßt sich das Zusatzruder leicht von der Windfahne einstellen. Zwar ist die von ihm entwickelte Kraft an sich schwach, aber da es in großem Abstand vom Ruderschaft angebracht ist, ist sein Hebelarm groß, und es kann das Ruderblatt drehen, bis die Gleichgewichtsgleichung $f \times D = F \times d$ erreicht ist.

Dieses System wurde von den vier anderen Teilnehmern des Rennens 1960 benutzt und auch von Bernhard Moitessier übernommen. Es hat sich als sehr zufriedenstellend bewährt. Die Montage erwies sich als besonders einfach, weil alle vier Schiffe Außenruder besaßen.

Bei dem Einbau auf der *Cardinal Vertue*, bei dem das gleiche Prinzip Anwendung fand, konnte Lewis ohne Fernbedienung auskommen, da sich die Blockierungsschraube in Reichweite des Rudergängers befand.

Abschließend die dritte Methode: Ein kleines Zusatzruder. Seine schmale Fläche macht es auch durch eine Windfahne bescheidener Abmessung leicht einstellbar. Um aber eine ausreichende Wirkung zu

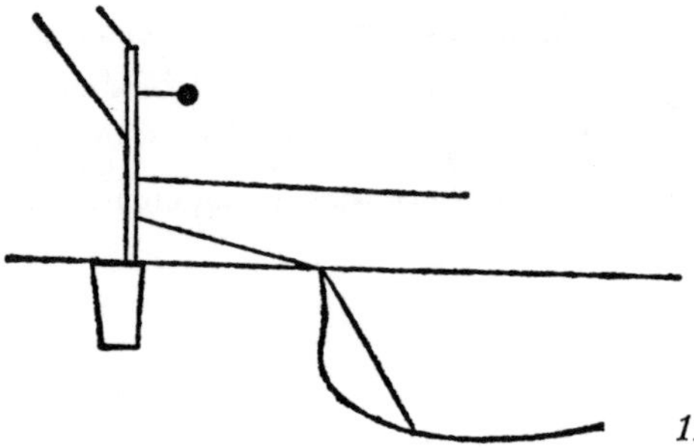

19

erzielen, muß es ein gutes Stück achtern vom Hauptruder angebracht werden. Diese Methode eignet sich daher im besonderen für Schiffe mit überhängendem Heck, die aber gleichzeitig einen kleinen Spiegel haben, der die Errichtung einer Metallkonstruktion zur Anbringung der Selbststeueranlage überflüssig macht. Man hat diese Methode auch da angewendet, wo der Schaft des Zusatzruders durch einen Koker geführt wurde. Es wird empfohlen, das Zusatzruder zur Unterstützung der Windfahne auszubalancieren.

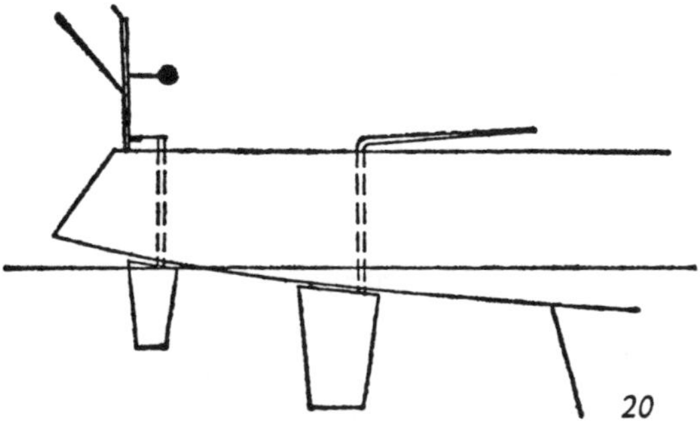

20

Ein französischer Ingenieur namens Gianoli hat nun eine vollkommen andere Methode ersonnen, deren Idee darin besteht, die Arbeitsleistung einer Windfahne gegebener Fläche zu erhöhen.

Alle bisher benutzten Windfahnen drehten sich um eine vertikale Achse. Nehmen wir an, daß der wahre Wind mit 10 Knoten weht und das Schiff hoch am Wind liegend mit 5 Knoten läuft. Wenn das Schiff von seinem Kurs um 5 Grad abweicht, weicht der scheinbare Wind um 4 Grad ab. Die Windfahne kann sich daher nur um einen Winkel von weniger als 4 Grad drehen (bis die auf das Ruder wirkende Kraft sich mit dem Gegendruck des Wassers auf dasselbe ausgleicht). Bei einem so beschränkten Ausschlag ist die Arbeitsleistung der Windfahne gering. Gianoli läßt daher seine Windfahne sich um eine Schrägachse drehen, wobei der Neigungswinkel dieser Achse regulierbar ist, je nach der Kraft, die man von der Windfahne zu erhalten wünscht. Ausgerastet orientiert sich diese nach dem scheinbaren Wind wie jede normale Windfahne. Eingerastet kann sie nur noch um die Schrägachse spielen, und sobald der scheinbare Wind auf die eine Seite des Flügels trifft, ist dieser in seinem Spielraum unabhängig von der Richtungsänderung des scheinbaren Windes. Er pendelt sich vielmehr bis zu einer Gleichgewichtsstellung ein; diese ist erreicht, sobald die Bewegung, die die Windfahne auf die Einstellung des Ruders ausübt, ausgeglichen ist durch die immer stärker werdende Bewegung, die das Ruder in dem Grade ausübt, wie es sich einstellt.

Gianoli hat berechnet, daß seine Windfahne bei gleicher Fläche eine zwanzigmal größere Arbeit leistet als die konventionelle Windfahne.

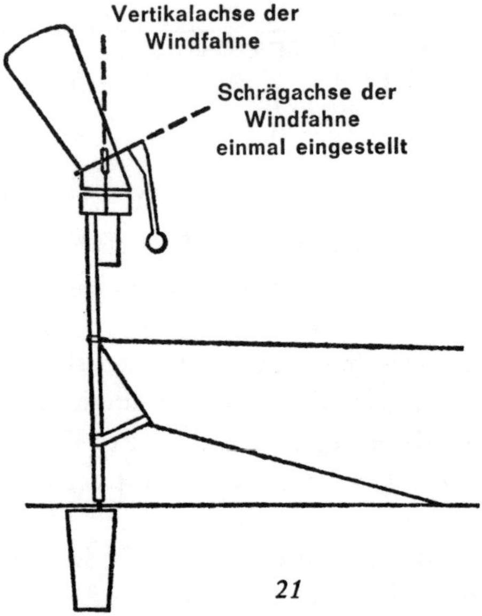

21

Obgleich die Übertragung komplizierter erschien, war es für die Techniker nicht schwierig, dafür Lösungen zu finden. Die Firma M.N.O.P., für die Gianoli arbeitet, ist gerade auf solche heiklen Mechanismen wie automatische Steuerungen für Flugzeuge und Unterseeboote spezialisiert. An Hand des Versuchsmodells, das diese Firma im Salon Nautique im Dezember 1962 ausstellte, konnte man sich

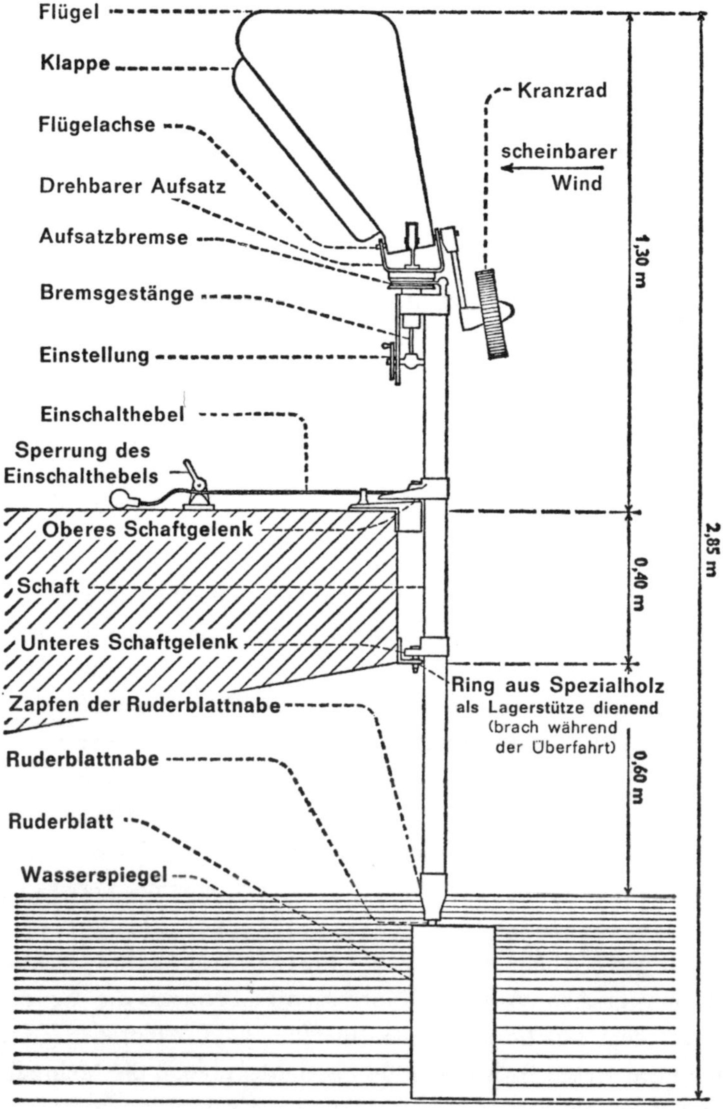

22. Die von Gianoli konstruierte Selbststeueranlage bei raumem Wind

davon überzeugen, daß alle diese Übertragungsprobleme vollkommen gelöst waren. Der Flügel arbeitete mit einer bemerkenswerten Leichtigkeit, und die Reibungsverluste waren unbedeutend.

Die Firma M. N. O. P. liefert das ganze System komplett mit dem kleinen Ruder in einem Block, und es genügt, das Ganze am Heck anzubringen, einerlei, wie das Heck geformt ist. Man kann sich indes genausogut vorstellen, daß diese Windfahne auf eine an der Achterkante des Ruders angebrachte Zusatzfläche oder sogar auf die Pinne selbst wirkt. Dank der großen Arbeit, die von der Windfahne geleistet wird, kann man sich mit einer verhältnismäßig kleinen Flügelfläche begnügen und so den Hauptnachteil dieses Systems ausschalten.

Wahl der Route

Vor der ersten Ozeanwettfahrt 1960 war nur eine einzige Einhandüberquerung des Atlantik auf dem nördlichen Kurs von Ost nach West bekannt. Es war ein Engländer, Captain R. D. Graham, der diese Reise mit seiner *Emmanuel,* einer Yacht von 9,15 Meter Länge, unternahm und sie in der ausgezeichneten Zeit von vierundzwanzigeinhalb Tagen durchführte. Das war im Jahre 1934, und die Reise ging von Irland nach Neufundland. Diese Zeit ist um so bemerkenswerter, als Graham keine automatische Steuerung besaß. Nur Chichester erzielte, als einziger Teilnehmer der 1960er Wettfahrt, eine noch etwas bessere Zeit.

Alle anderen Alleinsegler wählten die Passatroute. Ihre Gründe sind leicht zu verstehen: Auf dem Nordatlantik kommen die Winde meistens aus dem westlichen Sektor (im Juni 58 Prozent der Zeit), die Strömungen setzen nach Osten, und außerdem besaß die Mehrzahl der benutzten Schiffe nur zu häufig armselige Kreuzeigenschaften. Obendrein beschert der Norden dem Segler Kälte und Feuchtigkeit, Nebel (in Neufundland jeden dritten Tag) und die Gefahr, Eisbergen zu begegnen, die im Juni bis südlich von Neufundland treiben.

In einer Wettfahrt kommt es vor allem darauf an, die schnellste Route zu wählen. Welche aber die schnellste ist, das zu entscheiden ist nicht so einfach.

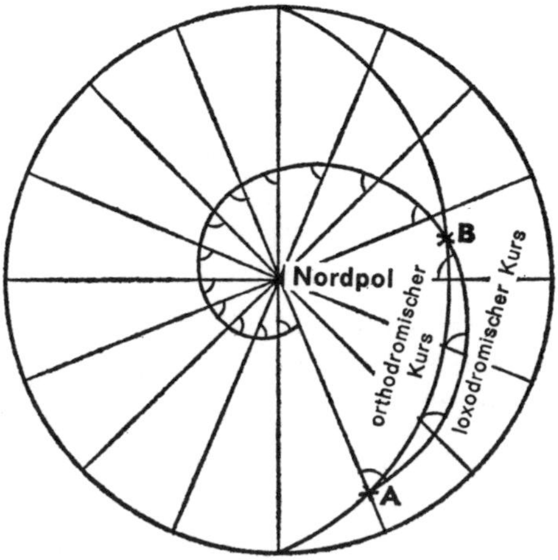

23. Loxodromischer und orthodromischer Kurs

Bekanntlich entspricht die gerade Linie zwischen zwei Punkten auf der Mercatorkarte nicht der kürzesten Entfernung zwischen diesen Punkten. Eine solche Linie schneidet alle Meridiane unter dem gleichen Winkel, stellt also den Kurs dar. Man sieht nun, daß eine derartige Linie auf der Oberfläche der Erdkugel eine Spirale bildet. Das ist der loxodromische Kurs.

Die kürzeste Verbindung zwischen zwei Punkten auf der Erdkugel ist dagegen der durch diese beiden Punkte verlaufende größte Kreis. Das ist der orthodromische Kurs, der sich auf der Mercatorkarte durch einen Kreisbogen darstellt, dessen Hohlrundung zum Äquator gerichtet ist. Der orthodromische Kurs errechnet sich an Hand einiger Formeln und läßt sich auf der Großkreiskarte zeichnerisch als Linie darstellen.

So haben wir bereits die Wahl zwischen zwei Routen, aber es kann vorteilhafter sein, mehr im Norden oder weiter südlich zu segeln, denn die beiden erstgenannten Wege stehen unter dem Einfluß ungünstiger Winde und Strömungen.

Versuchen wir die Ergebnisse der Wettfahrt 1960 zu analysieren:

Die beste Zeit von 40 Tagen wurde von Chichester auf dem größten Kreis erzielt. Dieses Resultat an sich will noch nichts besagen, da er ja das größte Boot segelte. Ich habe daher seine Reise auch nach berechneter Zeit kalkuliert, indem ich den kleinsten Koeffizienten der Klasse II des R. O. R. C. auf ihn anwandte. (Da die *Gipsy Moth* in etwa einem kleinen Vertreter der Klasse II entspricht, dürfte ich mit meiner Schätzung annähernd richtig liegen.) Damit kam ich auf eine berechnete Zeit von 27½ Tagen. Hasler brauchte 48 Segeltage. Wenn ich auf ihn den kleinsten Koeffizienten der Klasse III anwandte, ergab sich eine berechnete Zeit von 30½ Tagen. Auch wenn man in Betracht zieht, daß diese Koeffizienten Chichester wahrscheinlich begünstigen, behielt er immerhin noch einen Vorsprung von ein bis zwei Tagen.

Hasler, Lewis und Howells segelten Boote gleicher Größe und wählten jeder eine andere Route: Hasler im Norden, 48 Tage; Lewis auf dem größten Kreis, 54 Tage; Howells im Süden, 55 Tage. Bei diesen Angaben handelt es sich um die tatsächlich gesegelte Zeit ohne Berücksichtigung der Tage, die Lewis und Howells durch havariebedingtes Anlaufen von Häfen verlorengingen.

Diese Ergebnisse lassen noch keine endgültige Schlußfolgerung zu; Hasler wurde nach berechneter Zeit nur knapp geschlagen, und Lewis und Howells segelten fast ein totes Rennen.

Humphrey Barton, auf der anderen Seite, hatte für seine Ozeanüberquerung mit der *Vertue XXXV*, ebenso wie Howells, eine Route gewählt, die ihn nahe bei den Azoren vorbeiführte und die er für die schnellste hielt. Humphrey Barton ist ein sehr bekannter Hochseesegler, und die Ansicht eines Mannes von so großer Erfahrung verdient Beachtung.

Versuchen wir nun, uns eine Meinung zu bilden, indem wir etwas wissenschaftlicher vorgehen.

Betrachten wir zunächst genau die verschiedenen Distanzen:

Haslers Route	3130	Meilen
Orthodromische Route	2810	Meilen
Loxodromische Route	2920	Meilen
Azorenroute	3530	Meilen
Route über den 28. Breitengrad	4200	Meilen

Die eigentliche Passatroute führt hinab bis zum 20. Breitengrad, und die Distanz beträgt dann über 5000 Meilen, eine Strecke, die wirklich zu lang ist, um in Betracht gezogen zu werden.

An Hand der amerikanischen *Pilot Charts* habe ich mich nun daran gemacht, die verschiedenen Routen ein wenig zu studieren. Diese Karten enthalten für jeden Monat des Jahres und für jeden Ort Angaben über Windstärken und -richtungen, Strömungen, Temperaturen, prozentuales Auftreten von Nebeln, die Grenzen von Treibeis und Eisbergen, Abweichungen und Zugbahnen der Tiefdruckgebiete, kurz, alle geographischen und metereologischen Informationen, die der Segler benötigt.

Für diese Schätzungsarbeit muß man natürlich von einigen Voraussetzungen ausgehen, die, wenn auch nur in angenäherter Form, eine Berechnung ermöglichen, aus der sich bereits eine Vorstellung von dem relativen Wert der Routen ableiten läßt. Ich habe daher für die verschiedenen Routen den Prozentsatz ausgesprochener Gegenwinde zusammengestellt; von Winden also aus einem Sektor von 45 Grad mit der Route als Mittelachse; außerdem habe ich die Annahme zugrunde gelegt, daß das Schiff dann eine mittlere Geschwindigkeit von 3,2 Knoten erzielt. Für die übrige Zeit kann man eine Durchschnittsgeschwindigkeit von 5 Knoten annehmen. Was die Strömungen anbelangt, so vergleiche ich sie mit denen der orthodromischen Route und addiere oder substrahiere zu oder von der Routenlänge die dem Unterschied entsprechende Meilenanzahl.

Nachstehend die Resultate:

I. Orthodromische Route
Gegenwind: 20%, Windstärke 3,8, Windstillen: 3,3%

Gegenwind	6 Tage = 460 Meilen
Der Rest zurückgelegt in	20 Tagen
Zeitverlust durch Windstillen	1 Tag
Zeitverlust durch Sturm	3 Tage
	30 Tage

Diese Schätzung kommt ziemlich genau hin, denn zwei Jahre später machte Chichester die Reise in 33 Tagen.

II. Loxodromische Route
Strömungsverhältnisse etwas ungünstiger: + 50 Meilen

Gegenwinde	5,5 Tage = 422 Meilen
Der Rest zurückgelegt in	21 Tagen
Zeitverlust durch Windstillen	1 Tag
Zeitverlust durch Sturm	3 Tage
	30,5 Tage

III. Haslers Route
Die *Pilot Chart* läßt kaum die östlichen Winde erkennen, auf die Hasler hoffte. Die durchschnittliche Durchzugstraße der Tiefdruckgebiete liegt in jener Saison ziemlich weit nördlich, und seine Route überschreitet sie nach Norden zu nur eine kleine Strecke lang. Der nördliche Kurs bringt ihm den Vorteil weniger ungünstiger Winde, aber als er wieder südlicher hält, werden die Bedingungen sehr schlecht. Die von ihm erzielten Zeiten scheinen das zu bestätigen. Während des ersten

Abschnitts der Wettfahrt macht er Westlänge ebenso schnell wie Chichester. Seinen ganzen Zeitverlust erleidet er von dem Augenblick an, als er gezwungen wird, südwestliche Kurse zu segeln. Ich hätte gern gewußt, was er sich selbst dabei dachte; leider hat er, wie ich glaube, kein Logbuch geführt.

Am Schluß der Rechnung komme ich auf denselben Prozentsatz von Gegenwinden wie auf dem orthodromischen Kurs, nämlich 20%, Windstärke 3,8, Windstillen 3,3%. Die Stromverhältnisse sind günstiger, also – 145 Meilen. Das ergibt:

Gegenwinde	6 Tage = 460 Meilen
Der Rest zurückgelegt in	21 Tagen
Zeitverlust durch Windstillen	1,5 Tage
Zeitverlust durch Sturm	2 Tage
	30,5 Tage

IV. Azorenroute

Gegenwinde: 14%, Windstärke 3,6, Windstillen: 3,5%

Die Strömungen heben sich auf.

Gegenwinde	4 Tage = 307 Meilen
Der Rest zurückgelegt in	27 Tagen
Zeitverlust durch Windstillen	1,5 Tage
Zeitverlust durch Sturm	2 Tage
	34,5 Tage

V. Route über den 28. Breitengrad

Um schließlich die ganze Zeit günstige Winde und Strömungen zu genießen, muß man mindestens bis zum 28. Breitengrad hinunterlaufen.

Gegenwinde: 8,6%, Windstärke 3, Windstillen: 5,4%, Strömungen günstig: – 400 Meilen.

Gegenwinde	2,5 Tage = 192 Meilen
Der Rest zurückgelegt in	30 Tagen
Zeitverlust durch Windstillen	2 Tage
	34,5 Tage

Theoretisch ergibt sich also kein eindeutiges Ergebnis. Die in den *Pilot Charts* angegebenen Wetterverhältnisse beruhen nur auf dem Durchschnitt der in vielen Jahren gemachten Beobachtungen, und häufig kann man ganz andere Bedingungen antreffen. Auch genügt ein schlechter Frühling, um die Tiefdruckgebiete beträchtlich südlicher durchziehen zu lassen, was Haslers Theorie bekräftigt, wonach seine Route die beste hätte werden können. In einer guten Periode östlicher Winde, wie sie sich von Zeit zu Zeit einstellt, wird die orthodromische Route sehr vorteilhaft. Verlagern sich die Passatwinde sehr hoch, wird die südlichste Route interessant, aber im entgegengesetzten Fall kann sie sich katastrophal auswirken.

Die nördlichen Routen bieten indes theoretisch einen kleinen Vorteil von drei oder vier Tagen, der ausreicht für den Entschluß, ihnen den Vorzug zu geben. Überdies bin ich der Ansicht, daß die Wetterverhältnisse im Norden gleichmäßiger sind. Es besteht dort weniger die Gefahr eines katastrophalen Mißgriffs, und das ist nicht zu unterschätzen. Ich glaube daher, daß man der Route des größten Kreises folgen sollte, es sei denn, daß langfristige Wetterprognosen eine andere Entscheidung ratsam erscheinen lassen.

Auch taktische Erwägungen können unter Umständen die Wahl der Route beeinflussen. Kennt man zum Beispiel die Absichten seines gefährlichsten Gegners und hat man begründete Hoffnung, besser zu laufen als er, liegt es vielleicht im eigenen Interesse, auf der gleichen Route zu segeln wie er, um die gleichen Wetterbedingungen anzutreffen. Im entgegengesetzten Fall mag es dagegen ratsam erscheinen, eine andere Route zu wählen.

Wahl des Bootes

Die Ausschreibungsbedingungen der Wettfahrt 1964 weichen in verschiedenen Punkten von denen des Jahres 1960 ab. Damals gab es keine Klasseneinteilung mit Handicap-Vergütungen. 1964 sahen die Organisatoren außer einer Hauptbewertung nach gesegelter Zeit noch eine zusätzliche Einteilung nach berechneter Zeit vor. Manche Leute wenden sich gegen eine Bewertung ohne jede Vergütung mit der Behauptung, daß eine solche Formel das Rennen in großen Schiffen begünstige. Tatsächlich hat die Erfahrung von 1960 gezeigt, daß ein zu kleines Schiff so gut wie keine Chance hat, den Sieg davonzutragen. Insofern hat der Einwand mit Bezug auf die ersten Rennen, die ja im Grunde experimentellen Charakter tragen, zweifellos seine Berechtigung, aber ebensowenig ist es zweifelhaft, daß sich sehr schnell ein optimaler Schiffstyp entwickeln wird. In einigen Jahren werden wahrscheinlich alle Teilnehmer Schiffe gleichwertiger Größe segeln, und es werden große Schiffe sein, welche die Wettfahrten bestreiten.

Auch das sportliche Interesse an dieser Bewährungsprobe wird sich beleben. Die Fragestellung ist hier anders als auf den üblichen Wettfahrten, wo die großen Schiffe im allgemeinen auch die zahlenmäßig stärksten Besatzungen haben. Hier läuft es vielmehr darauf hinaus, daß ein Mensch allein seine gesamten Kräfte für sein Schiff einsetzt. Wenn dann alle Konkurrenten auf Schiffen von Maximalgröße starten, gewinnt der Faktor Mensch seine ganze Bedeutung. Im übrigen wäre es wirklich ungerecht, daß ein Mensch, der nach Verausgabung aller seiner Kräfte als Erster nach absoluter Zeit angekommen ist, von einem Konkurrenten nach berechneter Zeit geschlagen wird, der 14 Tage später frisch und munter und ohne Schwielen an den Händen an Bord seines kleinen Schiffes eintrifft.

Aus diesen Gründen finde ich, daß die Organisatoren keine zusätzliche Klassifizierung nach berechneter Zeit hätten einführen sollen, eine

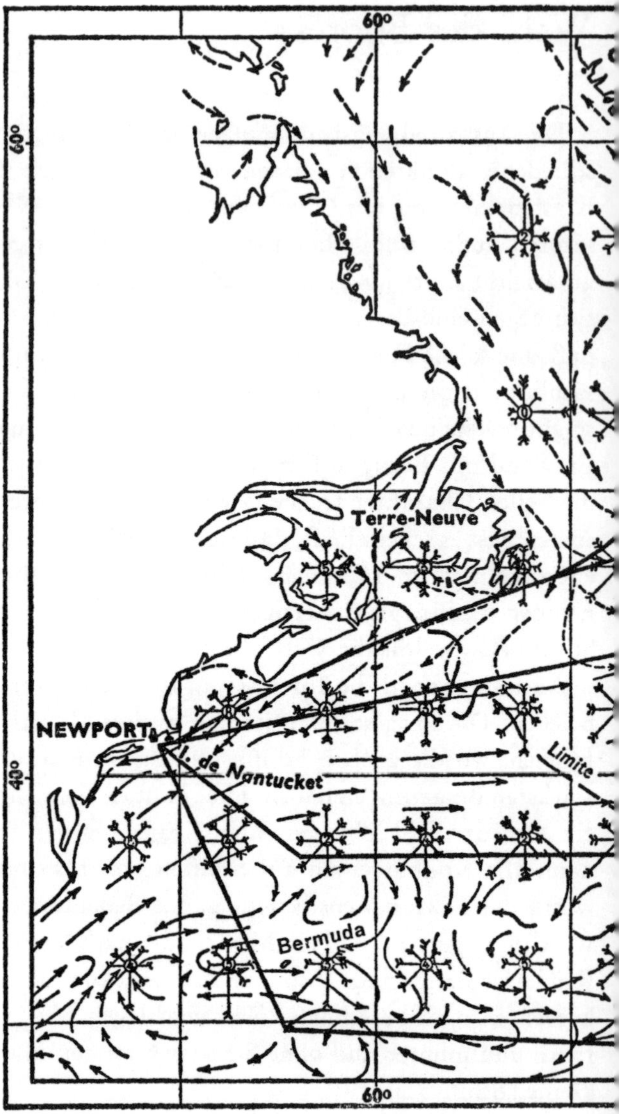

24. Karte des Nordatlantik

Mit Angabe der Winde und Strömungen, die im Mai 1964 zu erwarten sind. Zusammengestellt auf Grund der Pilot Chart *1963. Die Pfeile bezeichnen die bekannten Strömungen, die Windrosen die Windrichtungen. Die Pfeillänge zeigt die Zahl der Tage an, die der Wind aus der betreffenden Richtung weht, die Zahl der Pfeilfedern veranschaulicht die durchschnittliche Windstärke, ausgedrückt in Beaufort. Die Zahl im Zentrum der Windrose bedeutet die Anzahl windstiller Tage im Monat. Die dicken Linien bezeichnen die typischen Segelrouten von Plymouth nach New York.*

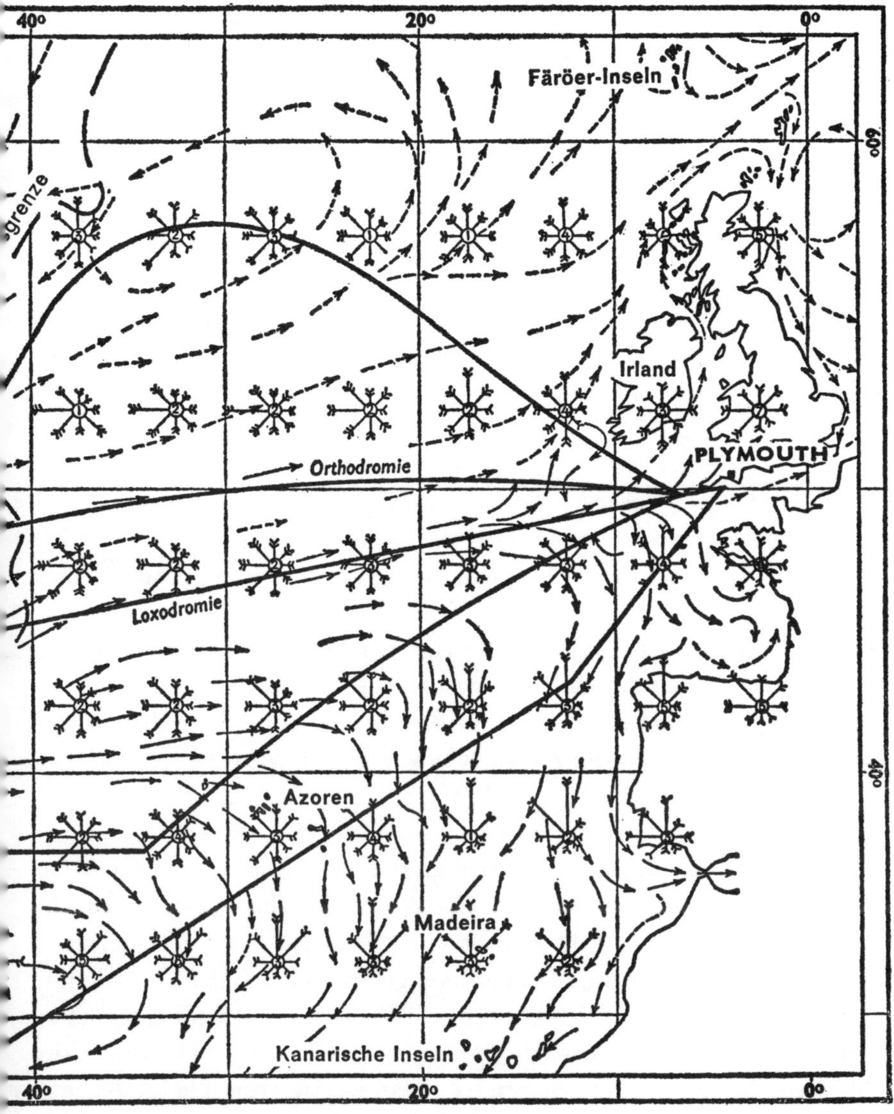
40°
20°
0°
Färöer-Inseln
60°
grenze
Irland
PLYMOUTH
Orthodromie
Loxodromie
Azoren
40°
Madeira
Kanarische Inseln
40°
20°
0°

Einteilung, die es 1960 nicht gab. Diese Maßnahme verfälscht das Problem, indem sie manche Konkurrenten ermutigt, in kleinen Booten zu starten, denn diese haben nichts mit den Bootstypen zu tun, die wünschenswert wären, um ein Rennen nach gesegelter Zeit zu gewinnen. Da ich mich persönlich nur für die Hauptbewertung ohne Handicap interessierte, wollte ich auch ein möglichst großes Schiff segeln, so groß, daß es sich gerade noch von einem Einhandsegler manövrieren ließ. Das ist der Grund, warum ich den Bau der *Pen Duick II* unternahm, nachdem ich festgestellt hatte, daß ich auch mit einem größeren Schiff als der *Margilic V* fertig werden würde.

Trainingsfragen

Eines der wesentlichen Probleme, die eine sportliche Leistung dieses Ranges stellt, ist das körperliche Training.

In diesem Zusammenhang habe ich vor meiner Reise mit Interesse und Freude das Buch gelesen*, das Jean Merrien den Einhandseglern gewidmet hat, und ich möchte an dieser Stelle auf die kritischen Worte eingehen, die er an alle richtet, die wie ich der Ansicht sind, daß es keinen Widerspruch gibt zwischen »seemännischem Geist und Sport« und »Einhandfahrt und Wettkampf«. »Es gibt«, schreibt er, »einen Rennsegelsport, der mit Seemannsgeist nichts zu tun hat; auf jeden Fall gehen Einhandsegler aus dieser Sparte des Sports bestimmt nicht hervor.« Ich vermag nicht einzusehen, warum es einen Gegensatz zwischen Seemannsgeist und Wettkampf geben sollte. Gewiß, es stimmt, daß auch ich bis zur Ozeanregatta 1960 keine Einhandsegler hätte nennen können, die vorher Rennsegler waren, aber das will nicht heißen, daß es sie nicht gegeben hat. Man hat sie nicht alle erfaßt, und so kennt man nur diejenigen, die weite Reisen unternommen haben.

* Jean Merrien, »Sie segelten allein«, Verlag Delius, Klasing & Co, Bielefeld.

Immerhin kann ich Vito Dumas anführen, der sich später auf das Fahrtensegeln geworfen hat. Außerdem beweist die Erfahrung, daß in jedem Seemann ein Wettsegler schlummert, dessen sportlicher Ehrgeiz sehr schnell zu wecken ist. Wenn in den Tagen der Großsegelschiffahrt ein anderer Segler auf gleichem Kurs in Sicht kam, begann sofort das Wettsegeln. Da verdroß es keine Hand an Bord, die Schoten zu holen oder Segel zu setzen. Die Ehre des Schiffes stand auf dem Spiel, und man war stolz darauf, auf einem schnellen Schiff zu fahren. Soviel für die Handelsmarine; (ich spreche dabei nicht von den Klippern, deren Rennen von zwingenden wirtschaftlichen Erwägungen diktiert waren, aber von Kapitänen und ihren Mannschaften in gleicher Weise begeistert mitgemacht wurden.) Auch die Fischerei ist von dem gleichen Virus befallen. Einige Fischerregatten haben in der ganzen Welt Berühmtheit erlangt; die Kämpfe der amerikanischen und kanadischen Fischerschoner um die Fischertrophäe etwa, die der *Bluenose,* der »Königin der Schoner«, einen auf der ganzen Welt bekannten Namen eintrug. Andere Regatten waren, wenn sie auch nur ein lokales Echo hervorriefen, nicht weniger erbittert: Thunfischer, Kanalfischer, Fischer aus dem Golf von Morbihan, Brixham-Trawler –: sie alle maßen regelmäßig ihre Kräfte miteinander. Und selbst wenn zwei Einhandsegler zufällig gleichzeitig über den Ozean segelten, war ein Wettsegeln zwischen ihnen unvermeidlich. So geschah es zum Beispiel zwischen Bernhard Moitessier und Henry Wakelam, nicht zu vergessen Andrew und Lawlor, die sich 1891 einen regelrechten Wettkampf über den Ozean von West nach Ost lieferten, dabei aber den Fehler machten, das Rennen mit recht ungeeigneten Schiffen auszutragen.

Ich sehe so wenig Widerspruch zwischen Seemannsgeist und Wettfahrtfieber, daß ich sogar die Ansicht vertrete, nur beim Rennsegeln könne man wirklich lernen, wie man ein Schiff zum Laufen bringt. Welch wunderbare Schule der See ist der Wettkampf über ozeanische Weiten! Mit den Fähigkeiten, Kenntnissen und Erfahrungen, die er seinen Anhängern abfordert, bildet er die besten Yachtsegler heran.

Auf der gleichen Seite erkennt Jean Merrien dem Rennsegeln nur widerstrebend sportlichen Charakter zu. Ich finde – im Gegensatz zu oben –, daß es sich dabei um einen vollwertigen Sport handelt, dem große charakterbildende Eigenschaften zukommen. Merriens Beweisführung ist irreführend: »Hier vermag der beste Athlet nichts; hier gilt es, eine Kunst zu beherrschen.« Man könnte dazu bemerken, daß es keine sportliche Disziplin gibt, in der es anders ist. Der beste Athlet spielt, wenn er für einen anderen Sport ausgebildet ist, eine traurige Figur auf dem Fußballplatz, im Boxring, auf Skiern, im Schwimmbassin, als Alpinist und so weiter. Jeder Sport hat seine Wissenschaft, aber alle Sportarten setzen einen sportlichen Geist voraus. Beim Segeln ist es nicht anders, und die sportliche Veranlagung, die ein Yachtsegler besitzen muß, ist als nicht gering einzuschätzen. Von zwei Mannschaften, die über die gleichen Kenntnisse und Erfahrungen verfügen, wird die sportlicher eingestellte Mannschaft die bessere sein. Das Segeln als allumfassende Sportart verlangt von seinen Anhängern alle sportlichen Eigenschaften: Gewandtheit, Schnelligkeit, Überlegung, Ausdauer, Geschmeidigkeit und physische Kraft.

Abschließend möchte ich noch auf eine andere Behauptung von Merrien eingehen, die mir sehr bestreitbar erscheint. Der aus der Kriegsmarine hervorgehende Sportsegler, so sagt er, hat noch viel, eigentlich alles zu lernen. Ich verstehe diese Unterscheidung nicht, da doch in der Handelsmarine und der Fischerei nur noch die Maschine regiert. In der Marineschule erhält man dagegen einen Unterricht im Segeln, der mindestens so gut ist wie auf jeder anderen Segelschule und den es in der Ausbildung für die Handelsmarine nicht gibt. Ein Schüler der Marineschule, der sich für das Segeln interessiert (und er tut das, wenn er Sportsegler werden will), kann sich dort alle Kenntnisse und Erfahrungen aneignen, die für die fachgemäße Ausübung des Segelsports notwendig sind. Dank der Existenz von Marine-Segelvereinen kann er sich, wenn er Lust dazu verspürt, anschließend weiter ausbilden.

Unser Beruf macht uns außerdem mit zahlreichen Problemen der

Schiffahrt bekannt, und diese Ausbildung kommt uns, trotz aller bestehenden Unterschiede, sehr zustatten, wenn wir an Bord einer Yacht steigen. So ist es kein Wunder, daß sich unter den Angehörigen der Kriegsmarine ausgezeichnete Sportsegler befinden.

Zur Bekräftigung seiner Theorie, daß Leute aus der Kriegsmarine schlechte Sportsegler abgeben, behauptet Merrien: »Unter allen Einhandseglern, die wir in diesem Buch kennenlernen werden, gibt es nicht einen einzigen, der aus der Kriegsmarine kommt.« Auch das stimmt nicht mehr, seit Leutnant Guillaume ganz allein mit seiner Dschunke von Indochina nach dem Roten Meer gesegelt ist.

Eine solche Leistungsprobe fordert also eine gute körperliche Kondition, die wiederum ein gründliches Training voraussetzt. Diese Forderung versteht sich nicht nur für den echten Alleinsegler, sondern für jeden nur etwas gewissenhaften Sportsegler überhaupt. Wenn auch manche Unfälle, die sich leider nicht immer vermeiden lassen, auf Mangel an Erfahrung zurückzuführen sind, so ist doch zu einem hohen Prozentsatz die nicht ausreichende körperliche Widerstandsfähigkeit der Mannschaft schuld daran.

Schon aus reinen Sicherheitsgründen wäre es also wünschenswert, auch bei den Vergnügungsseglern eine mehr sportliche Einstellung anzutreffen. Man begegnet zu vielen Leuten, die das ganze Jahr über im Büro arbeiten und als einzige sportliche Betätigung nur einen Monat im Jahr an Bord verbringen.

Was schon für einen gewöhnlichen Seetörn als wünschenswert erscheint, wird zur zwingenden Notwendigkeit, wenn es sich um dieses Marathon eines Hochseerennens, wie es eine Einhandregatta über den Atlantischen Ozean ist, handelt. Hier entfällt die Möglichkeit, sich auf die Hilfe eines sportlicher eingestellten Bordkameraden zu verlassen und zu hoffen, daß dieser tut, wozu man selbst nicht fähig ist. Hinzu kommt, daß in einem Rennen jedes Manöver so schnell wie eben möglich ausgeführt werden muß.

Worin soll dieses sportliche Training bestehen? Unerläßlich ist die körperliche Ausbildung, Grundlage allen Sports. Einige gute Übungen täglich, die den Körper geschmeidig machen, sind unerläßlich, wenn man in Form bleiben will. Diese Art von Training hat den Vorzug, daß sie keiner besonderen Einrichtungen bedarf. Jeder kann mit nur etwas gutem Willen zu Hause üben. Daneben ist natürlich zur Abrundung des Tagestrainings die Pflege besonderer Sportarten zu empfehlen.

Die Wahl der Sportarten ist eine Angelegenheit des persönlichen Geschmacks und der individuellen Anlage, aber wichtig ist es, mehrere Sportarten zu betreiben, auch auf die Gefahr hin, in der einen Disziplin weniger zu leisten als in der anderen. Vielseitiger Sport entwickelt größere Fähigkeiten. Ein sehr umfassendes Training findet man beim Rudern oder ganz einfach beim Holzhacken. Beide Betätigungen haben den Vorzug, die Hände zu kräftigen. Tauklettern ist unbedingt nötig. Im Winter gibt es häufig Gelegenheit, Tennis zu spielen; zahlreiche Städte verfügen über gedeckte Hallen. Man muß sich aber auch in Sportarten üben, durch die man daran gewöhnt wird, Schmerzen zu ertragen und die Zähne zusammenzubeißen. Ich will nicht so weit gehen, daß ich den Boxsport empfehle, der gewisse Unannehmlichkeiten mit sich bringt, aber bestimmt bietet er das umfassendste und härteste Training, das es gibt. Es erfordert große Energie, unter einem Hagel von Schlägen nicht vom Gegner abzulassen, sondern ihm weiter auf den Leib zu rücken. Sehr gute Sportarten zum Training des Durchhaltevermögens sind ferner der Lauf über 400 Meter und Schwimmen in jeder Form.

Für eine Ozeanregatta einhand muß man jedoch das Haupttraining auf dem Wasser absolvieren, indem man so viel wie möglich segelt. Will man sich wirklich und bei jedem Wetter an Bord zu Hause fühlen, darf man keine Gelegenheit ungenutzt lassen. Außerdem heißt es stets so zu segeln, als befände man sich in der Regatta; selbst auf Kreuzfahrten habe ich mein Boot nicht gern unterbesegelt. Deshalb sind Seeregatten die beste Vorbereitung für eine Wettfahrt über den Atlantik. Nur auf ihnen kann man über die Bedeutung richtig getrimmter und im richtigen Augenblick ausgewechselter Segel Klarheit gewinnen, da die mitsegelnden Konkurrenten wertvolle Vergleichsmöglichkeiten liefern.

Selbstverständlich muß man sich auch daran gewöhnen, ganz allein zu segeln. So oft wie möglich, bei Tag und bei Nacht, bei jedem Wetter muß man allein alle in Frage kommenden Manöver durchexerzieren. Für diese Art Training eignet sich das Wochenende während des Winters in hervorragendem Maße. Es stürmt dann häufig, die Nächte sind lang, und das Wetter ist kalt (man darf nicht vergessen, daß die Gewässer vor Labrador selbst im Sommer eiskalte Nächte mit sich bringen).

Bei diesem Thema angelangt, möchte ich noch eine Bemerkung hinzufügen, die für alle Sportsegler gilt. Wie viele von ihnen segeln seit Jahren und haben doch noch keinen richtigen Sturm kennengelernt? Verstehen sie sich auch darauf, ihn abzuwettern, wenn er sie eines Tages überrascht? Stürme sind im Sommer verhältnismäßig selten, aber wenn es sie gibt, dann bin ich immer wieder verblüfft, wie wenig man sie zu Trainingszwecken ausnutzt. Alle Sportsegler sollten jede sich ihnen bietende Gelegenheit ergreifen, sofern sie in Häfen liegen, die auch bei stürmischem Wetter zugänglich sind. Solche Häfen gibt es in großer Anzahl, vor allem in der südlichen Bretagne. Einer der bestgelegenen ist zweifellos La Trinité; in dieser Bucht wird die See selten allzu rauh, so daß man sich langsam an das Wetter draußen gewöhnen kann. Will man sich ihm nicht ganz aussetzen oder ist man schon naß genug geworden, dann hat man jederzeit die Möglichkeit, zurückzulaufen und Schutz zu finden. Dann hat man aber jedenfalls gesehen, was draußen los ist, weiß, wieviel Segel das Schiff tragen kann, hat im hohen Seegang manövriert – kurz, man hat sich mit der Situation vertraut gemacht und kann sie das nächste Mal, wenn es ernst wird, mit um so kühlerem Blut meistern. Nun, wie viele Yachten laufen an stürmischen Tagen aus La Trinité aus? Sehr wenige, um nicht zu sagen keine, und das finde ich wirklich betrüblich. Ich wollte, die Sportsegler würden begreifen, wie wichtig es ist, die Nase an stürmischen Tagen, und sei es nur für einige Stunden, nach draußen zu stecken und sich richtig durchnässen zu lassen.

Ich selbst war fest entschlossen, ein ernsthaftes Training auf mich zu nehmen. Jedes Wochenende habe ich Sport getrieben und bin allein unter Segel gegangen, bis ich mir am 31. Dezember eine schwere Verstauchung zuzog, die mich zwei Monate lang vollkommen außer Gefecht setzte. Anschließend war ich zu sehr mit dem Bau der *Pen Duick II* beschäftigt, um nebenbei noch segeln zu können, zumal ich mit Außerdienststellung der *Margilic V* kein Boot mehr zur Verfügung hatte. Lange Zeit hoffte ich auf rechtzeitige Fertigstellung des Neubaus bis Ostern, da ich unter allen Umständen den Urlaub, den man mir für diese Zeit in Aussicht gestellt hatte, benutzen wollte, um mindestens zehn Tage ohne Unterbrechung in See zu gehen. Dabei hätte ich mich an den Bordrhythmus gewöhnen und erproben können, was man auf die Dauer aushalten kann und was nicht. Leider erwiesen sich meine Erwartungen als viel zu optimistisch; eine Osterfahrt kam überhaupt nicht in Frage.

Trainingsmäßig habe ich mich daher auf das Rennen nicht so vorbereiten können, wie ich es mir wohl gewünscht hätte. Aber da ich in Wirklichkeit seit Jahren nicht mehr aus dem Training herausgekommen bin, darf ich sagen, daß meine Kondition beim Start nicht allzu schlecht war.

9, 40,41. »Anläßlich einer der Fahrten, die ich von Newport aus zusammen mit Valentine owells an Bord der Pen Duick II unternahm, bewundern wir die ›Zwölfer‹, die Verteidiger es Amerika-Pokals. Es ist keine Kleinigkeit, ihnen auf den Fersen zu bleiben, und bei hterlichen Winden nehmen wir den Spinnaker zur Hilfe.«

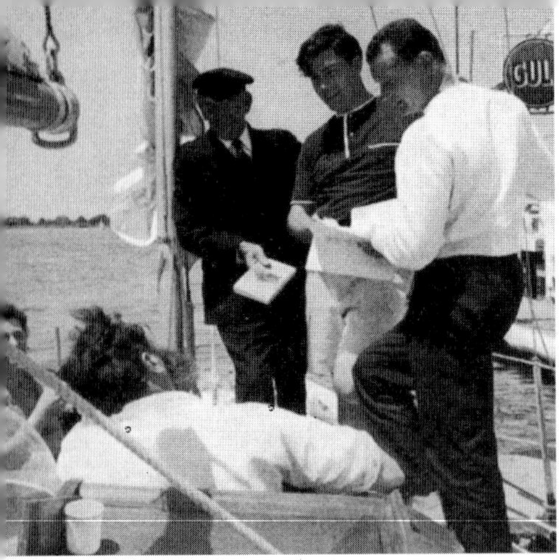

42. Eric Tabarly händigt auf der Pen Duick II das unterwegs geführte Logbuch an Jacques Arthaud aus. Chichester überreicht das Buch mit dem Bericht über die Wettfahrt 1960.

44. Francis Chichester, Sieger der Wettfahrt 1960, und Eric Tabarly, Sieger der Wettfahrt 1964, unterhalten sich in Newport in der Kajüte der Gipsy Moth. Sie vergleichen ihre Segelrouten, ihre Etmale, die Wetterverhältnisse, die jeder unterwegs angetroffen hat, und rufen sich rückblickend die verschiedenen Wechselfälle der Ozeanregatta in Erinnerung.

43. Eric Tabarly examiniert in Newport die Selbststeuerung der »Akka«. Valentine Howells gehört zu den sechs Konkurrenten, die das von Oberstleutnant Hasler erfundene und von ihm entwickelte Modell gewählt hatten. Alain Gliksman (Chefredakteur der Zeitschrift »Neptun«) zeigt lebhaftes Interesse für die Einzelheiten.

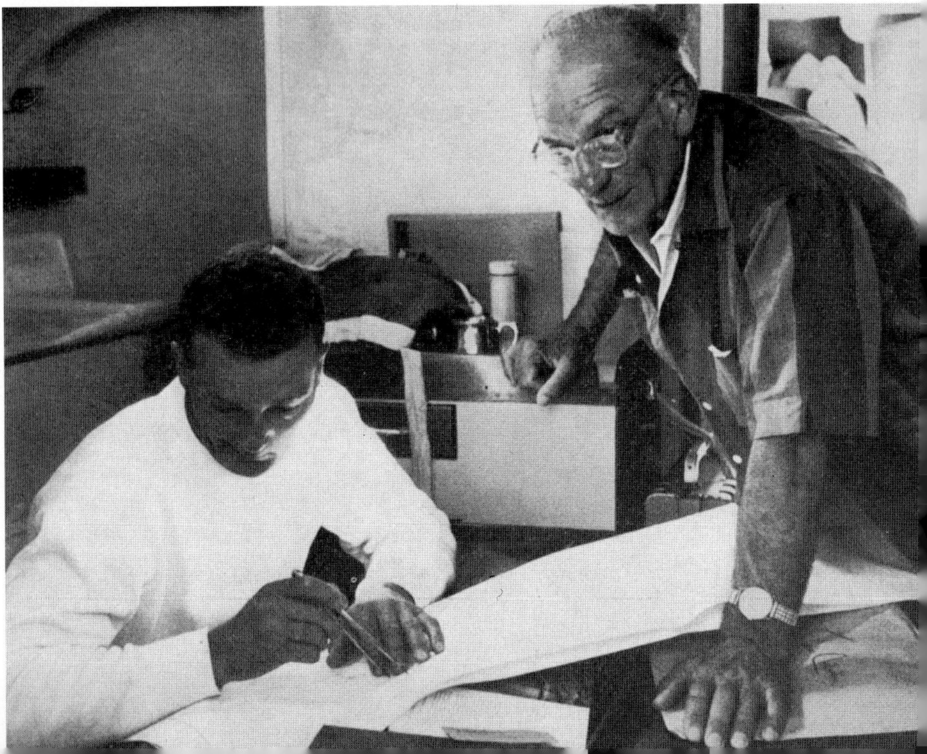

45, 46. Rumpf der Pen Duick II im Bau auf der Constantini-Werft.

47

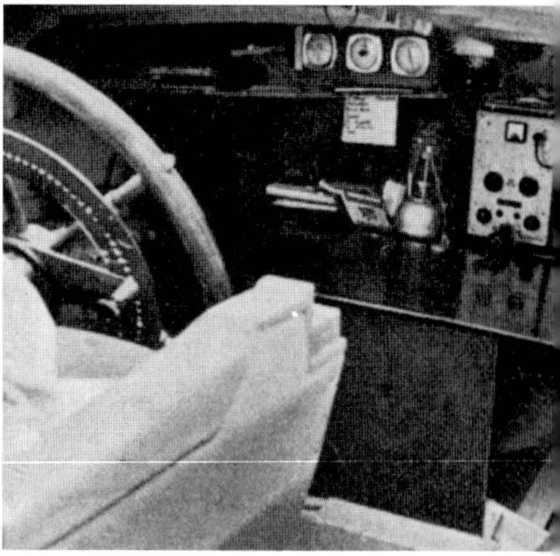

48

49

50

51

52

Ausführliche Erkärung dieser Bildfolge auf Seite 275.

. Pen Duick II (Ketsch)

54. »Golif« (Sloop)

55. Eric Tabarly

55. Jean Lacombe.

56. F. Chichester

58. Valentine Howells

. Gipsy Moth III (Kutter)

59. Akka (Sloop)

60. Jester (Volksboot mit Dschunkensegel)

62. Rehu Moana (kuttergetakelter Katamaran mit Bugspriet)

61. Oberstleutnant H. G. Hasler

63. D. Lewis

64. C. M. G. Butterfield

66. R. M. Ellison

65. Misty Miller (kuttergetakelter Katamaran)

67. Ilala (Schoner mit Dschunkenbesegelung)

68. Stardrift (Kutter mit Bugspriet)

70. Ericht 2 (Kutter mit Bugspriet)

69. W. B. Howell

71. G. Chaffey

72. R. McCurdy

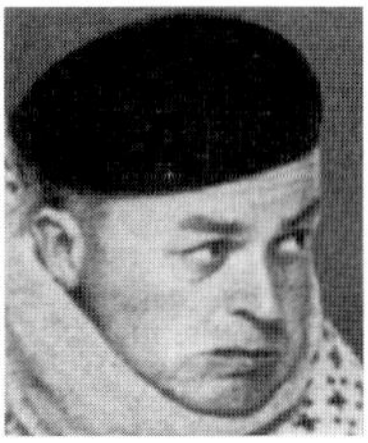

74. A. N. Pedersen

73. Tammy Norie (Ketsch)

75. Marco Polo (Ketsch mit Bugspriet)

76. Lively Lady (Kutter mit Bugspriet)

78. Vanda Caelea (klinkergebautes Volksbo

77. A. R. Rose

79. R. D. H. Bunker

80. D. H. Kelsall

81. Luftaufnahme der Folâtre

82. Folâtre (ketschgetakelter Trimaran)

2 PEN DUICK II

Im ersten Kapitel dieses Buches habe ich berichtet, wie ich mich nach Versuchen, die ich 1963 mit der *Margilic V* durchgeführt hatte, zum Bau eines Schiffes entschloß, das länger und steifer werden und stärker unterteilte Segel tragen sollte als jenes kuttergetakelte Schiff vom Tarann-Typ. Ich habe dort auch die Prinzipien erläutert, die der Konstruktion der *Pen Duick II* zugrunde lagen. Nach meiner ausführlichen Darstellung des Regattaverlaufs ist es nun angebracht, den interessierten Sportseglern eine genauere Beschreibung des Bootes zu geben.

Hauptmerkmale der Pen Duick II

Wir wollten also ein großes Schiff bauen, das sich aber noch gut von einem Mann handhaben ließ. So entschieden wir uns für eine Länge in der Wasserlinie von 10 Metern. Allerdings war ich nicht ganz sicher, ob ich damit auskommen würde, aber meine Unsicherheit ließ mich die untere Grenze wählen. Ich wollte lieber ein Boot haben, das sich immer mit höchster Geschwindigkeit segeln ließ, als ein Schiff von grundsätzlich überlegener Geschwindigkeit, aus dem sich aber nicht immer das Äußerste herausholen ließ.

Wir blieben dem Sperrholz treu, dem einzigen Material, das uns ein sehr leichtes Boot versprach und das infolgedessen im Verhältnis zur Länge seiner Wasserlinie nur eine geringe Segelfläche benötigte und entsprechend leicht zu bedienen war. Andererseits hatten wir den Wunsch, ein steiferes Boot zu bekommen, als es die *Margilic* gewesen war. Da wir die Gewichtsstabilität nicht erhöhen konnten, wollten wir es auf dem Wege über die Formstabilität versuchen. Um das zu erreichen, mußte das Schiff unter Beibehaltung aller Proportionen breiter werden. Unglücklicherweise bedeutete Vergrößerung der Breite auch Erhöhung der Wasserverdrängung und Vermehrung der benetzten Oberfläche durch Erweiterung des Hauptspants unter Wasser. Damit aber würde auch der Wasserwiderstand anwachsen. Um diese Nachteile zu vermeiden, entwarfen wir ein Schiff mit eckigem Knickspant, wodurch wir die Breite über Wasser stark vergrößerten, ohne aber die Breite in der Wasserlinie zu erhöhen. Wir bewahrten also alle Vorteile eines schmalen Bootes und erhielten, sobald die Schräglage fünfzehn Grad überschritt, die Stabilität eines großen Schiffes. Außerdem konnte sich eine leichte, rasche Neigung im ersten Stadium nur vorteilhaft auswirken, da ein Boot bei wenig Wind besser läuft, wenn es ein wenig überliegt; die Segel nehmen dann von selbst eine leichte Wölbung an und ziehen besser.

Auf diese Weise erhielten wir ein Boot von 13,60 Meter Länge über Alles, 3,40 Meter größter Breite und 2,78 Meter Breite in der Wasserlinie, bei einer Wasserverdrängung von 6,5 Tonnen. Bei diesem Gewicht konnten wir uns auf eine Segelfläche von etwa 60 qm beschränken. Wir entwarfen daher einen Segelriß von 63 qm. Wenn V die Segelfläche und D das Deplacement bezeichnet, gelangten wir auf: $\frac{V}{D^{2/3}} = 18{,}10$. Dieser Faktor beträgt bei einem Tarann 21 und dem Maica 15,2. Wir gelangten ferner auf $\frac{V}{\text{benetzte Oberfläche}} = 2{,}1$, während sich dieser Faktor bei dem Tarann auf 2,28 und dem Maica auf 1,83 beläuft. Man ersieht daraus, daß die *Pen Duick* nicht sehr stark besegelt ist, zumal wenn man berücksichtigt, daß Rümpfe mit scharfer Kimm verhältnismäßig mehr Segel benötigen als Rümpfe mit völligem Spant.

Da wir schon bei Zahlen sind, hier noch einige weitere Vergleiche: $\frac{\text{Länge in der Wasserlinie}}{\text{Breite in der Wasserlinie}} = 3{,}6$ gegenüber 3,75 bei dem Tarann. Das Schiff bleibt also ziemlich schmal, denn dieser Faktor beträgt bei leichten Booten häufig 3 und beläuft sich bei dem Maica auf 2,9. Dann haben wir noch: $\frac{\text{Länge in der Wasserlinie}}{\sqrt[3]{D}} = 5{,}34$, was uns endgültig in die leichten Boote einreiht, da Tarann 6,06, Blue Charm 4,63 und Maica 4,23 hat.

Der Rumpf

Die *Pen Duick* mußte sehr solide gebaut werden, da sie ja bis an die Grenze ihrer Leistungsfähigkeit gepreßt werden sollte. Für die Materialstärken wurden daher robuste Abmessungen gewählt, und wir übernahmen auch noch eine andere, bei der *Margilic* verwandte, Bauweise: 9 Spanten wurden mit Spanten aus Stahl verstärkt (6, an denen die Kielbolzen ansetzten, 2 unter dem Fuß des Großmastes und 1 unter dem Besanmast). Die Extraspanten sind mit den Stahlplatten verbunden, die an jeder Bordseite unter dem Unterbalkweger von den Großmast- bis zu den Besanmastwanten verlaufen, an denen wieder die Wanten, Backstagen und Achterstagen des Großmastes angreifen. Die kielwärts nach unten gerichteten Kräfte, einschließlich des Drucks der Masten, wirken daher unmittelbar den nach oben gerichteten Kräften entgegen.

Das für die Beplankung verwendete Sperrholz besteht aus mehreren dünnen Schichten. Bei gleicher Dicke bietet es eine sehr viel größere Widerstandsfähigkeit als gewöhnliches Sperrholz. Der zur Herstellung verwendete Leim ist neutral und härtet nur langsam. Er verleiht dem

Material eine Geschmeidigkeit, die besonders der Wölbung der Bordplanken zugute kommt (die Planken haben eine Länge von 15 Metern).

Besegelung

Meine Wahl war auf eine Ketschtakelung gefallen, für deren Verwendung die Voraussetzungen denkbar günstig waren: eine nur mäßige Segelfläche über eine große Deckslänge verteilt. Das ergab einen vernünftigen Abstand zwischen Achterliek des Großsegels und Besan, wodurch sich die Abdeckung des Besans vermeiden ließ, wie es sonst hoch am Wind bei fast allen Yawls und Ketschen der Fall ist.

Vor allem wollte ich ein kleines Großsegel haben. Ist es zu groß, wird das Reffen für den Alleinsegler schnell zu einer mühseligen Arbeit. Dagegen macht es weniger Umstände, die Fläche der Vorsegel zu vergrößern. Das Großsegel erhielt ein Schneckenreff, das sich ausgezeichnet bewährt hat. Doch legte ich Wert darauf, gleichzeitig ein Bindereff vorzusehen, und zwar aus zwei Gründen: Zunächst ist es, wenn man stark einreffen will, schwierig, mehr als ein oder anderthalb Reffs einzurollen, ohne den Stand des Segels zu verderben (auch wenn die neuen Rollreffer eine Hohlkehle für die Aufnahme des Liektaues vorsehen, läßt es sich doch nicht vermeiden, daß der Liektau nach einigen Umdrehungen so dick aufrollt, daß das Segel sich an dieser Stelle schneller eindreht als das übrige Tuch). Der zweite Grund ist der, daß man bei einem Schaden am Patentreff, wie er immer einmal vorkommen kann, das Risiko vermeiden soll, überhaupt nicht mehr reffen zu können.

Das Vorsegeldreieck wollte ich in Fock und Klüver unterteilen. Diese Unterteilung gewährt meiner Meinung nach einige recht wichtige Vorteile.

1. Es ist, zumal für einen Einhandsegler, leichter, ein Segel von Klüverform zu bergen als eine große Genua.

2. Bei Vorsegelwechsel bleibt stets eines der Segel stehen, Klüver oder Fock, und zieht weiter, ohne daß das Schiff während des Manövers zu viel an Geschwindigkeit einbüßt.

3. Die Segelkombinationen sind mannigfaltiger. Die Vorsegelfläche läßt sich besser verringern, und doch kann man das Maximum an Tuch mit einem verhältnismäßig niedrigen Segelschwerpunkt stehenlassen.

4. Ich glaube, daß diese Takelage bei leichter Brise und am Wind und mehr noch bei halben und raumen Winden die wirksamere ist, obgleich die Ansichten hierüber auseinandergehen. Bei wenig Wind entsteht zwischen großem Klüver und Fock eine beachtliche Düsenwirkung.

5. Schließlich ist die Ketschtakelage viel widerstandsfähiger, weil der Mast durch ein zusätzliches Stag und die Backstagen besser abgestützt ist.

Verglichen mit diesen Vorteilen erscheinen die Nachteile recht unbedeutend.

1. Segelwechsel mögen vielleicht etwas häufiger erforderlich sein; wahrscheinlich bedeuten sie für den Einhandsegler die einzige Unbequemlichkeit. Ist eine Besatzung vorhanden, verliert dieser Einwand viel an Bedeutung. Aber selbst der Alleinsegler findet dafür einen Ausgleich durch die viel leichtere Durchführbarkeit seiner Manöver.

2. Der Zeitverlust bei Wendemanövern ist selbst dann, wenn man allein ist, ganz unwesentlich. Eine Besatzung gewinnt sogar Zeit dabei, da sie an zwei Schoten gleichzeitig arbeitet, auf denen weniger Druck steht als auf der einzigen Genuaschot. Folge: die Vorsegel können schneller wieder dichtgeholt werden.

3. Der am häufigsten gehörte Einwand richtet sich gegen die Notwendigkeit, Backstagen zu fahren. Ich habe die Bedenken, die so viele Sportsegler gegen Backstagen hegen, niemals recht verstehen können. Zu der Zeit, als man sie nur mit Taljen und Winschen dichtsetzen konnte, muß ihre Bedienung, wie ich zugebe, ziemlich kompliziert gewesen sein, aber heutzutage, wo eigens für diesen Zweck hergestellte

Umlegehebel ihre Handhabung erleichtern, ist es mir unbegreiflich, weshalb der »Backstagenkomplex« weiterhin die Köpfe vernebelt. Auf marconigetakelten Masten bis zu ansehnlicher Größe hinauf ist es fast überall möglich, die Backstagen in Lee vor der Wende dichtzusetzen, ohne die Luvbackstagen vor Beendigung der Wende loszuwerfen.

Die Genuafock füllt einen großen Teil des Vorsegeldreiecks aus. Ich rechnete damit, dieses Segel bis mindestens sieben Windstärken stehenlassen zu können. Ideal für einen Einhandsegler wäre es, überhaupt keine Segel mehr wechseln zu brauchen, sondern sie nur noch setzen und bergen zu müssen. Das würde die Manöver sehr vereinfachen, da es dann nicht mehr nötig wäre, die Vorsegel an- und abzuschlagen. Leider verlangt ein entsprechender Segelriß eine noch stärkere Unterteilung, die ihrerseits neue Probleme im Gefolge hat. Im übrigen gibt es Momente genug, in denen eine Auswechselung der Vorsegel unvermeidlich wird, denn es ist klar, daß sich eine Genuafock, die man noch bei Windstärke 7 führen kann, nicht für leichte Winde eignet. Man braucht daher leichte Segel, die man bei auffrischenden Winden auswechseln kann. Diese Arbeit ist dann gar nicht so schwierig, da man sie ja vornimmt, solange das Wetter noch gut ist.

Pen Duicks endgültiger Segelplan sah folgende Segel vor:

	Unterliek	Vorliek	Achterliek	Segelfläche	Gewicht Tergal
Großsegel	3,28 m	10,30 m	10,80 m	21,60 m²	340 gr
Besan	2,20 m	7,00 m	6,34 m	10,00 m²	270 gr
Yankee 1, leicht	6,50 m	11,60 m	9,10 m	29,58 m²	175 gr
Yankee 1, schwer	6,50 m	11,60 m	9,10 m	29,58 m²	240 gr
Yankee 2	6,54 m	11,60 m	7,72 m	23,60 m²	340 gr
Klüver 1	4,48 m	8,90 m	6,12 m	12,70 m²	340 gr
Klüver 2	3,04 m	5,60 m	4,00 m	5,60 m²	340 gr
Genuafock, leicht	5,36 m	7,40 m	7,20 m	16,40 m²	240 gr
Genuafock, schwer	5,36 m	7,40 m	7,20 m	16,40 m²	340 gr
Sturmfock	2,30 m	7,70 m	6,60 m	11,20 m²	340 gr
Großes Stagsegel	7,50 m	9,40 m	7,24 m	26,60 m²	105 gr
Kleines Stagsegel	4,12 m	4,28 m	6,26 m	8,77 m²	310 gr
					Nylon
Spinnaker				82,00 m²	2 en 80 gr
					1 en 50 gr

Die Segel, von Victor Tonnerre zugeschnitten, bestehen aus Kunstfasertuch, das bei Cordon Noir gewebt wurde. Die Spinnaker sind aus Gründen der Leichtigkeit, der ausgezeichneten Haltbarkeit und vor allem der Elastizität dieser Faser aus Nylon. Die anderen Segel sind aus Tergal, einer Polyesterfaser von gleicher Widerstandsfähigkeit wie Nylon, aber von großer Dehnungsfestigkeit und stark wasserabweisend.

Manöverprobleme

Die Bedienung dieser Segel folgte den üblichen Gepflogenheiten unter Anwendung einiger persönlicher »Tricks«. Schon seit geraumer Zeit haben sich die Yachtkonstrukteure mit dem Problem beschäftigt, die Handhabung der Segel, auch auf Schiffen mit normaler Besatzung, zu vereinfachen. Zu meiner Schande muß ich gestehen, daß mir selbst auch nichts Besseres eingefallen ist, und als ich vor dem Start aufgefordert wurde, hierzu Stellung zu nehmen, mußte ich meine Befrager enttäuschen. Ich glaube, daß sie den Eindruck hatten, ich stürzte mich doch recht leichtsinnig in dieses Abenteuer.

Ich habe es also bei nur kleinen Abänderungen bewenden lassen. So halte ich es beispielsweise für unerläßlich, an den Salingen Führungen für Klüver- und Fockfall vorzusehen. Der Einhandsegler muß die Fallen loslassen können, ohne zu riskieren, sie am Masttopp oder hinter der Saling vertörnt wiederzufinden. Jedes Fall muß mit seinem Tampen an einer Klampe belegt bleiben (wie das heutzutage auf vielen Schiffen üblich ist), während die Führungen dafür sorgen, daß das Fall nicht hinter die Saling gerät. Merkwürdigerweise habe ich diese Führungen an den Salingen noch auf keiner Yacht gesehen, so zweckmäßig sie doch für alle Schiffe wären.

Meine Neuerungen in der Handhabung von Spinnakern sind nur

für Einhandsegler von Wert. So laufen auf der *Pen Duick* Toppnant und Niederholer des Spinnakerbaums nach achtern durch zum Cockpit. Das Spinnakerfall selbst muß sich langsam und von selbst wegfieren lassen, damit der Skipper mit beiden Händen das Tuch einsammeln kann. Zu diesem Zweck benutzte ich für das Spinnakerfall eine Winsch, Typ Goiot, mit einem kleinen Hebel, der die Bremse betätigt. Dieser Hebel läßt sich mit einem Gummistropp festlegen, so daß die Bremse das Fall nur langsam kommen läßt. Die erforderliche Spannung des Gummistropps muß ausprobiert werden. Außerdem kann man an dem Hebel ein Ende anbringen, mit dessen Hilfe man die Bremse aus der Entfernung lockern und das Fall erst dann kommenlassen kann, wenn man so weit ist, das Segel einzuholen. Nachteilig dabei ist nur die langsame Arbeitsweise der Winsch beim Heißen des Spinnakers. Bei starkem Wind muß dieser infolgedessen mit Reißbändseln versehen vorgeheißt werden.

Keine revolutionären Neuerungen also. Wenn man wirklich die Segelmanöver vereinfachen wollte, müßte man sich ganz von der konventionellen Besegelung frei machen, obgleich sie immerhin und entgegen Blondie Haslers Ansicht bis heute ihre Brauchbarkeit bewiesen hat. Hasler fand, der Segelsport sei in einem Zustand der Entwicklung, wie es der Automobilsport wäre, wenn man vor jeder Steigung die Hinterräder eines Autos mit Hilfe eines Wagenhebers gegen kleinere Räder austauschen müßte, um weiterfahren zu können. Ich finde, dieser Vergleich hinkt. Segel kann man auswechseln, ohne das Boot stoppen zu müssen, zumal dann, wenn die Takelage unterteilt ist und während der Arbeit an einem Segel die anderen ihre Funktion weiter verrichten. Hasler selbst hat das konventionelle Rigg radikal beseitigt und dafür ein Lattensegel chinesischer Art ohne Fock übernommen. Ein solches Segel gehört natürlich zu den denkbar einfachsten Takelagearten. Zum Wenden genügt eine Ruderbewegung, und auch das Reffen ist ganz leicht, weil der untere Teil des Segels wie eine Jalousie zusammenfällt. In der 1960er Wettfahrt hat sich diese Takelage gut bewährt; von den kleinen Schiffen kam Hasler als Erster ans Ziel. Er wurde jedoch, auch nach berechneter Zeit, von Chichester geschlagen; und zwar weil er beim Start, als die ganze Flotte mit stürmischem Wetter zu kämpfen hatte, in zwei Tagen einen ganzen Tag hinter seinen Gegnern zurückgeblieben war. Da er anschließend einen Kurs segelte, auf dem ihm niemand anders folgte, ist es schwer, den Vergleich fortzusetzen. Der Beweis für die Überlegenheit dieser Takelage auf einer Einhandregatta ist demnach nicht erbracht worden. Es genügt nicht, die denkbar einfachste Takelage zu besitzen, sie muß auch die schnellste Fahrt gewährleisten. Daher bin ich der konventionellen Besegelung treu geblieben und habe aus den gleichen Gründen auch keine Vereinfachungen – eine Baumfock etwa – übernommen. Diese erfordert zwar beim Wenden keine besondere Aufmerksamkeit, ist dafür aber wesentlich weniger wirksam als eine Genuafock.

Vor dem Start hat man mich häufig gefragt, ob ich meine Segel von unter Deck bediente, aber ich habe auch auf dieses Verfahren verzichtet, da es mich zwingen würde, Schoten und Fallen in das Innere des Schiffes zu führen. Es ist schon so schwer genug, die Kajüten trocken zu halten, und das wird so gut wie unmöglich, wenn man außerdem noch entsprechende Öffnungen für das Tauwerk vorsehen muß. Lieber werfe ich mir mein Ölzeug über und verrichte die Arbeit an Deck, als gezwungen zu sein, es im Innern eines Schiffes anzubehalten, in dem das Wasser aus allen Ecken rinnt.

Die Masten

Als Ketsch trägt die *Pen Duick II* zwei Masten, einen Großmast von 13,10 Meter und einen Besanmast von 8,90 Meter Höhe. Beide Masten haben einen oval geformten Querschnitt und sind dadurch bei gleicher Beanspruchung steifer und fester als zylindrische Masten.

Sie sind aus hochwertigem Aluminium gebaut, dessen leichtes Gewicht ein Höchstmaß an Gewichtsersparnis oben erlaubt, und sie sind durch eine besondere Behandlung gegen Korrosion geschützt.

Stehendes und laufendes Gut

Alle Wanten bestehen aus rostfreiem Draht mit Endbeschlägen, die mit dem Draht ein homogenen Ganzes bilden und besonders kräftig sind. Die 177 Meter Drahtseil sind aus rostfreiem Molybdenstahl: 117,88 Meter in 8 Millimeter starr, 53,34 Meter in 5,7 Millimeter starr, 6 Meter in 6,5 Millimeter flexibel.

In die Ausrüstung der *Pen Duick II* gingen 700 Meter Tauwerk, einschließlich Festmacher und Reservetauwerk: 100 Meter Nylon von 18 Millimeter Durchmesser, 21 Kilogramm Gewicht; 200 Meter Tergal, 12 Millimeter, 19,5 Kilogramm; 400 Meter Tergal, 14 Millimeter, 21 Kilogramm. Die Nylontrossen waren wegen ihrer Elastizität (Bruchlast bei 18 Millimeter 5500 Kilogramm) vor allem als Seeschlepper, Ankertrossen und Festmacher gedacht. Das Tergal mit seinem geringeren Reckvermögen ist für Liektaue, Fallen und Schoten bestimmt. Dank ihrer chemischen Verbindung bewahrt diese Faser eine gleichmäßige Länge, unabhängig von Gebrauchsdauer und Zugbeanspruchung.

Inneneinrichtung

Mit Ausnahme einiger weniger niedriger Aufbauten ist das Deck fast glatt. Das Cockpit ist ziemlich klein gehalten, wodurch sich der Einbau von zwei Hundekojen, eine auf jeder Seite, ermöglichen ließ. Bei dem Kajütsaufbau legte ich Wert darauf, daß er nicht zu hoch wurde. Darunter litt natürlich die Stehhöhe, die nur 1,50 Meter beträgt. Abgesehen davon verstehe ich sowieso nicht, warum so viele Sportsegler dieser Frage Bedeutung beimessen. Die übliche Haltung an Bord eines kleinen Schiffes ist durchweg Liegen oder Sitzen. Selbst wenn man einmal etwas gebückt herumlaufen muß, ist diese Unbequemlichkeit nur vorübergehender Art. Dagegen wiegen die Nachteile eines großen Deckshauses recht schwer. Da ist zunächst seine Verletzbarkeit. Wenn man sich davon überzeugen will, braucht man nur den Bericht zu lesen, den Humphrey Barton in seinem Buch über die *Vertue XXXV* gibt und worin er schildert, wie sein Deckshaus während einer Fahrt über den Atlantik von einer brechenden See beschädigt wurde. Zwar war der Sturm, den er damals abwetterte, von ungewöhnlicher Heftigkeit, aber man sollte stets mit dem Schlimmsten rechnen. Dabei sind die Deckshäuser der *Vertue*-Klasse besonders fest gebaut; trotzdem hat nicht viel daran gefehlt, daß dieser Zwischenfall das Schicksal des Schiffes besiegelte.

Ein zweiter Nachteil ist der nicht unbeachtliche Windfang. Und schließlich ist es trotz solidester Bauart nicht selten, daß die Fugen im Laufe der Jahre undicht werden und Wasser durchsickern lassen. Das gilt besonders für die Schiffe leichten Deplacements, die eine leichte Bauweise auch der Deckshäuser erfordert. Es kann nicht ausbleiben, daß sie eines Tages anfangen, in ihren Verbänden zu arbeiten. Man muß doch zugeben, daß diesen Aufbauten etwas Unlogisches anhaftet, weil sie die höchst vernünftige Konstruktion des Rumpfes unterbrechen. Das System der Decksbalken verliert automatisch seine Festigkeit, und die Querversteifung leidet. Schließlich und endlich finde ich diese Deckshäuser (und das ist nicht unwichtig) ganz und gar unschön. Doch das ist eine Frage des persönlichen Geschmacks.

Rechts vom Niedergang befindet sich, unter dem Schutz der Plexiglaskuppel, der innere Steuerstand. In der Mittelkajüte liegt die Pantry an Backbord, ausgerüstet mit einem Kocher und einer Arbeitsplatte, beide kardanisch aufgehängt, und einer kleinen Spüle mit einem Motorradsattel davor. Der Kartentisch steht quer an Steuerbord, und der

Navigator sitzt mit Blick nach vorn auf einem zweiten, mit dem Tisch verbundenen Motorradsattel. Die ganze Einheit »Tisch-Sattel« ist drehbar um eine parallel zur Längsrichtung des Schiffes verlaufende Achse angeordnet. Der Navigator bildet das Gegengewicht. Auf diese Weise bleibt der Tisch bei Schräglage horizontal. Eine Vorrichtung ermöglicht es, den Tisch festzustellen, damit er nicht dauernd schwingt.

Angesichts der harten Bewährungsprobe, die dieses Rennen bedeutete, durfte nichts außer acht gelassen werden, was das Leben an Bord erleichtern konnte. Darum hatte ich mir diese einfache, aber zweckmäßige Einrichtung geschaffen, um den drei Hauptaspekten des Lebens an Bord zu genügen: Segeln, Essen und Schlafen.

Ich hatte, nebenbei bemerkt, die Erfahrung gemacht, daß es sehr angenehm ist, mit offener Niedergangsluke zu fahren. Nur läßt es sich dann leider schwer verhindern, daß Regen oder Sprühwasser die Kojen, die Pantry oder die Karten auf dem Navigationstisch durchfeuchten. Ich hatte daher unter der Schiebeluke einen kleinen Raum ausgespart, der mir als Segelkammer diente und es möglich machte, die Luke durchgehend offenzuhalten, ohne daß Schaden angerichtet wurde. Hier konnte ich mich auch, ohne Nässe in die Kajüte zu bringen, meines triefenden Ölzeugs entledigen.

Die Entlüftung besorgen Ventilatorköpfe vorn und vor dem Niedergang (beide vom Typ *Maid of Malham*). Das Tageslicht dringt durch die im Deck verlegten 12-Millimeter-Plexiglasfenster, vier an der Zahl, je eines für den Kartentisch, die Pantry, die Mittelkajüte und vorn.

Die vom Royal Western Yacht Club veröffentlichten Wettfahrtbedingungen verlangen nicht (wie bei den Rennen um den Amerika-Pokal), daß Ausrüstung und Schiff aus dem Lande stammen, dessen Nationalität der Skipper angehört. Der Rückgriff auf ausländische Lieferanten ist erlaubt. Mit Ausnahme des Speedometers, einiger Blöcke und Beschläge, einer Pumpe und des Holzkohlenofens stammt indes die gesamte Ausrüstung – wie auch das Schiff selbst – aus Frankreich.*

* Siehe S. 274, Liste der Fabrikanten.

3 WIE DIE GEGNER DAS RENNEN SEGELTEN*

Francis Chichester

Francis Chichester, Jahrgang 1901, nacheinander Forstmann, Promoter aeronautischer Gesellschaften, Pilot, Erfinder eines Navigationsverfahrens, Rekordhalter der ersten Alleinflüge auf lange Distanz im Wasserflugzeug (1931), Verfasser der Navigationsanweisungen beim Luftfahrtministerium von Großbritannien im letzten Krieg, Herausgeber von Karten seit 1945, ist einer der faszinierendsten Figuren dieser Ozeanregatta.

Ein Seemann von großer Erfahrung, nahm er seit 1954 an zahlreichen Wettfahrten des Royal Ocean Racing Clubs teil und gewann 1960 die erste Eindhandregatta über den Atlantik. Da für 1962 kein Rennen vorgesehen war, beschloß er aus eigener Initiative eine zweite Fahrt über den großen Teich, wieder einhand und mit seiner *Gipsy Moth III.* Dieses Mal brauchte er für die Reise nur 33 Tage, eine Rekordleistung, zu der ihn sowohl Präsident Kennedy als auch der Herzog von Edinburg beglückwünschten.

Sein Schiff wurde 1957 von John Tyrrell in Arklow (Irland) nach Plänen von Robert Clark auf Grund der vom Eigner gewünschten Spezifikationen gebaut. Nur die automatische Steuerung geht allein

* Informationen vom Herausgeber zusammengestellt.

auf Francis Chichester zurück. Takelage und Besegelung wurden nach der Regatta 1960 von Captain John Illingworth modernisiert. Die *Gipsy Moth III* ist mit einer Sender/Empfänger-Anlage, System Marconi Kestrel Marine, ausgerüstet, mittels der Chichester die ganze Zeit über mit England in Verbindung bleiben und sogar von Newport aus Nachrichten an den *Guardian* übermitteln konnte.

Gipsy Moth III: Kuttergetakelt, Mahagoni, Spanten aus Eiche. Länge über Alles 12,06 Meter, Länge in der Wasserlinie 8,43 Meter, Breite im Hauptspant 3,10 Meter, Tiefgang 1,95 Meter, Wasserverdrängung 13 Tonnen.

Die Route: Chichester verfolgt auf dem größten Kreis etwa die gleiche Route wie Tabarly. Am 26. Mai erfährt er über Radio, daß Tabarly in Führung liegt. Er selbst überholt Kelsall und Ellison. Am 27. Mai gerät er in schlechtes Wetter, macht aber trotz 6 bis 7 Windstärken täglich seine hundert Meilen.

Zwei Konkurrenten beunruhigen ihn: Hasler und Tabarly. Am Sonnabend, dem 29. Mai, meldet er ein rasch fallendes Barometer: ein beachtliches Tief setzt sich in seiner Gegend fest. Am 31. weht es mit nur 1 bis 2 Windstärken. Der Wind ist sehr wechselnd. Ist das etwa besser? Die Ruhe dauert nicht lange, und mit Beginn der neuen Woche nimmt der Seegang wieder zu. Tabarly wird von neuem geortet. Er liegt etwa 90 Meilen nördlicher als Chichester an der Spitze. Kein allzu großer Vorsprung, wenn man die Länge der Reise und die durchschnittlichen Etmale der Konkurrenten in Betracht zieht, die etwa 100 Meilen betragen. Chichester segelt seine *Gipsy Moth* so hart er kann und wechselt ständig Segel, um das letzte aus dem Boot herauszuholen. Das Wetter bleibt weiter wechselhaft, und der Seegang ist riesenhoch. Am 3. Juni bemerkt Chichester, daß Wasser in die Kajüte eindringt. Durch regelmäßiges Pumpen gelingt es ihm, ein weiteres Ansteigen des Wassers zu verhindern. Es strömt unter einem Holzblock an einer schwer zugänglichen Stelle der Vorderkajüte herein. Da die Reparatur heikel ist, erbittet er sich über Radio Anweisungen von der Mashford-Werft in Plymouth, bei der sein Fahrzeug im Winter in Überholung liegt. Die Werft gibt ihm den Rat, den Holzblock mit Hilfe von drei Schrauben fest anzuziehen, eine Arbeit, die einen ganzen Tag in Anspruch nimmt. In der Haltung, die er dabei einnehmen muß, kann er nur mit einem Auge sehen und mit einer Hand arbeiten. Es gelingt ihm aber, das eindringende Wasser ganz erheblich einzuschränken, und er geht wieder mit voller Fahrt auf seinen alten Kurs. Nach einer Flautenperiode brist es am 5. Juni wieder hart auf, und als er einen Blick nach draußen wirft, sieht er den Großbaum durchs Wasser pflügen. Die Schräglage ist unvorstellbar, unter Deck fällt alles durcheinander. Nach 13 Stunden Treibens vor Topp und Takel, ohne einen Fetzen Leinwand gesetzt zu haben, erreicht er zu Beginn der dritten Woche die Gebiete, in denen mit Treibeis zu rechnen ist. Über Radio erhält er regelmäßig Nachrichten von den Erkundungsflugzeugen. Die See ist ruppig, und die Wellen laufen durcheinander. Inzwischen ist Chichester bis in die Nähe der Neufundlandbank gelangt. Der Wind scheint nachzulassen, und am 9. Juni weht nur noch eine leichte Brise. Es ist trübe, und die Luft ist mit Feuchtigkeit gesättigt. Auch die Konkurrenten müssen auf der Hut sein, denn das Treibeis bildet nicht die einzige Gefahr; auf den fischreichen Gründen sind auch zahlreiche Fischerfahrzeuge unterwegs. Die vom Wind nur schwach gestützte *Gipsy Moth* rollt sich die Seele aus dem Leib. Chichester nimmt nun die schwierigste Strecke der Wettfahrt in Angriff. Nur wenige Meilen trennen an dieser Stelle den Labradorstrom von dem in entgegengesetzter Richtung laufenden Golfstrom. Die *Gipsy Moth* setzt jedoch ihre Reise mit guter Fahrt fort. Am 15. Juni wird die *Pen Duick II* von kanadischen Flugzeugen ausgemacht; ihr Vorsprung gegenüber Chichester beträgt jetzt über 200 Meilen.

Am 19. Juni vernimmt er, daß Tabarly soeben, um 10.10 Uhr, die Ziellinie passiert hat. Er sendet ihm seine Glückwünsche. Ihm selbst verbleiben nur noch drei Tage, wenn er die Zeit einhalten will, die er sich gesetzt hat: 30 Tage, also drei Tage weniger als bei seinem Rekord im Jahre 1962. Aber der Nebel bleibt dick, und da die Flaute anhält, schafft er nur wenige Meilen am Tag. 43 Meilen vom Ziel entfernt, hat er nur noch 15 Stunden zur Verfügung, um zu erreichen, was er sich vorgenommen hat. Trotz des schwachen Windes gelingt es ihm, das Ziel drei Minuten vor Ablauf der Zeit zu erreichen, nach 29 Tagen, 23 Stunden und 57 Minuten.

Valentine Howells

38 Jahre alt, mit 16 Jahren in die Handelsmarine eingetreten, gibt er diese Laufbahn auf, um sich als Landwirt in Pembrokeshire niederzulassen. Nach seiner Teilnahme am ersten Einhand-Ozeanrennen 1960 (s. S. 18) widmet er sich der Sacknetz- und Langustenfischerei und betreibt anschließend mit seiner Frau ein Restaurant in Saunders Foot. 1964 erscheint er an der Startlinie mit einer in Holland gebauten handigen Yacht Van de Stadtscher Konstruktion, das ihm der Oberstleutnant P. Lort Phillips zur Verfügung gestellt hat.

Akka: Aus Stahl erbaute Sloop. Länge über Alles 10,70 Meter, Wasserverdrängung 12 Tonnen. Vermessung 74,19.

Die Route: Wahrscheinlich war Howells von allen Konkurrenten der größte Pechvogel. Schon kurz nach dem Start wird er von einem Motorboot gerammt. Der Eisenbeschlag an der Baumnock und die Selbststeueranlage werden beschädigt, und Howells verliert fünf Stunden mit den Reparaturarbeiten. Vier Tage nach seinem neuen Start bricht der Achsbolzen des Großfallblocks im Masttopp. Er versucht, in den Mast zu steigen, aber der starke Seegang vereitelt seine Absicht. So läuft er den nächstgelegenen Hafen Cork auf Irland an, muß sich aber, da er nachts eintrifft, bis zum nächsten Morgen gedulden. Unverdrossen macht er sich am 26. Mai zum dritten Mal auf den Weg. Genau wie Tabarly und Chichester wählt er die Route auf dem größten Kreis. Die zehn folgenden Tage erreicht er einen Durchschnitt von 150 Meilen pro Tag, womit es ihm gelingt, einen Teil seiner Verspätung aufzuholen. Howells schöpft neue Hoffnung, je mehr er sich den führenden Yachten nähert. Dank eines Kestrel-Marconi Marine Sender/Empfängers, den er zur Übermittlung seiner Reiseberichte an den *Daily Expreß* benutzt, unterrichtet er sich täglich über die Standorte von Chichester, Lewis, Ellison und Butterfield. Bei Annäherung an Sable Island gerät er aber in Flauten und Nebel, und es gelingt ihm nicht, Chichester einzuholen. Zwei Tage vor Newport feiert er seinen 38. Geburtstag bei bester Gesundheit, trotz all der Anstrengungen, die ihm sehr schwere Sturmtage bei Annäherung an die großen Neufundlandbänke abverlangten.

A. R. Rose

Mit seinen 55 Jahren ist Rose einer der ältesten Teilnehmer an dieser Wettfahrt. Gärtner, später Gemüsehändler in South Sea an der Kanalküste, verbringt er fünf Jahre mit dem Umbau eines Rettungsbootes in eine Segelyacht, nach deren Fertigstellung er sein Geschäft verkauft und zwei Jahre lang allein die Nordsee, die Ostsee und den Atlantik besegelt. Nach seiner Rückkehr erwirbt er eine neue Yacht, die *Lively Lady,* 1950 von Shepherd in Calcutta gebaut, und nimmt seine alte Tätigkeit in South Sea wieder auf. Dort lebt er in der Nähe der See und kann regelmäßig trainieren. Vor der Regatta bittet er Captain Illingsworth, seine Besegelung im Hinblick auf die Wettfahrt zu ändern.

Lively Lady: Kutter konventioneller Bauart. Wasserverdrängung 9 Tonnen, Länge über Alles 10,97 Meter, Vermessung 74,51.

Rose hat an Bord keinen Sender/Empfänger, aber ein Radio-Gerät »Surviver«, Typ Marconi Marine, um im Notfall Hilfe anfordern zu können.

Die Route: Nach einer bei Brenton Leuchtturm verbrachten Nacht kommt er am 29. Juni morgens in Newport an und kann den vierten Platz für sich in Anspruch nehmen. Seine Reise ist ohne größere Schwierigkeiten vonstatten gegangen, obgleich er unterwegs Stürme abzuwettern hatte, deren Stärke zuweilen Beaufort 9 überstieg. Ende der zweiten Wochen sichtet er Bill Howell und behält ihn einen ganzen Tag im Auge. Die letzten Tage sind infolge der Windstillen und flauen Winde für ihn, genauso wie für die sieben anderen Teilnehmer der ersten Gruppe, die allerschwierigsten.

Oberstleutnant Hasler

50 Jahre alt, Reserveoffizier der Königlichen Marine, Held des Unternehmens »Nußschale«, einer Sabotageaktion, die im letzten Krieg mit Kanus gegen den Hafen von Bordeaux unternommen wurde. Er war die treibende Kraft bei diesen Wettfahrten, mit denen er die Entwicklung unkonventioneller Schiffe und Takelungsformen zu fördern suchte. Zweiter in der Wettfahrt 1960 mit einem Volksboot von weniger als acht Meter Länge, hatte Hasler gehofft, dieses Jahr mit einer größeren Yacht vom Leichtdeplacementtyp starten zu können. Da das Projekt sich nicht verwirklichen ließ, erschien er am 23. Mai in Plymouth kurz vor 10 Uhr mit seinem alten Schiff. Das Volksboot *Jester* hat einen unverstagten Holzmast und führt ein Dschunkensegel mit Latten, das nach Haslers Ansicht für einen Alleinsegler außerordentlich leicht zu handhaben ist. Die *Jester* ist vollkommen eingedeckt, besitzt kein Cockpit, sondern hat lediglich eine Öffnung im Kajütsdach, aus

der heraus Hasler alles Geschehen beobachten kann. Es handelt sich also um ein bescheidenes, aber in seiner ganzen Anlage wenig konventionelles Schiff.

»Betrachtet man mein Boot auf dem Papier«, erklärte er vor Reisebeginn, »beeindruckt es einen kaum. Es führt nur ein einziges, dazu ziemlich kleines Segel, aber ich hoffe, daß ich bei der Wahl der nördlichen Route auf raume Winde stoße. Mein Selbststeuerungs-System funktioniert ausgezeichnet und wird mein Boot stets so steuern, daß es die beste Leistung hervorbringt.« Er nimmt weder Radio noch Barometer mit. »Ein Radio«, sagte er, »ist ein unnützer Gegenstand; auf einem so kleinen Schiff kann ich auf Wettervorhersagen verzichten. Für meine Segelmanöver brauche ich keine Vorbereitungszeit, denn das kleine Segel läßt sich im Nu reffen. Barometer habe ich wohl auf früheren Ozeanfahrten mitgenommen, aber eigentlich haben sie mich gestört und meine Moral unnötig geschwächt. Allerdings habe ich ohne Radio keine Möglichkeit, den Stand meines Chronometers zu überwachen, dessen Zeit ich doch für meine astronomischen Beobachtungen mit dem Sextanten benötige. Ich führe daher, um jede Fehlerquelle auszuschalten, vier Chronometer an Bord, die ich miteinander vergleiche und deren Genauigkeit ich seit einem Monat minuziös überprüfe. Außerdem habe ich ein tragbares Magnetophonbandgerät an Bord, mit dem ich Jazzmusik aufgenommen habe und das ich von Zeit zu Zeit abspielen lasse. Ferner meine Klarinette und einen Haufen Zeitschriften, zu deren Lektüre ich vor meiner Abreise keine Zeit gefunden habe.«

Er freut sich über die Typenvielzahl der teilnehmenden Boote: Schoner, Ketsch, Sloop, Kutter, Katamaran und Trimaran. Vor allem interessierte ihn, wie die Katamarane sich bewähren und zu welchen Überlegungen die Teilnehmer auf Grund der Wettfahrtergebnisse kommen würden.

Jester: Volksboot mit Dschunkensegel. Länge über Alles 7, 89 Meter, Länge in der Wasserlinie 6,10 Meter, Breite im Hauptspant 2,22 Meter, Tiefgang 1,22 Meter, Ballast eine Tonne, Wasserverdrängung $2^1/_2$ Tonnen.

Die Route: Hasler ist derjenige Gegner, der für die Fahrt von Plymouth nach Newport auf die nördlichste Route setzt; es ist bestimmt nicht der bequemste und einfachste Weg, aber er hofft, hier von raumen Winden begünstigt zu werden und so aus seiner Besegelung den größtmöglichen Vorteil zu ziehen. Am sechsten Reisetag erlebt er die Überraschung, ein Konkurrenzboot, die *Lively Lady* von Rose auszumachen. Sie segeln den ganzen Tag in Sicht voneinander. Dann wendet sich Rose einer südlicheren, Hasler einer nördlicheren Route zu, und sie verlieren sich aus den Augen. Am 18. Tag erreicht er das Gebiet erhöhter Eisberggefahr und beobachtet aus etwa vier Meilen Abstand einen Eisberg mit zwei kegelförmigen Gipfeln, die in blendendem Weiß schimmern. Hasler hört dann ein donnerndes Poltern herübertönen und sieht den Eisberg im gleichen Augenblick kentern und Fontänen von Wasser und Gischt in die Luft spritzen. Ein prächtiges Schauspiel, das Hasler mit der Kamera festhält. Bis zu diesem Tage hatte er eine Rekordreise gemacht und sogar bessere Zeiten erzielt als Chichester in ebensoviel Tagen auf der 1960er Wettfahrt, so daß er schon auf einen guten Platz hoffen konnte. Unglücklicherweise gerät er bei der Annäherung an die Küste in windstille Gebiete und in Nebel, die ihn aufhalten und auf den fünften Platz zurückfallen lassen.

W. B. Howell

Dieser 38jährige Segler, seines Zeichens Zahnarzt in Wimbledon, war der einzige Australier, der an diesem Rennen teilnahm. Er kann auf reiche Erfahrungen zurückblicken, vor allem auf eine Reise, die er mit seiner Yacht *Wanderer II* über Panama nach Vancouver und weiter nach Tahiti unternahm. Anschließend kaufte er die *Stardrift.* Er hält den Weltrekord für die Überquerung des Atlantik auf der südlichen Route in 24 Tagen. Für 1964 hatte er sich vorgenommen, sein Glück auf der nördlichen Route zu versuchen. Die *Stardrift,* eine Yacht herkömmlicher Bauweise, ist verhältnismäßig alt, ein Schwerwetterboot, das Howell seit zwei Jahren für seine Einhand-Kreuzfahrten benutzt.

Stardrift: Baujahr 1937. Kutter. Länge über Alles 10,40 Meter, Länge in der Wasserlinie 7,50 Meter, Breite im Hauptspant 2,50 Meter, Tiefgang 1,54 Meter, Wasserverdrängung 8 Tonnen, Segelfläche 40,13 Quadratmeter, Vermessung 72,14.

Die Route: Bei seiner Ankunft wird er von Valentine Howells und Rose begrüßt, die am Tage zuvor eingetroffen sind. Es war ihm also nicht gelungen, die Leistung zu erzielen, auf die er gehofft hatte. Er errang aber einen ehrenvollen Platz und wurde nur knapp von Oberstleutnant Hasler geschlagen. Seinen Humor hatte er aber nicht verloren, was man beobachten konnte, wenn er erzählte, wie er am Ende der zweiten Woche Rose in Sicht bekam oder wie er 50 Meilen vor der Küste einer Flotte von 28 russischen Fischdampfern begegnete. Immer geistreich, erklärte er: »Wir haben Wellen miteinander ausgetauscht.« Dann fuhr er fort: »Die Reise auf der nördlichen Route war verhältnismäßig ruhig, aber viel zu kalt für meinen australischen Geschmack. Und Sie können sich darauf verlassen, daß ich für die Rückreise nach England die südliche Route vorziehe und über die Azoren zurücksegeln werde.«

David Lewis

1917 in Plymouth geboren, verbringt er seine Jugend in Neuseeland. 1939 kehrt er nach England zurück und gründet nach Beendigung seiner Studien eine ärztliche Praxis. Für die Ozeanregatta 1960 qualifiziert er sich durch eine Einhandreise von England nach Norwegen und zurück an Bord der *Cardinal Vertue*. 1963 läßt er sich bei G. Prout and Son einen Katamaran nach Plänen von Colin Mudie bauen. Dieses aus Sperrholz konstruierte Fahrzeug verfügt auf Grund von eingebautem Schaumstoff über Reserveauftrieb. Die *Rehu Moana* ist kein Katamaran vom Leichtgewichttyp. Man hatte das Schiff mit Ballast versehen müssen, um seine Stabilität zu verbessern. Obgleich Lewis den Motor vor dem Start ausbaute, machte das Fahrzeug immer noch einen zu schwerfälligen Eindruck, als daß man ihm eine wirklich gute Leistung zutraute. Auf der Probefahrt nach Island 1963* bricht der Doppelmast oben an der Schweißstelle. Für die Transatlantikregatta wird der Doppelmast durch einen normalen, bermudagetakelten Mast mit zwei Vorsegeln und einem Bugspriet ersetzt. Der Katamaran ist heute zu Lewis' einziger Behausung geworden, nachdem er Haus und Praxis verkauft hat, um mit diesem wenig konventionellen Fahrzeug eine Weltreise, die drei Jahre dauern soll, zu unternehmen. In Wirklichkeit war die *Rehu Moana* gar nicht für diese Wettfahrt, sondern für Langfahrten gebaut worden. Sie hat eine Radioanlage vom Typ Kestrel Marconi Marine mit großer Reichweite, die es Lewis – genauso wie Chichester – erlaubte, täglich seine Berichte an den *Guardian* zu liefern.

Rehu Moana: Katamaran, Länge über Alles 12,20 Meter, größte Breite 5,18 Meter.

Die Route: Lewis segelte, genau wie Chichester und Tabarly, auf der kürzesten Strecke nach Newport. Während der ersten Woche erzielt

* Lewis, »Unternehmen Pol-Cat«, Verlag Delius, Klasing & Co, Bielefeld.

er ausgezeichnete Etmale und bringt trotz Windstillen und Stürmen 800 Meilen hinter sich. Die zweite Woche der Überfahrt verläuft weniger glücklich. Unter Sturmklüver und doppelt gerefftem Großsegel liegend, bricht er bei Windstärke 8 seinen Baum. Der Schaden wird repariert, so gut es geht, aber das Segel läßt sich nicht mehr ungerefft setzen. Während der letzten Wochen hat er abwechselnd mit starken Sturmböen und lange andauernden Flauten zu kämpfen. Die windschwachen Tage sind besonders unangenehm für ihn, weil dann seine Selbststeuerungsanlage nicht arbeitet und er Tag und Nacht am Ruder stehen muß. Über Radio bleibt er mit einigen seiner Gegner, vor allem mit Michael Butterfield und Ellison, in ständiger Verbindung. Obgleich er die nördliche Route wählte, begegnete er keinen Eisbergen. Sonst hat sich sein Katamaran gut bewährt, und er wetterte Stürme von 60 Meilen Stundengeschwindigkeit ohne wesentliche Schäden ab.

M. Ellison

Neben Bob Bunker ist Ellison einer der jüngsten Teilnehmer. Beide sind 28 Jahre alt, doch kann man Ellison, der der Handelsmarine angehört, schon fast als Veteranen bezeichnen. (Er hatte bereits für die Wettfahrt 1960 gemeldet. Im letzten Augenblick erlitt seine Yacht Havarie, was seinen Start verhinderte.) Da sein Boot damals stark gelitten hat, steckte er alle seine Verdienste in die Reparaturen und Vorbereitungen für das Einhandrennen 1964. Kaum ist das Schiff wieder seefähig, als Mr. Barrington ihm den Vorschlag macht, über seinen Schoner zu verfügen. Er nimmt das Angebot in der Hoffnung an, mit dem Schoner eine bessere Chance zu haben.

McLenson, jener unglückliche Konkurrent, der seine Yacht *Morna* wenige Wochen vor dem Start durch eine Explosion verloren hatte, gestattet ihm, seinen der Katastrophe entgangenen Radiosender/Empfänger zu übernehmen und an Bord seines Schoners *Ilala* einzubauen. Ellison übermittelt von unterwegs regelmäßig seine Tagesberichte an die *Daily Mail.*

Ilala: Schoner aus Kunststoff. Konstrukteur Nicholson. Als Dschunke getakelt. Länge 10,90 Meter, Vermessung 73,64. Besonderheiten: Zwei Dschunkensegel an unverstagten Masten.

Die Route: Nach einem guten Start gerät Ellison rasch in alle nur denkbaren Schwierigkeiten. Die Latten, die das Segel gespreizt halten sollen, brechen wiederholt. Ellison hatte zwar Vorsorge getroffen, um sie durch haltbarere Latten ersetzen zu können, hatte sie auch bestellt, sie trafen aber vor dem Start nicht mehr ein. Am 25. Mai verliert er seine Logleine. Er hätte sie mit einer Reserveleine ersetzen können, die er aber lieber für die Küstennavigation vor seiner Ankunft aufbewahren will. Am 26. Mai wacht er mitten in der Nacht auf und bemerkt, daß die vierte Latte gebrochen ist und ihm sein Segel durchlöchert. Über Radio steht er täglich mit seinen Eltern in Verbindung. Diese schlagen vor, ihm festere Latten auf dem Luftwege zukommen zu lassen, aber er geht nicht darauf ein, da jede Hilfe von außen seine Disqualifikation bedeuten würde.

Am 10. Juni verliert er im Sturm, nachdem er vierundzwanzig Stunden vorher schon eine heftige Gewitterbö abgewettert hatte, seinen Schonermast und muß sich eine Notbesegelung zusammenbauen, um seine Fahrt ohne zu großen Verlust an Geschwindigkeit fortsetzen zu können. Ein wenig später bricht der Großfallblock, und das Großsegel fällt wie eine Jalousie an Deck. Er versucht den Schaden zu beheben, aber dafür müßte er in den Mast. Der Seegang ist hoch und seine Tauleiter unzureichend, so daß er sich gezwungen sieht, mit einem gerefften Segel weiterzumachen, so gut es eben geht. *Ilala* erreicht Newport mit einem Notmast und einer Takelage, die kurz vorm Herunterbrechen ist.

In einer seiner Radiosendungen gab Lewis seiner Bewunderung Ausdruck für die Zähigkeit, mit welcher Ellison sein widriges Geschick gemeistert hatte.

Jean Lacombe

48 Jahre, von Beruf Photo-Reporter und Journalist in Amerika. Er hat den Atlantik dreimal nacheinander allein überquert. Das erstemal auf einer kleinen, von ihm selbst entworfenen Yacht, der *Hippocampe*. Von Toulon aus gestartet, nahm er sich fünfzehn Monate Zeit, um über den Ozean zu gelangen und lief in dieser Zeit unterwegs eine Reihe von Häfen an. 1960 war Lacombe der einzige Franzose, der an dem Rennen teilnahm. Seine *Cap Horn* war mit 6,50 Meter Länge das kleinste Schiff der Flotte. Im Jahre 1964 ist auch seine *Golif* das kleinste Schiff.

Golif: Sloop aus Kunststoff, von Jouet gebaut und für diese Wettfahrt mit einem selbsttätigen Ruder versehen. Länge über Alles 6,50 Meter, Breite 2,26 Meter, Tiefgang 0,96 Meter, Wasserverdrängung 1,3 Tonnen, Ballast 480 kg.

Die Route: J. Lacombe hat das kleinste Boot; theoretisch müßte er demnach als Letzter ankommen. Die Bewährungsprobe besteht für ihn in dem Versuch, eine bessere Leistung zu erzielen. 1960 hatte er den Weg über die Azoren genommen. Dieses Mal wählt er die kürzeste, aber für ein Boot seiner Größe auch schwierigste Route, diejenige, die ihn am schnellsten vor die Küste von Neuschottland bringt. Die *Golif* macht sich gar nicht schlecht. Am 26. Mai erzielt er ein Etmal von 135 Meilen. Das Boot wird von den Wellen hin und her geschleudert, kämpft sich aber rasch voran. Am 27. Mai schlägt eine Riesensee das Fahrzeug quer, der Baum kommt über und bricht. Er ersetzt ihn durch den Spinnakerbaum, mit dem er bis zur Ankunft durchhält. Am 29. Mai herrscht noch immer schwerer Seegang. Am 30. Mai legt er nur unter Fock 100 Meilen in 24 Stunden zurück. Am Ende der ersten Woche sind 682 Meilen abgelaufen; er hat also eine Durchschnittsgeschwindigkeit erreicht, die sich sehen lassen kann. Das Ergebnis der zweiten Woche ist auch nicht schlecht: 672 Meilen. An einem Tag dieser Woche sichtet er am Horizont die *Queen Mary*, kann aber nicht mit ihr in Verbindung treten, da sich seine Batterien entladen haben. Ebenso wie seine Konkurrenten gerät er in das sehr schlechte Wetter, das vom 4. bis zum 10. Juni auf dem Nordatlantik herrschte. Machtlos gegen das Unwetter, läßt er sich in Stürmen, die 9 und 10 Windstärken erreichen, vor Topp und Takel treiben. Nur knapp entgeht er bei Einbruch der Nacht einer Katastrophe: eine riesige Dwarssee überrollt das Schiff und legt es flach auf die Seite nach Backbord. Einen Augenblick später richtet es sich zwar wieder auf, aber der ganze Innenballast ist übergegangen. Das Cockpit hat sich mit Wasser gefüllt, und die Schlagseite ist besorgniserregend, da unter Deck alles auf die Backbordseite gerutscht ist. Im Laufe der Nacht gelingt es Lacombe jedoch, das Wasser mit Hilfe eines Eimers auszuschöpfen und den Innenballast neu zu stauen. Die dritte Woche bringt nicht mehr als 446 Meilen. Nebel kommt auf, und zwar immer häufiger und dichter, je mehr er sich Neufundland und damit den Gewässern mit Treibeisgefahr nähert. Die See ist, vor allem von Fischereifahrzeugen, stark befahren. Aus allen diesen Gründen heißt es die Aufmerksamkeit bei Tag und bei Nacht verdoppeln. Aber der Fortschritt ist mit 668 Meilen zufriedenstellend. Die fünfte Woche bricht an, das Wetter ist kalt, und Lacombe wird am 23. Juni Zeuge einer totalen Mondfinsternis. Mittelstarke Winde und Nebel lösen sich weiter ab. Guter Fortschritt in der fünften Woche: 682 Meilen. Lacombe hält jetzt etwas südlicher und begegnet sowohl der *Queen Elizabeth*, wie auch, einen Tag später, der *United States.* Der Nebel verdichtet sich weiter, von allen Seiten hört er pausenlos die Nebelsignale der Fischkutter. Einer von ihnen läuft so nahe an ihm vorbei, daß er das Rauschen der Bugwelle und das Geschrei der Möwen hört, die ihm folgen. Inzwischen hat er weitere 535 Meilen geschafft und steht jetzt nicht mehr weit vor Newport. Sonntag, den 5. Juli, sichtet er den Sendeturm von Nantucket, den er am 7. um ein Uhr morgens passiert. Jetzt sind es nur noch hundert Meilen bis zum Ziel, aber der Wind ist sehr flau. Am Mittwoch, dem 8. Juli, genau um 12.05 Uhr, kreuzt er die Ziellinie bei Brenton-Leuchtturm. Niemand scheint Notiz von ihm zu nehmen. Es ist bedeckt, und keine Sonne bestrahlt seine Ankunft. Mit Freude vernimmt er die Nachricht, daß ein Offizier der französischen Marine Sieger geworden ist.

Bob Bunker

Mit seinen 28 Jahren ist er neben Ellison der jüngste Teilnehmer dieses Rennens. Angestellter bei der Guiness-Brauerei von Park Royal in London, beschränkt sich seine seglerische Erfahrung auf einige Unternehmungen im Segelkanu. Er besitzt einen der in England so beliebten Tourenkreuzer vom Typ »Silhouette« und erwirbt für die Teilnahme an diesem Rennen ein anderes Schiff, das, obgleich größer, immer noch zu den kleinsten Schiffen zählt, die gemeldet haben: die *Vanda Caelea*, ein klinkergebautes Volksboot. Eigenhändig bastelt er sich eine automatische Steuerung zusammen. Am Vorabend des Starts feiert er auf dem Schloß des Viscount Boyds Cornish seine Verlobung und hat, neben anderem Vorrat, 48 Flaschen Guiness-Bier an Bord, als er auf die Reise geht. Die Brauerei als Spenderin hatte übrigens erklärt: »Um nicht die Konkurrenten gegenüber einem an dem Rennen teilnehmenden Angehörigen unseres Personals zu benachteiligen, stiften wir für jeden startenden Segler die gleiche Menge Bier.« Vor seiner Abreise sagte Bunker: »Dieses ist mein erster Versuch. Ich bin darauf vorbereitet, bis zu 50 Tagen unterwegs zu sein, obgleich ich nur für 48 Tage mit Bier versorgt bin.«

Vanda Caelea: Klinkergebaute Sloop. Länge 7,62 Meter, Wasserverdrängung 5 Tonnen.

Die Route: Er nimmt die südliche Route, der auch die *Misty Miller* anfänglich folgt, und verwirklicht trotz der geringen Länge seines Bootes und unter Berücksichtigung des Breitengrades die beste gesegelte Zeit der Überfahrt. Das Resultat ist um so höher zu bewerten, als sein kleines Schiff vom Wetter hart mitgenommen wurde und er bei der Ausbesserung eines Stages zu Fall kam, wobei er sich das rechte Handgelenk brach. Als die Azoren in Sicht kommen, verspürt er den Wunsch, näher heranzulaufen, was seine Reise um mindestens einen Tag verlängert. Kurz nach seinem Eintreffen in Newport geben Guiness' ihm zu Ehren am 21. Juli einen großen Empfang im Empire State Building.

Michael Butterfield

Zweiunddreißig, Anwalt in Cobham (Surrey). Er trifft in Plymouth im letzten Moment vor dem Start ein. Butterfield ist der »skipper mystérieux« dieser Einhandregatta. Er zeichnete seine Meldung mit falschem Namen und erklärte dazu: »Aus verschiedenen Gründen möchte ich gern anonym bleiben.« Der Entwurf seines Katamarans *Misty Miller* stammt von Michael Henderson. Das Fahrzeug hatte sich als recht schnell erwiesen, als es 1963 den Teilnehmern am Fastnetrennen folgte. Wenn von raumen Winden begünstigt, wurde *Misty Miller* allgemein zu den Favoriten gezählt.

Misty Miller: Katamaran, Länge über Alles 8,84 Meter, Länge in der Wasserlinie 7,61 Meter. Größte Breite 3,81 Meter, Tiefgang 1,81 Meter. Wasserverdrängung beladen 2,65 Tonnen. Ballast 750 kg. Segelfläche 49,80 Quadratmeter. Ausgerüstet mit einer weitreichenden Funkanlage.

Die Route: Butterfield entschied sich für die südliche Route, wo er raume Winde und die für seinen Katamaran günstigsten Wetterbedingungen anzutreffen hoffte. Unglücklicherweise beginnen die Havarien schon von der ersten Woche an. Da sich die Motorluke losgerissen hat, dringt Wasser in den Raum mit den Batterien. Ferner hat Butterfield Ärger mit dem Baum und der automatischen Steuerung; fast verliert er eines der Schwerter, die in beiden Rümpfen als Kiel dienen. Von den sechs Haltebolzen sind drei gebrochen. Nach sieben Tagen ununterbrochenen Sturms macht er auf den Azoren Pause, um Schäden zu beheben. Er hat die größten Schwierigkeiten, den kleinen Hafen von Florés zu finden, der kaum größer ist als ein olympisches Schwimmbecken. Schließlich weist ihm ein Fischer einen Platz, wo sonst Walfische an Land gezogen werden.

Geoffrey Chaffey

Dreiunddreißig, in Kalkutta geboren, hat sich G. Chaffey schon in mehreren Berufen umgetan. Er war Konservator eines Planetariums, leitender Mitarbeiter einer Milchgesellschaft, außerdem Architekt und schließlich Promoter eines Privathospitals von 24 Betten. Um an dieser Wettfahrt, seinem ersten Versuch im Einhandsegeln, teilnehmen zu können, scheut er sich nicht, ein 28 Jahre altes Fahrzeug zu kaufen, ohne es je gesehen zu haben.

Ericht 2: Ein 1938 von Lannes, Miller & Son erbauter Kutter. Länge über Alles 9,50 Meter, Länge in der Wasserlinie 7,62 Meter, größte Breite im Hauptspant 2,59 Meter, Wasserverdrängung 8 Tonnen.

Die Route: Chaffey segelt die südliche Route und muß in Horta auf der Insel Fayal Station machen, da er 5 Tage vor dem Eintreffen auf den Azoren ein Vorstag gebrochen hat. Während der Überfahrt hat er

Schwierigkeiten beim Kreuzen. Wie mehrere andere Gegner auch hat er viel unter Nebel zu leiden. Seine Ortsbestimmungen werden immer ungenauer und sind in den letzten Tagen von einer geradezu gefährlichen Unzuverlässigkeit. Erst als er bis auf 40 Meter an die Felsen von Point Judith herangesegelt ist, weiß er endlich, wo er ist. Er kreuzt die Ziellinie bei Brenton-Feuerturm spätnachmittags in so dichtem Nebel, daß er Newport erst am folgenden Vormittag erreicht. Unterwegs folgte ihm ein Fischschwarm länger als 15 Tage und begleitete ihn bis 100 Meilen südlich von Nantucket.

Derek Kelsall

31 Jahre alt; arbeitete sieben Jahre lang als Petroleum-Ingenieur in Afrika und Texas. Von Trimaranen begeistert, segelte er im Pazifik und gelangte Anfang 1963 nach dem Golf von Mexico. Zum Start des 1964er Rennens erscheint er mit einem Trimaran, den er nur fünf Tage lang eingesegelt hatte und dessen Bau in aller Eile erfolgt war.

Folâtre: Trimaran, Konstrukteur Arthur Piver. Ketschtakelung. Größte Breite 6,10 Meter, Länge über Alles 10,66 Meter.

Die Route: Am 23. Mai um 10 Uhr morgens passiert er als Erster die Startlinie. In den nachfolgenden Tagen verzeichnet er dank raumer Winde ausgezeichnete Etmale. Am 28. Mai, noch an der Spitze des Feldes liegend, bemerkt er entsetzt, daß das Ruder abgerissen ist und die Halterung sich gelockert hat, wodurch sich ein Leck bildet und das Schiff Wasser macht. Er versucht, Irland anzulaufen, wird aber durch Gegenwinde gezwungen, nach Plymouth zurückzukehren, wo er am 4. Juni eintrifft. Er macht einen neuen Start am 19. Juni und segelt in 35 Tagen über den Ozean, eine ausgezeichnete Leistung, die die einem Trimaran innewohnenden Möglichkeiten bestätigt.

A. Pedersen

45 Jahre alt, Däne, nach Neuseeland ausgewandert. 1958 segelt er mit seiner Ketsch *Marco Polo* von Neuseeland durch den Pazifik nach Europa und zurück, eine Reise von zwei Jahren. Durch widrige Winde aufgehalten, macht er sich erst mehrere Tage nach dem Start der anderen von Plymouth aus auf die Reise.

Marco Polo: Ketsch. Länge über Alles 8,54 Meter.

Die Route: Südliche Route. Durch Flauten und Gegenwinde aufgehalten, weicht er vom direkten Wege ab und legt mehr als 4000 Meilen zurück. Während der ganzen letzten Woche kann er des Nebels wegen keine Ortsbestimmungen vornehmen.

R. McCurdy

Ein 45jähriger Arzt. Mit seiner Ketsch *Tammy Noirie* hat er unter anderem eine Einhandreise von England zu den Färöern, St. Kilda und zurück unternommen. Sein Schiff, das schwerste aller teilnehmenden Yachten, war von Holman konstruiert und 1963 erbaut worden.

Tammy Noirie: Ketsch. Länge über Alles 12,35 Meter, Länge in der Wasserlinie 9,76 Meter, größte Breite 3,35 Meter, Gesamtsegelfläche 55 Quadratmeter.

Die Route: Da der elektrische Strom schon in den ersten Tagen ausgefallen war, kann er keine Radiokontakte herstellen und auch keine Positionslichter führen. Zur Behebung des Schadens kehrt er nach Plymouth zurück und startet ein zweites Mal. Da er aber nicht mehr hoffen kann, sich zu plazieren, gibt er lieber auf und läuft die Scilly-Inseln an.

McLendon und Piver

Diese beiden Konkurrenten waren verhindert und konnten nicht starten. McLendon, 35, Amerikaner, der in London als Ingenieur arbeitet, verfügt über große nautische Erfahrung. Sein Schiff, die Ketsch *Morna,* wäre das größte und älteste Schiff der Wettfahrt gewesen, aber eine Explosion im Hafen von Yarmouth setzte die Yacht drei Wochen vor dem Start außer Gefecht.

A. Piver ist auf Trimarane spezialisiert, deren Typen er entwirft. Schon 1960 hatte er nicht rechtzeitig zum Start erscheinen können. In diesem Jahr wurde er durch Havarien in Bermuda zurückgehalten. So hat er den Beweis nicht antreten können, daß der Trimaran das ideale Fahrzeug für die Überquerung des Atlantik sei. Man sagt, daß seine *Bird,* bevor sie Havarie erlitt, bei kräftigen raumen Winden 30 Knoten erreicht hätte, eine für Hochseeyachten unglaubliche Geschwindigkeit.

Tägliche Schiffsorte der einzelnen Teilnehmer um 12 h M. G. Z.

	E. Tabarly	F. Chichester	Val. Howells	A. R. Rose	Lt. Col. Hasler	W. B. Howell	Dr. D. Le
Mai							
23							50°15 - 4
24	50°03 - 5°45						49°51 - 5
25	50°12 - 9°48	49°24 - 8°36		50°25 - 8°20			48°45 - 8
26	50°08 - 13°10	48°24 - 11°51		50°30 - 9°30		49°45 - 13°10	47°30 - 11
27	50°13 - 16°15	48°25 - 14°30		51°20 - 12°50		49°30 - 15°20	48°30 - 13
28	49°48 - 18°30	48°45 - 17°48		51°35 - 15°30		49°40 - 17°35	48°50 - 16
29	49°33 - 20°30	48°06 - 20°		51°10 - 15°45		48°37 - 21°	49°15 - 19
30	49°36 - 23°51	48° - 21°45	51°16 - 11°40	51° - 18°		49°10 - 23°30	49°15 - 22
31	48°54 - 27°12	47°40 - 25°	51°40 - 15°20	50°40 - 21°50		49°41 - 25°37	49°30 - 24
Juni							
1	48°15 - 30°15	47°06 - 27°11	51°45 - 18°45	50°40 - 23°50			49°30 - 24
2	47°11 - 33°27	46°18 - 30°	51°26 - 23°21	51° - 26°10	53°35 - 30°11	51°15 - 29°30	48°40 - 27
3	47°12 - 36°54	45°51 - 32°39	50°55 - 27°30	50°40 - 29°20		50°20 - 32°25	47°10 - 39
4	46°27 - 40°03	45°36 - 34°55	50°17 - 30°31	50°40 - 31°30		49°48 - 35°42	45°45 - 31
5	45°28 - 43°27	45°34 - 36°25	49°41 - 33°10	50°15 - 33°50		49°15 - 37°25	46°50 - 34
6	44°13 - 46°36	45°42 - 38°48	48°46 - 35°21	49°35 - 37°10			47°50 - 36
7	42°54 - 59°07	45°34 - 40°10	47°50 - 37°21	48°55 - 39°		47° - 40°30	47°20 - 38
8	41°12 - 50°45	45°06 - 42°10	47° - 38°20	47°40 - 41°30		46° - 42°	45°10 - 40
9	41°36 - 53°42	44°48 - 43°54	46°25 - 39°40	47°15 - 42°55		44°50 - 42°	45° - 40
10	42°10 - 55°25	44°20 - 47°09	45°25 - 41°19	47°10 - 44°30		44°52 - 43°47	44°17 - 40
11	42°49 - 57°11	44°11 - 49°45	44°44 - 44°01	46°35 - 45°55		44°47 - 46°30	44°10 - 42
12	43°93 - 58°35	44° - 52°51	44°03 - 46°57	44°20 - 49°20		44°42 - 48°13	44°25 - 44
13	42°34 - 60°26	44°10 - 56°04	44°16 - 50°26	45°30 - 51°10		44°48 - 50°55	44°20 - 46
14	42°35 - 62°49	43°45 - 58°	44°31 - 53°15	45°45 - 52°30		44°45 - 53°35	44°45 - 49
15	42°25 - 64°54	43°48 - 59°54	44°01 - 56°02	45°10 - 54°10		44°40 - 55°10	44°50 - 51
16	41°42 - 65°58	43°06 - 61°03	44°21 - 51°39	45° - 55°		45°10 - 57°18	44°40 - 53
17	41°01 - 67°58	41°49 - 63°42	43°12 - 59°17	45°10 - 57°40		45°35 - 57°52	44°10 - 55
18	40°35 - 69°59	41°15 - 65°36	42°49 - 60°33	45°10 - 57°20		44°41 - 58°13	44°47 - 57
19	Ank. 19.6.	41°27 - 66°49	42°39 - 60°01	44°45 - 59°30		44°30 - 60°25	44° - 58
20	Ges. Zeit:	41°05 - 68°24	42°07 - 64°35	43°25 - 61°30		Windstille	44°35 - 60
21	27 T 3 h 56	40°49 - 70°25	41°32 - 65°50	44° - 62°40		44°02 - 61°40	44°25 - 61
22	Ber. Zeit:	Ank. 22. 6.	41°36 - 66°56	44° - 63°10		43°02 - 61°35	44°09 - 61
23	21 T 23 h (1.)	(M. G. Z.)	41°07 - 68°24	43°15 - 64°15		42°40 - 63°15	43°34 - 62
24		Ges. Zeit:	Ank. 25. 6.	41°15 - 66°20		42°20 - 65°25	43°29 - 64
25		29 T 23 h 57	(M. G. Z.)	42° - 67°40	41°12 - 67°24	41°30 - 66°10	42°55 - 66
26		Ber. Zeit:	Ges. Zeit:	41°35 - 68°25		41°02 - 68°03	42°02 - 66
27		22 T 18 h (2.)	32 T 18 h 08	Nantucket.		40°45 - 68°23	41°50 - 68

M. Ellison	J. Lacombe	R. D. H. Bunker	C. M. G. Butterfield	G. Chaffey	D. H. Kelsall	A. N. Pedersen	
							Mai
							23
52 - 5°33		49°45 - 5°20					24
50 - 8°20		49°04 - 7°14	48°53 - 7°35				25
- 11°42		48°01 - 10°04	47°18 - 10°38	48° - 9°42			26
		47°23 - 11°52	47°15 - 14°	49° - 12°		49°33 - 7°10	27
50 - 12°32		47°12 - 12°38	Havarie	Sturm		49°25 - 8°05	28
30 - 17°30		47°05 - 13°30	49°30 - 15°10	47° - 12°		48°20 - 9°13	29
06 - 20°		46°34 - 15°46	49°20 - 18°05	47° - 13°30		46°25 - 9°30	30
48 - 23°40		46°18 - 17°49	49°10 - 20°30			46°25 - 10°38	31
							Juni
25 - 25°20		44°37 - 19°37	46°55 - 23°05	45°20 - 16°20		46°15 - 11°07	1
- 27°10		43°33 - 20°19	46°08 - 24°40	44°15 - 17°		47°10 - 11°19	2
rm Bft. 9		42°36 - 21°42	45° - 22°50	43° - 18°			3
10 - 30°15	48°16 - 28°45	41°56 - 22°59	43°50 - 27°20	42°10 - 18°30	Ank. der	46°05 - 12°45	4
25 - 30°30		41°04 - 23°59	42°55 - 24°30	42° - 20°	Folâtre	47°18 - 13°54	5
45 - 31°23		44°12 - 24°12	42°46 - 25°03	44°40 - 20°57	in Plymouth	47°23 - 15°28	6
45 - 36°10		40°59 - 26°06	42°20 - 27°40	41°40 - 20°57	(4. 4. 64)	keine Sonne	7
Sturm		40°48 - 27°44	41°30 - 26°50	Nebel			8
		40°04 - 28°07	grobe See	3942 - ?		47°46 - 20°30	9
- 38°		38°52 - 28°49	Havarie			Besteck	10
08 - 39°	46°35 - 35°	38°45 - 30°02	44°15 - 27°38	40°30 - 24°50		unmöglich	11
24 - 41°20		38°26 - 31°07	41°45 - 27°40	Reparatur			12
55 - 41°53		38°08 - 32°12	42° - 28°30	42° - 24°42		46°50 - 19°54	13
04 - 43°35		37°03 33°29	40°48 - 29°40	39°37 - 30°26		46°43 - 19°57	14
20 - 45°18		36°56 - 35°08	39°48 - 30°35	39°08 - 26°35		Best. unmögl.	15
09 - 47°12		36°37 - 35°55	Ausbesserung	in Land-		45°39 - 21°35	16
24 - 48°20		36°37 - 37°41	Havariesch.	sicht		44°47 - 22°45	17
20 - 49°10		36°13 - 39°51	in Flores	Reparatur		Best. unmögl.	18
38 - 51°01		36°12 - 41°56	38°55 - 32°30	Reparatur		43°50 - 22°55	19
48 - 52°27		36°03 - 43°51	38°10 - 34°50	37°38 - 30°28	50°09 - 9°20	43°28 - 24°47	20
44 - 54°05		35°50 - 44°29	38° - 37°22	36°43 - 32°30	49°39 - 11°10	42°43 - 25°56	21
19 - 54°28		35°44 - 45°04	36°56 - 38°28	36°19 - 33°50	48°53 - 13°25	kein Besteck	22
17 - 55°42		36°33 - 45°57	37°36 - 38°21	36°30 - 34°52	48°40 - 15°	41°08 - 28°48	23
18 - 57°15		36°11 - 46°42	37°10 - 39°46	36°18 - 37°22	48°39 - 15°30	40°59 - 31°18	24
02 - 58°56		35°45 - 47°53	grobe See	36°05 - 38°30	48°33 - 16°18	41°09 - 32°43	25
03 - 60°38		35°32 - 49°68	36°42 - 43°58	37° - 41°	49°23 - 17°30	41°28 - 34°	26
44 - 60°02		35°43 - 51°20	36°24 - 45°10	36°21 - 42°45	48°34 - 19°	40°38 - 35°26	27

	E. Tabarly	F. Chichester	Val. Howells	A. R. Rose	Lt. Col. Hasler	W. B. Howell	Dr. D. Le
Juni							
28			Ber. Zeit:	Ank. 29. 6.		In Sicht von	41° - 68
29			24 T 07 h (3.)	(M. G. Z.)	Ank. 30. 6.	Nantucket	41°04 - 68
30				Ges. Zeit:	(M. G. Z.)	Ank. 30. 6.	40°42 - 70
Juli				36 T 17 h 30	Ges. Zeit:	(M. G. Z.)	Ank. 30.
1				Ber. Zeit:	37 T 22 h 05	Ges. Zeit:	(M. G. Z
2				27 T 09 h (5.)	Ber. Zeit:	38 T 3 h 23	Ges. Zei
3					25 T 04 h (4.)	Ber. Zeit:	38 T 12 h
4						27 T 12 h (6.)	
5							
6							
7							
8							
9							
10							
11							
12							
13							
14							
15							
16							
17							
18							
19							
20							
21							
22							
23							
24							
25							
26							

Diese Tafel wurde an Hand der von den Konkurrenten mitgeteilten Mittagspositionen oder ihrer Logbücher zusammengestellt.

1. Ellison	J. Lacombe	R. D. H. Bunker	C. M. G. Butterfield	G. Chaffey	D. H. Kelsall	A. N. Pedersen	
							Juni
9 - 63°13		36°16 - 53°50	35°56 - 47°07	37°02 - 44°46	49°46 - 21°30	39°37 - 36°35	28
2 - 63°56		36°05 - 55°26	36°10 - 50°08	36°50 - 47°	51° - 23°44	39°38 - 37°12	29
2 - 64°41		36°15 - 58°08	36°05 - 52°30	Windstille	51°40 - 27°	39°21 - 38°06	30
							Juli
2 - 66°10		35°44 - 59°19	36°22 - 53°58	35°37 - 49°06	51°12 - 30°	kein Besteck	1
0 - 66°38		36°06 - 59°47	34°55 - 53°58	35°58 - 49°10	50°15 - 33°05	38°20 - 42°	2
4 - 68°03		36°28 - 60°55	35°34 - 55°13	35°40 - 49°25	48°38 - 36°38	38°11 - 42°40	3
9 - 68°32		36°27 - 62°18	34°36 - 55°20	35°10 - 50°10	47°38 - 38°30	37°72 - 44°	4
5 - 68°59		36°58 - 63°08	34°49 - 55°50	34°18 - 50°20	47°05 - 40°30	38°18 - 44°35	5
1 - 69°34		37°37 - 64°30	35°23 - 57°33	34°28 - 51°50	47°35 - 43°50	38°05 - 45°50	6
2 - 70°17		38°26 - 66°32	35°04 - 60°15	34°40 - 53°40	47°50 - 47°	36°50 - 46°48	7
7 - 71°20		38°42 - 67°23	kein Besteck	34°58 - 56°	46°55 - 47°10	35°48 - 48°33	8
k. 8. 7.		39°11 - 68°23	36°25 - 65°08	35°38 - 58°25	46°42 - 49°44	35°32 - 50°48	9
. G. Z.)		39°57 - 70°19	36°22 - 66°30	36°12 - 59°40	46°25 - 50°50	36°12 - 53°18	10
s. Zeit:		40°58 - 70°57	37°18 - 68°12	36°25 - 60°30	45°52 - 51°50	36°44 - 55°24	11
T 6 h 26	Ank. 8. 7.	Ank. 12. 7.	37°58 - 68°58	36°40 - 59°49	45° - 54°05	37°37 - 57°32	12
r. Zeit:	(M. G. Z.)	(M. G. Z.)	39°37 - 69°50	36°52 - 61°24	44°06 - 55°30	38°41 - 59°41	13
20 h (9.)	Ges. Zeit:	Ges. Zeit:	40°40 - ?	36°49 - 62°34	43°42 - 56°47	39°39 - 60°38	14
	46 T 7 h 05	49 T 18 h 45	Ank. 15. 7.	38° - 65°	43°44 - 58°05	40°28 - 60°52	15
	Ber. Zeit:	Ber. Zeit:	(M. G. Z.)	36°48 - 65°12	44°25 - 60°15	40°57 - 62°09	16
	30 T 00 h (7.)	32 T 22 h (8.)	Ges. Zeit:	37°20 - 66°	43°03 - 61°08	42°09 - 62°38	17
			53 T o h 05	37°35 - 66°20	42°50 - 62°15	Nebel	18
				38°48 - 67°20	43° - 64°40		19
				39°50 - 68°10	42°15 - 64°58	42°42 - 46°43	20
				Ank. 22. 7.	44°40 - 67°03	41°53 - 68°07	21
				(M. G. Z.)	41°10 - 68°50	Die letzten	22
				Ges. Zeit:	Ank. 24. 7.	Tage konnte	23
				60 T 11 h 15	(M. G. Z.)	er kein Be-	24
				Ber. Zeit:	Ges. Zeit:	steck machen	25
				42 T 23 h (10.)	61 T 14 h 04	Ank. 26. 7.	26
						(M. G. Z.)	
						Ges. Zeit:	
						63 T 13 h 30	
						Ber. Zeit:	
						44 T 21 h (11.)	

Windstärken- und Seegangstafel nach Beaufort

Windstärke Beaufort*)	Windgeschwindigkeit Knoten	m/s	Bezeichnung	Seegang
0	unter 1	0 – 0,2	still	glatte See
1	1– 3	0,3– 1,5	sehr leicht	sehr ruhige See
2	4– 7	1,6– 3,3	leicht	ruhige See
3	8–11	3,4– 5,4	schwach	ruhige See
4	12–15	5,5– 7,9	mäßig	leicht bewegte See
5	16–21	8 –10,7	frisch	mäßig bewegte See
6	22–27	10,8–13,8	stark	ziemlich grobe See
7	28–33	13,9–17,1	steif	grobe See
8	34–40	17,2–20,7	stürmisch	hohe See
9	41–47	20,8–24,4	Sturm	hohe See
10	48–55	24,5–28,4	schwerer Sturm	sehr hohe See
11	56–63	28,5–32,6	orkanartiger Sturm	äußerst schwere See
12	64–71 und mehr	32,7–36,9 und mehr	Orkan	äußerst schwere See

*) Admiral Sir Francis Beaufort (1774–1857) brachte 1806 eine Zusammenstellung der Windstärken heraus. Diese Skala wurde 1838 von der Britischen Admiralität und 1874 von dem Internationalen Metereologischen Komité für die Schiffahrt angenommen. Die Skala wird heutzutage als *Beaufort Skala* bezeichnet.

4 SCHLUSSFOLGERUNGEN

Mir scheint, daß die offiziell bekanntgegebenen Ergebnisse die Berechtigung von zwei Standpunkten bestätigen, die ich von Anfang an vertreten habe.

Erstens war ich davon überzeugt, daß diese Wettfahrt, wie jede andere Wettfahrt auch, Schiffe verlangt, deren Entwurf ihren ganz besonderen Anforderungen Rechnung trägt. Die Verwendung eines landläufigen Fahrzeuges, von dem man sich einredet, daß es sich wohl eignen würde, erweist sich in der Mehrzahl der Fälle als eine nur mittelmäßige Lösung. Was weder besagen soll, daß das Gegenteil richtig ist, noch besagen kann, daß ein speziell für die Wettfahrt entworfenes Boot zu nichts anderem taugte. Glücklicherweise stimmt das nicht, denn sonst würde sich ein solches Rennen als eine recht kostspielige Angelegenheit erweisen. Ich komme auf diesen Punkt noch zurück. Mein zweiter Standpunkt ergab sich bis zu einem gewissen Grade aus dem ersten. Einmal zugegeben, daß jedes Schiff auf seine Eignung für die zur Diskussion stehende Wettfahrt untersucht werden muß, blieben nur noch die hierfür erforderlichen Charaktermerkmale zu präzisieren. Ich hatte auf ein Schiff vom Leichtdeplacementtyp gesetzt, und diese Wahl hat sich auch als richtig erwiesen. Die Prinzipien, von denen ich mich beim Entwurf der *Pen Duick II* leiten ließ, habe ich bereits erläutert. Sie lassen sich in einem Satz zusammenfassen: größtmögliche Schiffslänge bei einer gegebenen Segelfläche. Dasselbe anders ausgedrückt: das größtmögliche Schiff bei einer gegebenen Wasserverdrängung. Also ein Schiff geringen Deplacements in leichtester und dennoch robustester Bauart.

Aus zwei Gründen bin ich froh, mich in diesen beiden Punkten nicht geirrt zu haben: erstens hatte ich dadurch die Chance, eine Wettfahrt zu gewinnen, die ich gewinnen wollte, und zweitens konnte ich mir gleichzeitig jene kleine Genugtuung verschaffen, die man immer empfindet, wenn man recht behalten hat.

Es wird viel von Rekorden geredet. Das ist, wie bereits gesagt, ein Aspekt, der mich gar nicht interessiert, auch wenn es gerade die Rekordleistungen sind, welche die Aufmerksamkeit des Publikums am stärksten auf sich ziehen. Ein Zeitrekord bei dieser Art von Ozeanfahrten ist weitgehend von den jeweiligen metereologischen Verhältnissen abhängig, die sich von Jahr zu Jahr beträchtlich ändern können. 1964 haben wir günstige Wetterbedingungen angetroffen, so günstige, daß alle Teilnehmer schneller gesegelt sind, als zu erwarten war. So wird es aber nicht jedesmal sein. Wenn sich mein Wunsch verwirklicht, daß ich an der nächsten Regatta mit einem schnelleren Boot und ausgerüstet mit einem besseren Selbststeuerungssystem, teilnehmen kann, dann ist es durchaus denkbar, daß ich trotzdem keine bessere Zeit heraussegele. Die in meinen Augen allein wesentliche Tatsache ist die, daß ich fast drei Tage vor Chichester ankam, dessen Boot mindestens vier Tonnen schwerer war als die *Pen Duick II,* was ihn bestimmt benachteiligt hat.

Ich habe bereits zum Ausdruck gebracht, daß ich kein Freund der Handicap-Klassifikation bin. Sie erscheint mir unangebracht, und die Tatsache, daß ich auch nach berechneter Zeit Erster wurde, kann meine Ansicht nicht ändern. Wenn mich dieses Ergebnis befriedigt, so nur, weil ich darin die Bestätigung sehe, daß ich unterwegs ein Mindestmaß an Zeit verloren habe und mein Platz als Erster nicht ausschließlich darauf zurückzuführen ist, daß ich das längste Schiff hatte. Das ist eine rein persönliche Genugtuung. Hinzufügen möchte ich, daß die Vergütungsfaktoren auf der Voraussetzung basieren, daß alle im Rennen liegenden Schiffe von ihren Besatzungen ununterbrochen auf höchster Fahrtstufe gesegelt werden. Im Prinzip trägt also die Besatzung das meiste zu der Höchstleistung bei, die zum Siege führt. Nun sind aber die Schwierigkeiten, die aus der Bedienung großer Schiffe erwachsen, auf den üblichen Handicap-Regatten auf die einzelnen Mitglieder einer zahlreichen Besatzung verteilt, was ihnen die Möglichkeit gibt, die gleichen Chancen wahrzunehmen wie die kleineren Schiffe. Das trifft jedoch auf den Einhandsegler nicht zu. Der Skipper einer kleinen Yacht hat bessere Chancen, diese Maximalgeschwindigkeiten einzuhalten als derjenige, der mit einem viel größeren Boot fertig werden muß.

Demnach müßte die Handicap-Klassifikation manche Konkurrenten viel mehr ermutigen, das Rennen auf kleinen Schiffen zu segeln, wenn die Erfahrungen dieser Wettfahrt nicht bewiesen hätten, daß kleine Schiffe so gut wie keine Chance haben, das Rennen zu gewinnen. Es sind nämlich die gleichen Schiffe, die sowohl nach gesegelter wie nach berechneter Zeit gewinnen. Warum? Weil die kleinen Schiffe auf See viel mehr unter dem Wellengang zu leiden haben als die großen. So macht zum Beispiel ein Schiff wie die *Golif* bei Windstärke 7 und hoch am Wind keine Fahrt mehr voraus, während sich die *Pen Duick II* noch fast mit Höchstgeschwindigkeit voran bewegt. Dabei waren die Verhältnisse für kleine Schiffe in diesem Jahr wirklich günstig. Falls sie überhaupt gewinnen können, dann dieses Mal. Das war jedoch nicht der Fall, und in einem Normaljahr wäre der Abstand zwischen großen und kleinen Schiffen noch viel größer gewesen.

Ich sehe nicht, wie sich eine Vergütungsformel finden lassen soll, die allen gerecht wird und die gleichzeitig den Bedienungsschwierigkeiten großer Schiffe und den sich aus ihrer Größe ergebenden Geschwindigkeitsunterschieden Rechnung trägt, ganz abgesehen von den so verschiedenen Typen, die sich auf einer Einhandregatta zusammenfinden.

Chichester hat vorgeschlagen, nicht das längste Schiff mit dem höchsten Vergütungsfaktor zu belasten, sondern diesen Faktor bei einem

Schiff von 9 Tonnen zur Anwendung zu bringen und ihn bei allen Gewichten darüber oder darunter nach unten abzustufen.

Hat diese Formel eine Existenzberechtigung? Auf jeden Fall kann man dagegen die folgenden Einwendungen erheben:

1. Es ist durchaus nicht gewiß, daß ein Neuntonner das größte Schiff darstellt, das noch von einem Mann die ganze Zeit mit Höchstgeschwindigkeit gesegelt werden kann. Das müßte noch bewiesen werden.

2. Wie soll man die Vergütungsfaktoren abstufen, wenn man gleichzeitig den Geschwindigkeitsunterschied der Schiffe und die unterschiedliche Leichtigkeit oder Schwierigkeit ihrer Bedienung berücksichtigen will? Auch dieser Punkt ließe sich nur experimentell nach einer großen Anzahl von Wettfahrten nachweisen.

3. Wie soll man eine gerechte Klassifizierung von Schiffen durchführen, die mit einem Abstand von 20 Tagen ankommen? Die meteorologischen Gegebenheiten können sich von einer Periode zur anderen radikal geändert haben.

Noch aus einem anderen Grunde bin ich gegen jede Formel, wenn sie auch noch so gerecht erscheint. Eine Formel verleitet nämlich die Konstrukteure dazu, daß diese ihre Findigkeit eher auf Lücken in dieser Formel lenken als auf eine Verbesserung der Schiffe, der Besegelung und des individuellen Trainings. Ich finde, das Rennen wird viel anziehender, wenn alle Teilnehmer auf ungefähr gleichwertigen und gleichgroßen Schiffen segeln. In technischer und menschlicher Beziehung wird ein solcher Wettkampf mehr Interesse erwecken als ein Handicap-Rennen.

Noch ein anderes Thema zum Nachdenken: die Mehrrumpffahrzeuge. Lewis hat, wie zu erwarten war, mit seiner *Rehu Moana* nur durchschnittliche Zeiten ersegelt, einfach weil sein Schiff zu schwer ist für eine hohe Durchschnittsgeschwindigkeit. Die *Misty Miller*, die – von einer Besatzung gesegelt – außerordentlich schnell sein kann, war in den Händen eines Alleinseglers eine große Enttäuschung. Obgleich ich die Eindrücke nicht kenne, die ihr Skipper unterwegs gewonnen hat, und gar nichts über ihn selber weiß, lassen die erzielten Resultate doch daran zweifeln, daß sich Katamarane zum Einhandsegeln eignen. Butterfield fiel vom ersten Tage an gegen die Spitzenboote Stunde um Stunde zurück. Am 27. Mai steht er etwa auf demselben Längengrad, auf dem ich mich am vorhergehenden Tage befand. Von da an nimmt sein Kurs einen bizarren Verlauf. Nachdem er bis hierher konsequent in Richtung Azoren segelte, macht er zwei Tage lang nördliche Breite und findet sich auf dem Track der Schiffe wieder, die den nördlichsten Kurs gewählt haben und denen gegenüber er nun zwei Tage zurückliegt. Anschließend hält er wieder nach Süden. Er kommt in dieser Zeit nur langsam voran, bleibt aber ungeachtet aller Zickzackkurse mehr oder weniger konsequent in der Richtung. Zwischen dem 8. und 11. versetzt ihn das schwere Wetter nach Norden zurück. Dadurch verliert er gegenüber seinem Schiffsort vom 7. mehrere Längengrade. Am 11. findet er sich ungefähr auf seine Position vom 4. zurückversetzt. Am 15. endlich erreicht er die Azoren und bleibt dort bis zum 18. im Hafen liegen, um seine Schäden auszubessern. Zweiundzwanzig Tage für eine Fahrt nach den Azoren, das ist reichlich lang. Man gewinnt wirklich den Eindruck, daß Butterfield seine liebe Not hatte, mit seinem Schiff, zumal bei schlechtem Wetter, fertig zu werden. Die Fahrt von den Azoren nach Newport verläuft kaum schneller, wenn auch gleichmäßiger. Der Katamaran fällt von einem Tag auf den anderen zurück, genau wie zwischen dem 1. und 2. Juli. Zwischen dem 3. und 4. ist der Fortschritt gleich Null. Es fällt schwer, dieses langsame Vorankommen und die unproduktiven Kurse zu verstehen. Die einzige mögliche Erklärung liegt entweder in dem erschöpften Zustand des Skippers oder in dem Umstand, daß das Schiff sich einfach nicht auf Kurs halten ließ. Außerdem erleidet Butterfield zahlreiche Havarien: Ausfall der Selbststeuerung und Bruch des Großbaums vor den Azoren. Nach diesem Aufenthalt neuer Ärger: die Kielbolzen haben nicht gehalten. Er sagt: »Drei von sechs waren gebrochen, und ich fürchtete, den Kiel zu verlieren, aber er hat gehalten.« Der Bruch des Großbaums ähnelte dem Schaden, den Lewis erlitt. Beide Havarien zeugen von den enormen Beanspruchungen, denen die Katamaran-Takelage unterliegt. Fraglos ist die *Misty Miller* kein handiges Schiff für den Alleinsegler.

Sehen wir uns jetzt an, wie Derek Kelsall mit seinem Trimaran gefahren ist. Bis zum 28. Mai kommt er gut voran. Er liegt zu diesem Zeitpunkt etwa 40 Meilen hinter mir und auf fünf Meilen genau auf der gleichen Länge wie Chichester. Breitenmäßig steht er zwischen uns beiden. Unglücklicherweise wird an diesem Tage sein Ruder beschädigt, wahrscheinlich durch Auffahren auf ein Wrack. Auch die Stevenhalterung wird durch den Anprall gelockert, so daß das Fahrzeug durch die Bolzen Wasser macht. Kelsall entschließt sich daher, Baltimore im südwestlichen Irland als Nothafen anzulaufen, um dort die notwendigen Reparaturen durchzuführen. Gegenwinde versetzen ihn jedoch so weit nach Süden, daß ihm schließlich nichts anderes übrig bleibt, als nach Plymouth zurückzukehren. Auf dem Rückweg scheint er bei Winden aus dem östlichen Sektor keinen guten Durchschnitt erzielt zu haben. Immerhin waren die Winde so wechselnd, daß er fast die ganze Zeit einen Streckbug hatte. Die Rückfahrt nach Plymouth nimmt sieben Tage in Anspruch. Am 19. Juni macht er einen neuen Start und segelt unverdrossen am gleichen Tag los, an dem ich in Newport ankomme. Er hätte bei den raumen Winden, die uns beim Start begleiteten, ein ernsthafter Gegner werden können. Ich schätzte ihn von Anfang an so ein und hatte recht damit, denn 5 Tage nach unserem Start lag er noch an guter Stelle.

Sonst bin ich aber davon überzeugt, daß ein Trimaran bei den westlichen Winden, die zu dieser Jahreszeit im Nordatlantik vorzuherrschen pflegen, kein gefährlicher Gegner wäre. Nach seinem zweiten Start schaffte Kelsall die Überfahrt in 35 Tagen, also einer angesichts der immer noch günstigen Wetterlage nur mittelguten Zeit. Wenn Kelsall sich eine langfristige Wettervorhersage zunutze gemacht hat, war die von ihm befolgte Taktik (nördliche Route) bestimmt die richtige. Ansonsten bin ich der Ansicht, daß die Azorenroute für einen Trimaran vorzuziehen ist; sie ist für diese Art Boot und unter normalen Verhältnissen bestimmt die schnellere.

Arthur Piver, der mit einem Trimaran eigenen Entwurfs ebenfalls am Rennen teilnehmen sollte, gelangte überhaupt nicht bis nach Plymouth. Von schwerem Wetter mitgenommen, gab er seine Absichten in Bermuda auf. Der Sturm muß fürchterlich gewesen sein. »Das Heulen des Windes war so laut, daß Rich Gerling und ich uns nicht mehr verständigen konnten, selbst dann nicht, wenn wir uns direkt in die Ohren schrien«, schrieb er. Ich gestehe, daß ich mich einer gewissen Skepsis nicht erwehren kann, wenn ich diesen zweifellos dramatisierten Bericht lese. An Hand seiner Schilderung ist es kaum möglich, sich eine Vorstellung von dem Verhalten eines Trimarans auf See zu machen. Es erscheint mir unwahrscheinlich – außer, wenn das Schiff schon manövrierunfähig war – daß man lieber die Vorsegel in Fetzen davonfliegen läßt, als zu versuchen, sie zu bergen, zumal, wenn man zu zweien an Bord ist. Der Verlust der Vorsegel war nämlich der Hauptgrund, der Piver von der Weiterfahrt nach Plymouth und der Teilnahme am Rennen abhielt.

Beschäftigen wir uns jetzt mit den Schiffen herkömmlicher Bauart. Es ist schade, daß der Bruch eines Klüverfallblocks Valentine Howells zwang, Irland anzulaufen. Ohne diese Havarie und den dadurch bedingten Zeitverlust wäre er vielleicht noch vor Chichester angekommen. Das ist nur eine Annahme, denn da er ziemlich weit hinter den anderen hersegelte, traf er andere Winde an als sie. So hat er in zwei Tagen (vom 1. bis zum 3. Juni) eine Distanz zurückgelegt, für die Chichester vier und ich selbst drei Tage brauchte.

Es ist ein müßiges Spiel, mit Vermutungen zu arbeiten. Auf jeden Fall bleibt Howells' Leistung hochinteressant. Von Anfang an hatte ich den Eindruck, daß sein Boot keineswegs so langsam war, wie er es machte, und bestimmt hat er es ausgezeichnet geführt. Ich weiß, daß auch er wenig und immer nur stundenweise geschlafen hat, um seine Fahrt häufiger kontrollieren zu können.

Rose an Bord der *Lively Lady* und Bill Howell auf der *Stardrift* segelten im Verein mit Hasler das Rennen mehr oder weniger in einer Gruppe. Rose sah Hasler fünf Tage nach dem Start seinen Kurs kreuzen, und in der dritten Woche hatte er einen ganzen Tag lang Bill Howell in Sicht achteraus. Diese Begegnungen sind ungewöhnlich und nur einem großen Zufall zuzuschreiben. Am 30. Juni kamen drei Schiffe am gleichen Tage an: *Jester, Stardrift* und *Rehu Moana.* Auch *Ilala* und *Golif* beendeten ihre Fahrt am 8. Juli mit einem Abstand von nur einer halben Stunde. Es muß ein merkwürdiges Gefühl sein, sich nach einer einsamen Wettfahrt über den Ozean der Ziellinie zu nähern und dabei einen etwa zur gleichen Zeit ankommenden Gegner zu sichten.

Was soll man nun zu den Chinesensegeln der *Jester* und *Ilala* sagen? Oberstleutnant Hasler war wieder, wie schon beim ersten Rennen, der Beste unter den drei Teilnehmern auf kleinen Booten. Verdankt er den Erfolg seiner Takelage? Oder der von ihm gewählten Route? (Lacombe segelte weiter südwärts, und Bunker lief an den Azoren vorbei.) Ist sein Abschneiden nicht vielmehr eine persönliche Leistung? Die Antwort fällt mir schwer, denn Hasler ist derjenige Teilnehmer, dessen Reiseverlauf ich am wenigsten kenne. Ich weiß nur, daß er einen Eisberg fotografiert hat. Vor allem liegen mir die genauen Etmale seiner Reise nicht vor. Alles, was ich dazu sagen kann, ist, daß mir sein Chinesensegel keine ideale Lösung zu sein scheint, um gegen den Wind anzukreuzen. Unverstagte Masten machen einen großen Eindruck auf mich, flößen mir aber kein Vertrauen ein, zumal nicht auf größeren Schiffen. Der Mastbruch der *Ilala* (Besanmast) kann meinen Eindruck nur bestätigen.

Wahl der Route: außer der *Misty Miller, Vanda Caelea* und *Ericht,* die über die Azoren liefen, und der *Golif,* die eine Zwischenroute wählte, folgten alle anderen Konkurrenten einer Route, die in der Nachbarschaft des orthodromischen oder loxodromischen Kurses lag. Da die im Norden angetroffenen Wetterbedingungen in diesem Jahr außergewöhnlich waren, ist es schwierig, auch für die Zukunft gültige Schlüsse aus der Tatsache zu ziehen, daß die Spitzengruppe den nördlichen Weg gewählt hat. Es ist klar, daß die Azorenroute angesichts der halben Winde, deren sich die Konkurrenten im Norden erfreuen durften, an Interesse verlor, das ja gerade darin besteht, den üblicherweise vorherrschenden Westwinden aus dem Wege zu gehen. Trotzdem bleibt eine bedeutsame Tatsache bestehen, nämlich die, daß die nördliche Route von den meisten Teilnehmern gewählt wurde. Man darf wohl annehmen, daß keinem von ihnen diese Entscheidung leicht geworden ist. Ich halte es für durchaus wahrscheinlich, daß sich das nächste Rennen wiederum auf dieser Route abspielen wird, außer vielleicht für die Mehrrumpffahrzeuge und die kleinen Schiffe, falls sie noch mitmachen sollten.

H. G. Hasler hatte für das Rennen 1960 eine automatische Steueranlage entworfen und bis zum praktischen Gebrauch entwickelt: sie läßt sich an jedem beliebigen Boot außen anbringen. Es handelt sich dabei um eine Konstruktion, die ein langes schmales Ruderblatt, eine Art Außenruder trägt. Dieser Mechanismus ist mit seinem Oberteil am Heck angebracht, wo eine Vorrichtung es ermöglicht, daß sich das Ruderblatt um eine Vertikalachse und gleichzeitig um eine parallel zur Längsrichtung des Schiffes gelegene Horizontalachse drehen kann. Sobald die Windfahne das Ruderblatt um seine Vertikalachse dreht, übt der Wasserfluß auf das Ruderblatt eine Kraft aus, deren Querkomponente das Ruderblatt nach der einen oder anderen Seite schwingt. Diese Kraft ist, je nach dem Anstellwinkel, sehr groß und der Hebelarm bei der Länge des Ruderblattes erheblich. Diese Kraft also ist es, die auf die Pinne wirkt, und zwar über Steuerseile, die die Bewegungen des Ruderblattes auf die Pinne übertragen.

Das System Hasler hat sich sehr gut bewährt. Persönlich habe ich freilich die Absicht, meine Versuche mit Monsieur Gianoli fortzuführen. Ich möchte unbedingt, daß sein System, dessen Prinzip mir sehr wirksam und einleuchtend zu sein scheint, fertig entwickelt wird.

Welche anderen Erkenntnisse lassen sich außerdem noch aus dem diesjährigen Rennen gewinnen? Und welche Voraussagen lassen sich für das nächste Mal aufstellen? Zunächst ist es wohl so gut wie sicher, daß die Schiffe im Durchschnitt größer werden als dieses Mal. Ferner glaube ich, daß ich nicht der einzige bin, der die Ansicht vertritt, daß sich der Leichtdeplacementtyp durchsetzen wird. Man hat davon reden hören, daß Chichester sich ein solches Boot bauen lassen will, aber das stimmt nicht.

Da ich persönlich mit der *Pen Duick II* sehr zufrieden war, will ich auch in Zukunft den von ihr verkörperten Prinzipien treu bleiben. Die *Pen Duick* ist ein Boot, das zahlreiche Qualitäten besitzt. Es ist schnell auf allen Kursen, allerdings unter der Voraussetzung, daß es genügend Wind gibt, denn dem Entwurf nach ist die Yacht untertakelt. Vor allem hoch am Wind kommen die bemerkenswert guten Kreuzeigenschaften zum Tragen. Einen Beweis dafür lieferte die *Pen Duick* diesen Sommer beim Start zum Yarmouth-Santander-Rennen, als es bei sechs Windstärken gegenan ging und wir spielend allen Fahrzeugen der Klasse II davonliefen. Nicht nur, daß wir schneller marschierten, wir konnten auch höher anliegen als der Rest. Leider stand dieser Wind zu unserem Bedauern nicht durch.

Diese Kreuzeigenschaft spielt eine entscheidende Rolle in einer Ozeanwettfahrt Ost-West, die sich normalerweise gegen den Wind abspielt. Wären die Wetterverhältnisse im letzten Frühjahr normaler gewesen, so wäre – davon bin ich fest überzeugt – mein Vorsprung noch größer gewesen.

Außer ihrer Schnelligkeit besitzt die *Pen Duick II* den Vorzug, gut in der See zu liegen. Sie ist steif, und doch sind ihre Bewegungen weich. Sie segelt verhältnismäßig trocken, obgleich ich während der Regatta, wenn die Spritzer über Deck fegten, oft das Gegenteil gedacht habe. Seitdem ist es mir aber klargeworden, daß es doch Gewässer mit recht hartem Seegang waren, die ich bewältigen mußte, und sooft ich seitdem unter ähnlichen Bedingungen in Gesellschaft anderer Boote segelte, konnte ich nur feststellen, daß die *Pen Duickt II* verhältnismäßig trokken segelte.

Auf dieser Regatta waren Schnelligkeit, leichte Handhabung des Schiffes und ein gewisses Maß an Komfort Faktoren ausschlaggebender Wichtigkeit. Für mein nächstes Boot denke ich daher an einen Rumpf, der dem der *Pen Duick II* ziemlich ähnlich sehen wird. Und durch welche anderen Merkmale würde sich eine *Pen Duick III* sonst noch auszeichnen?

Sie wird etwas länger. Bei der *Pen Duick II* machte ich die Erfahrung, daß sie bequem von einem Mann zu handhaben war, und dasselbe sollte unter allen Umständen auch bei einem größeren Schiff der Fall sein. Wieviel länger – das weiß ich noch nicht. Wahrscheinlich einen Meter – höchstens. Schon ein Meter bedeutet eine beträchtliche Vergrößerung von Raum und Gewicht und dementsprechend auch eine Vergrößerung der Segelfläche.

Auch das neue Boot soll etwas untertakelt bleiben. Der Einhandsegler kann nicht pausenlos Segel setzen und Segel bergen. Der Wind muß fühlbar auffrischen oder abflauen können, ohne daß man gezwungen wird, die Segelfläche zu verändern. Das ist wichtig, denn schon auf der *Pen Duick II* habe ich infolge des besonders wechselhaften Wetters zwei- oder dreimal am Tag Segel austauschen müssen. Und das ist schon eine ganze Menge Arbeit.

Da die Segelfläche vergrößert werden muß, beabsichtige ich von der Ketschtakelage, deren Areal für die Größe der *Pen Duick II* richtig war, Abstand zu nehmen und auf die Schonertakelage überzugehen. Im Winter und auf den Regatten im nächsten Sommer will ich die neue Takelage auf der *Pen Duick II* ausprobieren. Ich glaube, daß ich damit zufrieden sein werde, auch an der Kreuz. Die Schonerbesegelung bietet den großen Vorteil, daß sie erlaubt, die Besegelung gleichwertiger zu unterteilen und trotz Vergrößerung des Gesamtareals nur kleine Segel zu behalten.

Nach Abschluß dieser Versuche, das heißt, im Herbst 1965, will ich die *Pen Duick II* zum Verkauf stellen und eine *Pen Duick III* auf Stapel legen. Auf diese Weise hoffe ich, Zeit genug vor dem nächsten Rennen im Jahre 1968 zu finden, das Boot erproben und in allen Einzelheiten auf Vordermann bringen zu können, wovon ich dieses Mal ja noch weit entfernt war.

Es wird somit in der nächsten Regatta noch Leichtdeplacement-Yachten geben, zum mindesten mein Boot, sollte ich wieder teilnehmen können. Chichesters Ideen scheinen sich nach den letzten Informationen nicht in dieser Richtung zu bewegen. Er studiert zur Zeit mit John Illingworth die Pläne eines neuen Schiffes, das im nächsten Frühjahr auf Stapel gelegt werden soll. Angeblich handelt es sich um eine Yacht normaler Wasserverdrängung, wenn auch im Verhältnis leichteren Gewichts als die *Gipsy Moth III*. Dagegen beabsichtigt Chichester, dem Boot eine große Länge, nämlich 11 Meter in der Wasserlinie, zu geben. Getakelt werden soll es als Ketsch oder Yawl.

Außerdem weiß ich, daß John Illingworth an dem Entwurf einer Yacht für Valentine Howells arbeitet, ohne daß die Pläne schon endgültig feststehen. In Newport hatte ich Gelegenheit, mich ausführlich mit Howells zu unterhalten. In einem Punkt war ich nicht seiner Meinung. Er dachte an einen Rumpf der 12-Meter-Klasse mit einer Segelfläche, die er bei jedem Wetter stehenlassen könnte. Dafür müßte er aber sein Schiff in einer Weise untertakeln, daß dieser schnelle Rumpf sich einen großen Teil der Zeit nur mühsam dahinschleppen würde. Wir verharrten jeder bei unserer Ansicht. Nach den Plänen, die er studierte, würde es sich um eine Leichtdeplacementsyacht von etwa 15 Meter Länge aus formverleimtem Sperrholz handeln. Kein Zweifel, daß die Zusammenarbeit Howells–Illingworth irgendein brillantes Resultat zeitigen wird.

Vals Manöverkunst habe ich gelegentlich einer Segelpartie in Newport kennen und bewundern gelernt. Im Laufe unserer Unterhaltungen konnte ich mich davon überzeugen, daß es sich bei ihm um einen echten Regattasegler handelt, der vom Rennfieber besessen ist. Über alle Probleme ist er genau orientiert, und er verpaßt keine Gelegenheit, seinen Erfahrungsschatz zu erweitern. Dieser Mann wird mit seinen Kenntnissen und seiner Zähigkeit stets ein gefährlicher Konkurrent sein. Und wenn John Illingworth sich noch dazugesellt, dann heißt es aufpassen.

Oberstleutnant Hasler seinerseits wird ein Boot bauen lassen, dessen Entwurf schon vor diesem Rennen festlag, sich aber nicht mehr verwirklichen ließ. Es handelt sich um ein sehr leichtes Fahrzeug aus Sperrholz, das sich durch alle möglichen Neuerungen auszeichnet, wie man es von diesem sehr einfallreichen Mann nicht anders erwartet. (Möglich, daß es zum Beispiel mit zwei Kielen versehen wird.) Ein auf die Hälfte verkleinertes Modell soll gute Resultate ergeben haben.

Werden sich ungewöhnliche Takelungsformen entwickeln? Hasler ist nach mehreren Reisen über den Ozean seinem Chinesensegel treu geblieben. Es sieht aber so aus, als ob er im Begriff wäre, seine Meinung jetzt zu ändern. Kürzlich sagte er mir während einer Unterhaltung, daß sein neues Schiff eine Bermudatakelung erhalten solle.

Was nun die Mehrrumpfsegler betrifft, so kann ich nur sagen, ich wünschte, sie wären wieder dabei. Die Erfahrungen mit ihnen sind noch lange nicht ausgeschöpft, und auch mit dem Trimaran haben sie eben erst begonnen. Es wird noch etwas dauern, bis sich schlüssige Folgerungen ergeben. Von Ellison glaube ich, daß er sehr präzise Vorstellungen darüber hat. Er soll entschlossen sein, es das nächste Mal mit einem Trimaran zu versuchen. Er dürfte ein interessanter Konkurrent werden, zumal er sich auch dieses Mal gut gehalten hat, bevor er durch seine Havarien ins Hintertreffen geriet.

Wie man sieht, haben bereits fünf Teilnehmer des diesjährigen Rennens Pläne für 1968. Das bedeutet zweierlei. Erstens, daß die Vorbereitungen für diese Regatta peinlich genau und methodisch betrieben werden müssen, und zweitens, daß es Zeit kostet, die Schiffe, ihre Takelage und die Selbststeuersysteme zu erproben. Das aber heißt, sich sofort an die Arbeit zu machen, wenn man nicht Zeit verlieren will, die sich vielleicht nie wieder einholen läßt.

Wenn die Besten schon jetzt für den Wettkampf rüsten, muß man annehmen, daß es einen heißen Kampf geben wird. Das Interesse an dem Rennen wächst von Jahr zu Jahr, und bestimmt sind wir nicht die einzigen, die bereits an 1968 denken. Die Veranstalter sind davon überzeugt, daß die Meldungen noch zahlreicher eingehen werden und daß die ausländische Beteiligung wächst. (Man spricht sogar von Teilnehmern von jenseits des Eisernen Vorhangs.) 1960 waren wir fünf, 1964 fünfzehn. Wie viele werden wir 1968 sein? Noch ist es zu früh, darüber etwas zu sagen, und im Grunde besagt die Zahl nur wenig. Was zählt, ist die Ernsthaftigkeit, mit der man das Rennen ins Auge faßt, die Qualität der Teilnehmer und die Güte des eingesetzten Materials. Wenn ich auch keine Voraussage über die Anzahl der Starter machen kann, so bin ich doch überzeugt, daß sich ihre Qualität im Vergleich zu diesem Jahr noch verbessern wird.

Ich glaube, daß die Veranstalter ähnlich dachten, als sie vor kurzem die Ausschreibungsbedingungen änderten und 60 Tage als Höchstgrenze für die Erreichung des Zieles festsetzten. Ferner wird der Nachweis einer bereits durchgeführten Einhandfahrt von 500 Seemeilen zur Voraussetzung für die Annahme einer Meldung gemacht (eine bestimmt sehr gute Vorschrift, die mir aber 1964 gar nicht gepaßt hätte, da ich aus Zeitmangel nicht in der Lage gewesen wäre, eine solche Fahrt zu unternehmen. Dafür hatte ich, in Übereinstimmung mit den damals herrschenden Vorschriften, ein von dem Präsidenten der *Union Nationale des Croiseurs* ausgefertigtes Zertifikat vorgelegt).

Sicherlich gibt es viele Leute, die sich fragen, was für einen Sinn diese Leistungsproben eigentlich haben. Diese Wettfahrt, hört man sie sagen, sei stupide und sinnlos. Dabei ist sie selbst unter praktischem Aspekt keineswegs nutzlos, sie leistet ihren bescheidenen Beitrag zum Fortschritt der Yachtbaukunst. Die *Pen Duick* zum Beispiel besitzt Eigenschaften, aus denen man eine bemerkenswert gute Kreuzeryacht entwickeln kann. Mit entsprechenden Veränderungen der Einrichtung ist sie ein Schiff, das für seinen Preis die weitaus größte Wohnlichkeit bietet, verbunden mit seglerischen Eigenschaften, die auch bei einer Fahrtenyacht nicht zu unterschätzen sind.

Im übrigen bedeutet Zweckmäßigkeit nicht alles. Diese Wettfahrt verdient, ihrer selbst wegen ernst genommen zu werden. Aus ihr erwächst etwas ähnliches wie aus alpinistischen Expeditionen, denen man ebenfalls Nutzlosigkeit vorwirft. Ich glaube, daß die persönliche Befriedigung, die ein Alpinist nach geglücktem Aufstieg erlebt, schon zur Rechtfertigung ausreicht. Genauso verhält es sich mit einer Wettfahrt über den Ozean allein im Boot. Sie ist aus dem gleichen Grund ernsthafter Betrachtung würdig.

Verzeichnis der Fabrikanten und Lieferanten die zum Sieg der Pen Duick II ihren Beitrag leisteten

Aryc	Deckaufbauten
Célinox	Beschläge (Blöcke)
Cipel Mazda	Lampen
Cordon Noir	Segel- und Spinnakertuch
Chantiers Constantini	Entwurf und Bau der *Pen Duick II*
Général Marine	Beschläge
Gillet-Thaon	Bearbeitung der Tuche für Segel und Spinnaker
Goiot	Beschläge (Blöcke, Winschen)
Kodak	»Instamatic«-Kamera
Lancelin	Tauwerk
L'Angevinière	Rettungsfloß
Malatex	Matratzen
Marco Polo	Masten und Blöcke
Métayer	W. C. Marin
Paris Yacht Chandler	Beschläge
Radio Océan	Radio
Renaud M.	Anker
Rhodiacéta	Nylfrance und Tergalfaser
Sarma	Stehendes Gut
S. N. B. C. C.	Sperrholz
Thommeret	Beschläge (Schäkel)
Tonnerre	Segelmacher
Valentine	Farbe
Vion	Kompaß, Log

Die Fotos 47-52 (im Bildteil nach Seite 220) zeigen:

47. Die Katamarane besitzen zwei Ruder (eines für jeden Rumpf). Entsprechend führen sie auch zwei Windfahnen als Bestandteil der automatischen Steuerung. (oben links)

48. Der Katamarane von Lewis verfügt über einen Steuerstand unter Deck. Unter dem aus einer alten Flugzeugkanzel hergestellten Lukendeckel sind zwei behagliche Sessel aus einer Boeing-Maschine montiert. Davor in der Mitte das Ruderrad und in handiger Reichweite die Vorrichtung zur Feststellung des Ruders. Dem Rudergänger gegenüber Kompaß, Speedometer usw. Etwas weiter im Hintergrund der Kajüte sieht man das Radio Marconi Kestrell Marine, mit dem vier Teilnehmer an dieser Wettfahrt ihre Schiffe ausgerüstet haben (Lewis, Chichester, Ellison und Valentine Howell). Dank der Reichweite dieses Radios konnten die genannten vier Konkurrenten regelmäßig Nachrichten senden und sogar von Newport aus mit England auf dem Funkwege verkehren. (oben rechts)

49. »Miranda« – auf diesen Namen hat Chichester sein automatisches Steuersystem getauft. Die Windfahne, deren großflächiger Flügel aus Segeltuch verkleinert werden kann, ist durch Tampen mit der Pinne verbunden und betätigt so das Ruder direkt. (Mitte links)

50. Die Golif hat zu einer ebenso einfachen wie klassischen Lösung des Problems Zuflucht genommen. Eine großflächige Windfahne, ebenso wie auf den anderen Booten mit einem Gegengewicht versehen, um ihre Funktionsfähigkeit auch in Schräglage zu gewährleisten, wirkt direkt auf ein kleines Ruderblatt, von dem das Schiff auf Kurs gehalten wird. (Mitte rechts)

51. Oberstleutnant Hasler hat ein System automatischer Steuerung erfunden und entwickelt, das sich auf jedem Schiff verwenden läßt und auf dieser Wettfahrt von sechs Konkurrenten benutzt wurde. Es besteht aus einer Windfahne in Verbindung mit einem langen Ruderblatt, das den Wasserdruck benutzt, um die Wirkung innerhalb der von der Windfahne angezeigten Grenzen zu vergrößern. Die Übertragung auf das Ruder erfolgt über die Pinne. (unten links)

52. Das Volksboot Vanda Caelea war ebenfalls mit einem automatischen Steuersystem, ähnlich dem der Golif, ausgerüstet. Der Flügel überträgt die Bewegung durch ein Gestänge auf das Richtungsruder. (unten rechts)

"Er war der Größte – ein Seemann par excellence"

(Yacht)

Die Seglerwelt hielt den Atem an, als die Nachricht kam: Éric Tabarly verschollen in der Irischen See in der Nacht vom 12. zum 13. Juni 1998! 30 Jahre lang galt er als Seemann ohne gleichen. Spektakuläre Reisen und Regattateilnahmen, Rekorde bei Atlantik- und Pazifiküberquerungen haben Éric Tabarly als herausragenden Seesegler wie auch innovativen Tüftler und Konstrukteur weltweit bekannt gemacht. Mit großartigen Fotografien und sehr persönlichen Texten porträtiert der Bildband von Jacqueline Tabarly und Daniel Gilles den großartigen Segler. Dem mutigen Seemann und genialen Neuerer, Éric Tabarly, wird mit diesem einmaligen Album ein würdiges Denkmal gesetzt.

232 Seiten, 209 z.T. doppelseitige Farbfotos, 2 Karten, 12 Schiffsrisse, Format 34 x 24 cm, geb.
ISBN 3-7688-1170-0

Erhältlich im Buch- und Fachhandel oder direkt beim Delius Klasing Verlag, Siekerwall 21, 33602 Bielefeld

DELIUS KLASING

Segeln & Abenteuer

Viele tausend Seiten Spannung und Entspannung zu Taschenbuchpreisen bietet die Reihe „Segeln & Abenteuer". Erlebnisberichte von Gefahren auf See und die Erzählungen beherzter Skipper und Bordfrauen garantieren Leseabenteuer aus erster Hand.

Hannes Lindemann
Allein über den Ozean
Ein Arzt in Einbaum und Faltboot

Wie überleben Schiffbrüchige? Hannes Lindemann erforscht, was ein Mensch leisten und aushalten kann. Von Liberia aus sticht er in See: Wochenlang allein in einem Einbaum, mit minimaler Ausrüstung und wenig Wasser...

2. Aufl., 184 Seiten,
5 Abbildungen,
Format 21,5 x13,5 cm, kart.
ISBN 3-7688-0670-7

Paul Pollack
Segelschein mit Eselsohren
Hauptsache heiter - Abenteuer eines Charterskippers

Die heiteren und haarigen Abenteuer eines Mittelmeertörns aus der Sicht des Skippers: Pollack segelt mit seinen Gästen zwischen Griechenland, Italien und dem damaligen Jugoslawien. Dabei wünscht er sich manchmal einen Pyjama mit Werkzeugschlaufen ...

208 Seiten, 27 Illustrationen,
Format 21,5 x13,5 cm, kartoniert
ISBN 3-7688-1222-7

Außerdem lieferbar:

Svante Domizlaff
Yachten im Orkan
Die Fastnet-Tragödie 1979
ISBN 3-7688-1090-9

Wilfried Erdmann
Ein unmöglicher Törn
Transatlantik mit GATSBY und Gewinnern
ISBN 3-7688-0924-2

Wilfried Erdmann
Gegenwind im Paradies
Segelabenteuer in der Südsee
ISBN 3-7688-1161-1

Wilfried Erdmann
Mein grenzenloses Seestück
Jollenfahrt durch Mecklenburg-Vorpommern
ISBN 3-7688-0986-2

Wilfried Erdmann
Mein Schicksal heißt KATHENA
Als Einhandsegler um die Welt
ISBN 3-7688-1091-7

Arved Fuchs
Im Faltboot um Kap Hoorn
ISBN 3-7688-1092-5

Rollo Gebhard
Seefieber
Allein über die Ozeane
ISBN 3-7688-1163-8